陕西出版资金资助项目

中国汉传佛教八大宗派及其祖庭丛书

李利安　主编

花开见佛——净土宗及其祖庭

谢志斌　著

西安电子科技大学出版社

图书在版编目（CIP）数据

花开见佛：净土宗及其祖庭/谢志斌著.

—西安：西安电子科技大学出版社，2016.11(2017.5 重印)

中国汉传佛教八大宗派及其祖庭丛书

ISBN 978-7-5606-4334-2

Ⅰ. ① 花…　Ⅱ. ① 谢…　Ⅲ. ① 净土宗—研究　Ⅳ. ① B946.8

中国版本图书馆 CIP 数据核字(2016)第 264305 号

策　　划　高樱

责任编辑　雷鸿俊

出版发行　西安电子科技大学出版社(西安市太白南路 2 号)

电　　话　(029)88242885　88201467　　邮　　编　710071

网　　址　www.xduph.com　　　　　　电子邮箱　xdupfxb001@163.com

经　　销　新华书店

印刷单位　陕西华沐印刷科技有限责任公司

版　　次　2016 年 11 月第 1 版　　2017 年 5 月第 2 次印刷

开　　本　710 毫米×1000 毫米　1/16　印　张　16

字　　数　194 千字

印　　数　4001～7000 册

定　　价　33.00 元

ISBN 978-7-5606-4334-2/B

XDUP　4626001-2

如有印装问题可调换

中国汉传佛教八大宗派及其祖庭丛书
编委会名单

主　编　李利安

编　委（按姓氏拼音排列）

白　冰　　曹兴中

黄　凯　　李继武

李心苑　　李永斌

李　媛　　田　鹏

王宏涛　　谢志斌

总策划　　阔永红

序　一

佛教创立于公元前六至五世纪的古印度。释迦牟尼时代，佛教基本上是在印度的恒河流域传播，当时信仰佛教的人并不是特别多。到公元前三世纪，古印度阿育王在位的时候，佛教才广泛传播开来，其中向北传入大夏、安息和大月氏，并越过葱岭传入中国西北地区。

从考古材料和一些文献中可以看到，在西汉末年，佛教已经在长安、四川和东部沿海的部分地区流传，但是影响力比较小。《后汉书》中记载，东汉明帝在位的时候，就知道西域有佛，所以明帝就派使者到大月氏求取佛经，这标志着佛教正式传入中国，也就是在这个时期，有一些上层的贵族开始信仰佛教。在东汉末年以前，中国内地流行的佛教经典就只有一本《四十二章经》。当时的人们把佛教看做与黄老方技相类似的一种方术。东汉末年，佛教的基本特征已经开始被人们所了解。在三国初期，有一位名叫牟子的佛教信徒写了一部《理惑论》，用自问自答的形式来反驳人们对佛教的质疑。在这本书中，他介绍了释迦牟尼成佛的整个过程，然后介绍了佛教的轮回学说，包括天堂和地狱的学说，以及佛教的一些独特的修行方式。特别重要的是，这本书讨论了佛教与儒家、道教的区别，它说儒家主要是讲一些治国的道理，尤其是政治上的道理，但佛教讲的是精神上的道理。佛教与道教的区别是，道教主要是讲人的肉体生命，佛教所追求的不是长生不死，而是涅槃境界。这表明佛教独特的信仰特征已经为中国人所熟知。

魏晋南北朝是中国佛教发展史上的一个非常重要的时期。这个时期，中国人主动了解佛教经典的愿望更加强烈，精通佛教经典的域外高僧也被请到中原从事佛经的翻译事业，于是更多的佛教经典传到中国并得到翻译。曹魏时期，洛阳有一个出家人，叫朱士行，他在钻研传入的佛教经典时，感到这些经典特别是《小品般若经》有些地方讲不通，就认为肯定是翻译有问题。当他听说在西域有大量佛教经典的原典时，就下决心去西域寻找更周全的佛经。公元260

年，他从雍州（今陕西西安）出发，越过流沙到达于阗(即现在的新疆和田一带)，终于找到了佛教《小品般若经》的升级版，即《大品般若经》。他就在那里抄写，自己没有回来，但是他托人把这本经送回洛阳。朱士行是中国有史记载的第一个去西天取经的人，这是中国佛教发展史上一个非常重要的事件。到东晋时期，又有一位僧人法显于公元399年从长安出发，与多位同伴一起，经过千辛万苦到达了于阗，但是他跟朱士行是不同的，他没有在这里停止，他又与部分同伴继续西行，越过葱岭，到了天竺(即现在的印度)，后来又到了尼泊尔，然后一直在那一带寻找佛经并学习了很多年。之后他乘商船到了今天的斯里兰卡，又经过苏门答腊岛，回到了山东的崂山，然后从崂山再经陆路，于413年到了建康（今南京）。这个人是历史上记载的真正去西天取经的第一人，他在那边生活和学习了很多年，是深刻了解佛教原典的一个中国人。这么一批人，他们西行取经，带回了很多经典，对佛教发展具有很大的促进作用。在这个时期，也有一些域外的高僧被请到中原来从事佛经的翻译事业，这中间最有影响的是鸠摩罗什。鸠摩罗什是西域人，他出生在今天的新疆，但是他长期在古印度跟他的母亲一起修习佛教，对佛教非常了解，而且又懂汉语。他在后秦弘始三年（401年）被迎到长安。后秦出物资出人才，让他在长安的逍遥园等地翻译佛教经典。当时他有八百多个弟子，译出了《妙法莲华经》《佛说阿弥陀经》《金刚经》，还有《中论》《百论》《十二门论》《大智度论》等大量的经典，一共七十四部、三百八十四卷，这些经典对佛教的发展作出了很大的贡献。因为鸠摩罗什对佛教非常了解，他的汉语水平也很高，弟子又很多，所以他译的这些佛典文辞优美，而且又契合佛教的原始含义。可以说，到了鸠摩罗什这个时候，中国佛教的面目焕然一新，突出表现在中国人已经开始接触到佛教原典的基本品质。因为有这样的基础，随着对佛教了解的深入，中国佛教徒就能够准确地把握佛教义理的精髓。鸠摩罗什的弟子僧肇(384—414年)对鸠摩罗什所翻译的这些经典，特别是对《中论》《百论》《大智度论》十分了解。他在与同学们一起讨论老师的这些佛教教义的时候非常有见解，连他的老师鸠摩罗什也认为在汉地真正了解佛教"空"义的第一个人就是僧肇。僧肇写了四篇文章，即《物不迁论》《不真空论》《般若无知论》《涅槃无名论》，这四篇论文后来被收集起来，一般叫做《肇论》。它非常明晰地介绍了当时大乘佛教的"中道论"，也就是所谓的"中道缘起论"。这个理论非常契合佛教的真正本质，对于廓清中国佛教理论界的迷惑及引导中国佛教根据佛教的根本精神发展，产生了非常重要的作用。僧肇在这几篇文章中，一方面接受了佛教的基本理论，另一方面对他之前中国佛教中所出现的各种各样的理解都进行了批评。由此，中国佛教的发展就有了非常坚实的理论基础。

大约到六世纪的中叶，中国佛教就开始出现用自己的理解对整个佛教体系进行一种理论构架的尝试。这个时候，中国佛教已经不满足于追求原汁原味的佛教了，而是要发表自己对于佛教的见解，尝试对所有这些佛教体系提出自己的一种统一的认识。最先明确表示这一意图的是南朝的梁武帝萧衍。他对佛教作了一些研究，为此写了一篇《立神明成佛义》，认为要把庞大的佛教体系统一起来，关键是要有一个心识的神明，他认为这是统一佛教理论的基点。因为心识有神明、无明两个方面，所以心识也就是成佛之本：神明的方面是显示佛教（无为法的）光明的一面；心识的无明则是显示佛教有为法的黑暗的一面。皇帝提出了这个见解，当时梁朝的知识分子和大臣们就开始讨论，很多人说皇帝提出的这个见解实在高明，因为通过这种见解，佛教理论体系就能够很好地把握了。这虽然也有一些吹捧，但这一见解也确实代表了中国佛教开始要用自己的理解来统摄佛教的理论体系。这是中国佛教的一个重要变化。

隋唐是中国佛教创宗立派的重要时期，在这个时期产生了很多中国化的佛教理解，比如吉藏创立了三论宗。这个宗派就是依据《中论》《百论》《十二门论》这三部佛教的"论"创立的宗派，主要研习和传播佛教中的道学说。到了隋代，还有一个高僧叫智𫖮，他创立了天台宗，其主要是依据《妙法莲华经》，也就是通过对《妙法莲华经》的贯通性认识，来建构对佛教的理解，从而形成一个宗派。进入唐代以后，又有玄奘创立了法相唯识宗。玄奘在研究中国佛教的过程中，发现中国佛教中有些理论问题不能解决，所以留学印度十七年。他回国前夕，印度举行了无遮大会。玄奘提出了自己的理论，欢迎所有佛教界和非佛教界的人提出批评，整个印度的佛教界和非佛教界都提不出反驳意见。他回国以后和弟子们一起创立了法相唯识宗。此外，在武则天时期，法藏依据《大方广佛华严经》创立了华严宗，华严宗是以关中的华严思想为基础的一个宗派。还有唐中叶慧能创立的禅宗、唐代道绰和善导正式创建的净土宗等。这个时期出现了这么多宗派，它们不仅仅是解释原汁原味的佛教是什么，而是要对佛教提出自己的理论建构。这些宗派的共有特征，就是根据自己的理解，建立持之有据、言之成理及反映佛教根本精神、各具特色的佛教理论体系。这是它们的一个共同特点。

二十世纪，我国佛教研究专家汤用彤先生写过《汉魏两晋南北朝佛教史》，又写过《隋唐佛教史稿》，他认为佛教在中国传播的历史可以分为三个阶段：第一个是格义的阶段，第二个是得意忘言的阶段，第三个是明心见性的阶段。所谓格义，就是拿中国的概念去套印度佛教的概念。这相当于僧肇以前中国佛教的传播阶段。那个时候就是看佛教的这个词相当于中国的哪一个概念，通过比较，慢慢地对佛教有所了解。但是僧肇以后，魏晋南北朝一直到隋唐之际，这阶段的最大特点是"得意忘言"，人们认为佛教讲了什么东西并不太重要，重要的是抓住它最关键的思想。"明心见性"是什么意思呢？就是不仅仅抓住了它的意思，而且还能够用我们自己的语言表达我们自己的理解，把佛教的道理讲得更加透彻。我觉得汤用彤所说的佛教传入的三个阶段是符合中国佛教实际情况的。

释迦牟尼生活的时代大约与孔子、老子同时，中国和古印度的地理距离又不是十分遥远，而且交通从来也没有中断过，那时候从西域可以到古印度，从海路也可以到古印度，但是为什么佛教产生六百多年以后才与中国文化发生联系，而到了一千年以后，它能够在中国生根发芽呢？我认为关键的原因就是：春秋战国到秦汉时期，我们中国传统的思想资源能够有效地解决社会的现实问题，而到了魏晋时期，传统思想资源在解决新时代的问题时却出现了困难。春秋时期，夏商周的礼制文明出现了问题，于是出现了孔子、老子及诸子百家，他们使我们的文明渡过了难关。到了秦汉时期，传统的思想文化也能够解决当时中国的政治问题及社会问题。但是到了魏晋南北朝时期，对于所出现的一些问题，当时中国的思想家仍然希望利用中国传统的思想资源来解决，所以他们就又回到了老子、庄子及《周易》，重新解读中国传统的文化，看能不能探讨一条中国文化的新出路，而且他们也认识到这是一个非常大的时代问题。但是因为民族矛盾或社会矛盾的恶化，这一思潮根本就找不到现实的出路。佛教就是在这一背景之下，在中国的文化中开始生根发芽的。也就是说，中国文化无法有效解决中国的问题，而佛教刚好应对了这些问题，这是佛教扎根中国的一个根本性的原因。

那么，佛教到底给中国提供了什么稀珍之法而得以扎根中国呢？

第一，佛教提出了对世界的一种全新认识，更加深刻而巧妙地解释了世界的根源与未来趋向。在佛教传入中国之前，我们当时流行的是以董仲舒为代表的天人感应式的世界观，这种世界观认为有一个客观存在的宇宙秩序，这个秩序的基本模式是阴阳五行，核心是阴阳二气的流转变化。按照董仲舒的解释，它也就是我们现实生活中的伦理秩序，尤其是"君为臣纲、夫为妻纲、父为子纲"，即"三纲六纪"。董仲舒反复论证，这是一个非常稳定的秩序，显示出宇宙的真理。但是，佛教的缘起理论传入中国后，它告诉人们，我们生活的世界不是一个阴阳变化的客观结果，而是我们的思想、言语、行为所产生的结果的一个集合体。这与董仲舒的解释是完全不一样的。若问谁发现了宇宙中的真理，董仲舒的回答就是圣人和帝王。帝王因为是天的儿子，圣人因为耳聪目明，他们先知先觉，所以能够发现宇宙中的真理，于是他们在宇宙的真理中起到了中介的作用，他们是整个宇宙中的担当者。但是按照佛教缘起论的解释，那就不是这样了，我们众生中的任何一个个体都是平等的，每个人都是他所生活的世界的一个作用者，一个始作俑者，也是这个世界发展到哪里去的担当者。这是很不相同的一种解释，是一种全新的世界观。

第二，佛教高扬了个人的伦理责任和社会责任。按照中国传统的认识，我们有帝王，有将相，有圣人，他们是担当者。每一个个体的人主要依托于家庭与家族而存在，没有独立的个人意识。但是佛教认为，我们每个人的业报结果都不是由家庭与家族决定的，哪怕是夫妻关系、父子关系或最亲密的朋友关系，对自己都不产生任何实质性的影响。我们所有的存在状态与未来结果，都是自作自受。如果自己真正要担当起来，就要有另外一种纯粹的生活，首先要做的是离开这个家庭，甚至离开这个现实的社会生活。这种思想确实对中国这种以农业为主、以家庭为基础的社会构成了一定程度的冲击，对中国传统的政治秩序、家庭秩序带来了一定的破坏，软化了古代家族牢固的堡垒，某种程度上动摇了中国古代社会的根基。为什么当时中国有很多统治者对佛教比较排斥，就是出于这个原因。但是，它同时使个体在家庭以外的社会关系中得以更宽阔地展开。个体可以离开这个家族去思考更广泛的问题，使自己在社会中的主体性真正地凸显出来，这是佛教第二个很关键的学说。

第三，佛教宣扬众生平等的思想，为当时解决民族冲突打开了思路。在汉代的思想体系中，"华夷之辨""夷夏之辨"非常严格，但是佛教主张众生平等，对中国人影响很大，所以到唐太宗时，"自古皆贵中华贱夷狄，朕独爱之如一"。如果没有佛教思想的熏陶，这样的认识恐怕是不容易出现的。佛教为解决魏晋南北朝时期非常复杂的民族矛盾提供了思想上的空间，弥补了当时中国文化的不足，为民族大融合与文化统一提供了理论依据。

第四，佛教扩展了人的精神世界。在佛教的世界观中，众生的生命个体肯定是有生成和灭亡的，但是有一个东西是不会灭亡的，就是人的言语、意识、行为所产生的后果，它会凝聚到精神"识"体，就是阿赖耶识之中，人虽然不存在了，但它会在宇宙中流转。这个流转的图景是什么呢？佛教有一个非常通俗化的解释，即这个世界是由六个大的层面构成的，既有上天的层面，也有人的层面，既有畜生的层面，也有阿修罗的层面，甚至还有鬼的层面和地狱的层面，这叫做六道轮回。在六道轮回中的生命个体都是众生的生命现象。每个众生的业力决定它的轮回，轮回就是生命不停地生灭变化，业力就是众生的行为、语言和心念产生的一种力量，它凝聚着个体过往的生命信息，并在将来演化成各种不同的生命现象。只要个体没有最后解脱，就会不停地轮回。这是对佛教精神世界的一种很世俗化的解释，它实际上就是告诉我们，人的生命空间无限辽阔，无穷无尽，每个人所面对的生命都是一个非常辽阔而恒久的存在。这种学说有助于化解个体对现实境遇的不满和愤懑，也有助于唤醒个体对现实境遇的麻木不仁，还有助于促进个体对众生平等的高度自觉。因此我们可以说，佛教为魏晋南北朝时期思想家所关注的生命、灾难与文化发展方向等问题提出了一种全新的思考，也提出了一套全新的解决办法。

当然，佛教的世界观也有一些难以回避的矛盾。第一，它对客观世界没有足够的重视。传说有一个人见到释迦牟尼，问他这个客观世界是从哪里来的，会到哪里去。释迦牟尼把他训斥了一顿，说你这个人，就像一个挨了一支毒箭的病人，你现在不赶快治疗，却要研究这支箭是从哪里来，还没研究清楚你就已经毒发身亡了。所以，佛教主张不要研究这些世界本原性、规律性、终极性的问题。但是这个客观世界的确存在着这些问题，它确实对我们产生了作用。虽然佛教的缘起理论也分析了这些问题，但是它没有触及深层次的规律以及它在我们现实生活中到底能产生什么影响，这是其理论上的盲点。第二，它很容易滑向真理相对论。按照佛教的解释，整个世界确实是会朝着一个非常美好的前景发展的，如果我们所有人都按佛教所说的真理去实践，按照真理的本来面目去观察世界并指导我们的心念与行为，这世界当然就比较和谐，比较安详，会成为一个美好的世界。但是要做到这一点是很难的。佛教认为就是因为很难，所以必须要有"我不入地狱，谁入地狱"的决心。另外，即使自己看到另外一个人在痛苦着，哪怕自己掌握了真理，也不能使那个人接受自己的方式，而必须要跟他一起痛苦，一起悲欢离合。佛教的这种功夫是非常困难的，很容易成为一种空想。同时，禅宗认为行住坐卧都是禅，真理不能够离开现实生活，只有在现实生活中掌握的真理才是真正的真理。由此影响到儒家也在对生活背后的真理进行追寻。儒家所讲的父亲慈祥一点儿，儿子孝顺一点儿，君主包容一点儿，臣子忠诚一点儿，丈夫对妻子恩爱一点儿，妻子对丈夫温顺一点儿，它们的真理体现在哪里呢？这些新的问题的出现恰恰是中国文化发展的一个新挑战。所以到了唐宋之际，中国文化就发生了一种转折，重新回到了中国的原典，把佛教的许多理论思考与中国传统的儒家经典、道家经典结合在一起，由此发明了宋代的新儒学和新道教。中国的文化又走向另外一个高峰。

从佛教在中国的发展历程中我们可以看出：

第一，外来文化的输入与传播，肯定是在本土文化遇到自身难以克服的矛盾的背景下才出现的，佛教就证明了这么一个基本的道理。

第二，外来文化最核心的冲击力必定是它的世界观及其所衍生的人生观。佛教传进了很多的方式，既有它的生活方式，也有它的艺术形式，这些东西确实影响了中国的文化，但是它们背后的精神才是最关键的。如果没有背后的世界观和它引申的人生思考，这些东西是不可能在中国文化中产生深远影响的。这个后面的东西是它真正的核心竞争力，是它核心的穿透力。

第三，面对外来文化的传播，最好的办法就是消化吸收。就像我们吃饭一样，不仅要把一个外来的东西吃到嘴里去，而且必须要把它咀嚼消化，成为我们血液中的一个有机组成部分，只有这样，外来文化才能被我们真正地理解并真正成为我们自己的文化。

　　李利安教授是我很敬重的学者，他在佛教研究方面取得了突出的成就，特别是他关于佛教菩萨信仰的研究，有相当的系统性和深度，我时常从他的研究中得到启发。他和一些青年朋友共同撰写的"中国汉传佛教八大宗派及其祖庭丛书"即将出版，约我写几句话，我感到这项工作对于今天我们全面理解佛教文化，从而更加深入地把握中国传统文化有重要意义，于是不辞浅陋，把自己关于佛教的一点体会写出来，希望增添读者朋友们阅读该丛书的兴趣。衷心希望该丛书能够得到读者朋友们的喜爱。

方光华

2016 年 10 月 11 日

序 二

习近平总书记在建党九十五周年庆祝大会的重要讲话中指出，"文化自信是更基础、更广泛、更深厚的自信"。文化自信由此上升到民族自信的高度，并与中华民族的伟大复兴联系在一起。也就是说，没有文化自信，就没有巨龙腾飞的内在动力，也不可能有一个稳定而深厚的精神纽带和广泛认同的精神家园，更没有进入世界民族之林的资格。

而在文化自信当中，中华传统文化具有根基性的地位。因为中华传统文化塑成了中华民族的精神气质，凝聚着中华民族代代相续的情感，包含着中华民族的智慧，形成了绵延五千年的文脉，成为一种宝贵的文化资源，至今散发着迷人的魅力。

中华传统文化是由儒、佛、道三家支撑起来的一种多元一体的文化。儒家主要协调人与人之间的关系，是一种以治世为主的文化；道教特别强调自然的价值和意义，在协调人与自然的关系方面有其独到的作用，在治身方面显示出明显的优势；佛教主要协调人的身心关系，具有极为丰富的精神修养智慧，是一种以治心为主的文化。三家各有其长，各有其用，自魏晋以后，逐渐形成并立互补、相互圆融的文化格局。没有佛教的进入，就不可能形成这种多元一体的文化发展机制和三教呼应的文化生态。

作为中华传统文化一支的佛教文化最早源于印度，但正像习主席 2014 年3 月 27 日在联合国教科文组织总部的演讲中所说的，"佛教产生于古代印度，但传入中国后，经过长期演化，佛教同中国儒家文化和道家文化融合发展，最终形成了具有中国特色的佛教文化"。也就是说，佛教虽然产生于印度，但传入中国的佛教最终已经成为中国文化的有机组成部分。这一历史转型的完成就是中国化。

学术界一般认为，在外来宗教中，佛教的中国化是最彻底的。佛教中国化经历了漫长的岁月，并在义理、信仰、仪轨、修行以及寺院和僧团等各个方面全面展开，但最具理论深刻性和实践持久性的还是宗派的形成。中国汉传佛教主要有八大宗派，自从隋唐时期正式诞生以后，始终是中国佛教理论体系和实践体系的第一支撑。

习近平主席在 2015 年中央统战工作会议上提出，积极引导宗教与社会主义社会相适应，必须坚持中国化方向。在今年的全国宗教工作会议上，习主席再次强调，积极引导宗教与社会主义社会相适应，一个重要的任务就是支持我国宗教坚持中国化方向。全国政协主席俞正声在总结讲话中要求深刻理解坚持我国宗教中国化方向，不断提高宗教与社会主义社会相适应的广度和深度。在这种背景下，汉传佛教宗派文化的深入挖掘与系统整理便具有了非常强烈的现实借鉴意义。

宗派是印度佛教传入中国后形成的。每个宗派的形成都是中外高僧集体智慧的结晶。所以，每个宗派不但各有其所依据的经典支撑，还各有其祖师的理论建树与实践的开展，而每个祖师的理论建树与实践开展又总是在各自的传承谱系中进行的，并落实在一定的空间之内，于是每个宗派在形成祖师传承谱系的同时，又形成各自特有的祖庭。每个宗派一般都会有多位创宗祖师，祖师们又会驻锡不同的寺院，所以，每个宗派总是有多个祖庭。

八大宗派的历史已经有一千多年，祖庭与此相同，一般也具有千年以上的历史。祖庭的文化底蕴总是与这个宗派直接相关。如果说祖师谱系体现了宗派的传承，那么祖庭沿革则是宗派变迁的一种反映。祖师们贡献了自己的智慧，祖庭则见证和承载了祖师的智慧，并由此塑造了自己的文化特色，不断丰富着自己的底蕴。所以，在中国，祖庭一直是佛教神圣性资源的重要组成部分。过去，我们佛教界一直很重视宗派，但我们往往比较忽视祖庭的价值。另外，我们也疏于对宗派历史与思想进行通俗化传播，于是，宗派及其祖庭这种文化资源的价值并未得到充分的发挥。

改革开放以来，特别是进入二十一世纪以来，陕西省政府有关部门开始重视佛教祖庭文化。2005 年陕西省政府组成宗派祖庭调研领导小组，时任副省长的张伟担任组长，对陕西境内六大宗派之祖庭进行了全面的调研，形成画册、专著、电视专题片和专项规划等四项成果，叶小文、释学诚、黄心川等名家担任顾问，陈忠实、魏道儒等各界名流出席了成果发布会，影响曾盛一时。这次调研激发了很多人对祖庭的兴趣，并引起有关部门对祖庭文化资源的重视。

2014 年 6 月，大慈恩寺、兴教寺、大荐福寺、大佛寺等四处陕西境内的佛教寺院成功进入联合国世界文化遗产名录，其中三处都属于佛教宗派的祖庭，佛教祖庭的名声由此大振，并因此引起了很多人对佛教宗派及其祖庭的关注。与此同时，陕西省政府也更加重视祖庭文化资源的保护和利用。2014 年 6 月 17 日，时任陕西省省长的娄勤俭在时任副省长白阿莹、西安市委书记魏民洲、时任陕西省宗教局局长徐自立、时任陕西省宗教局党组书记张宁岗、时任西安市常务副市长岳华峰陪同下，对律宗、华严宗等宗派的祖庭进行了调研，并在密宗祖庭大兴善寺召开了汉传佛教六大祖庭住持座谈会。我也参加了调研和座谈会，并在会上就祖庭文化资源的价值和保护利用现状等问题发了言。娄勤俭省长在会上要求，坚持弘扬优秀传统文化，把各宗派在佛教发展中的独特贡献继承好、发扬好、展示好。2014 年 8 月，陕西省委常委、省委统战部部长陈强走访了三论宗祖庭草堂寺、净土宗祖庭香积寺、唯识宗祖庭兴教寺等佛教祖庭，其他时间还走访了华严宗祖庭华严寺及密宗祖庭大兴善寺。

紧接着，陕西省又相继启动了一些新的有关佛教祖庭的项目，其中反响比较热烈的是陕西省文物局负责的六大祖庭打包申遗。据报道，2015 年已进入计划申请列入中国世界文化遗产预备名单的阶段，等待国家文物局对全国的世界文化遗产预备名单调整和审定，将确定最后能否继续申请成为世界文化遗产。

2016 年 11 月份，将在西安召开由中国佛教协会、中华宗教文化交流协会联合主办，陕西省组委会承办的"汉传佛教祖庭文化国际学术研讨会"，会议主题为"祖德流芳，共续胜缘"，分议题为"汉传佛教祖庭与文化弘扬""汉传佛教祖庭与中国实践""汉传佛教祖庭与国际交流"。届时，将有来自海内外的两百多名著名法师、学者和文化名流参会，以期深入挖掘汉传佛教祖庭的文化内涵，探索汉传佛教的现代化道路，总结汉传佛教的文化积淀和发展经验。

除了学术研究之外，中国汉传佛教宗派与祖庭文化始终存在一个通俗化推广的问题。前些年江苏古籍出版社出版了中国佛教宗派通史丛书，但至今没有一套通俗化的宗派及其祖庭丛书。不进行通俗化的传播，宗派的理论建树与祖庭的文化底蕴都难以为社会所理解，佛教中国化的历史经验和博大精深的智慧资源也就难以得到有效的借鉴。

　　李利安教授主编的这套"中国汉传佛教八大宗派及其祖庭丛书"是第一套通俗介绍八大宗派及其祖庭的著作。丛书由八本专著组成，每个宗派一本，系统全面地阐述了八大宗派及其祖庭的历史与现状，尤其是通过祖师谱系的勾勒和理论体系的阐释，揭示了汉传佛教八大宗派的内在结构与基本特性，为读者展现了宗派与祖庭文化的无穷魅力，具有重要的学术意义和现实价值。李利安教授是我多年的朋友，他长期从事佛教文化的研究和教学工作，取得了很大的成就，受到学术界和教育界的一致好评。更为可贵的是，李教授不但是佛教的资深研究者，也是虔诚信仰者，更是佛法的弘扬者。他以担当精神和正信理念护持佛教，堪称智护尊者！相信他这次组织撰写的宗派及其祖庭丛书也一定能得到读者的欢迎。同时，我也希望借助这套丛书的出版，各界进一步密切合作，在佛教宗派与祖庭文化资源的挖掘、整理、保护、利用等方面继续努力，以充分发挥佛教文化在净化人心、提升道德、庄严国土等方面的积极作用。

中国佛教协会副会长
陕西省佛教协会会长　　　　　增勤
唯识宗祖庭大慈恩寺方丈
2016 年 10 月 8 日

浩浩宗风传法脉　巍巍祖庭蕴哲思

一

佛教文化方面的丛书已经出版很多了，但既全面系统又通俗易懂地阐释中国汉传佛教八大宗派及其祖庭的丛书这还是第一部。

大家都知道，佛教是中华文化的有机组成部分，不了解佛教就不可能对中华文化有透彻而准确的理解。而一提起佛教，大家往往都会说，中国佛教有三论宗、唯识宗、净土宗、律宗、华严宗、密宗、禅宗、天台宗等八大宗派，不懂这八大宗派就难以理解中国佛教。此言不虚，八大宗派是中国人选择和理解印度佛教的结晶，不但代表着佛教的中国化，而且形成了中国佛教最深厚的理论支撑，是塑成中国特色佛教文化的灵魂。直到今天，任何人学习佛教，只要稍微一深入，无论是探讨《金刚》《法华》《坛经》《华严》《楞严》《圆觉》《深密》《大日》《阿弥陀》及三论等经典，还是领会慈悲、智慧、中道、不二、止观、圆融、唯识、净土、三密等理念，都绕不开八大宗派。

与宗派相伴生的则是祖庭，因为宗派是由祖师创立的，而祖师创宗立派都是在某个寺院之内完成的，于是这个寺院便被奉为该宗的祖庭。一旦被奉为祖庭，便在该宗之中具有神圣的意义，源于儒家的寻根问祖也逐渐成为烘托祖庭地位、拓展祖庭内涵、激励祖庭发展的一种重要文化现象，从而既留下很多美丽的传说，也成为当代各祖庭激发文化自觉、确立文化自信和实现文化自强的重要因素。如果说宗派塑成了中国佛教理论体系与实践体系的灵魂，成就了中国佛教历史的第一精华，那么祖庭就是中国佛教空间载体中文化积淀最为深厚的圣地，与五大名山、三大石窟等具有同样的地位。对所有想深入了解佛教文化的人士来说，宗派与祖庭都是他们不能逾越的思想城池。拿下这座城池，才有机会进入佛教思想的王宫。

前些年江苏古籍出版社出版了一套中国佛教宗派丛书，八大宗派每宗一部通史，堪称宗派研究的里程碑，不过除了纯学术而不利于其价值的社会转化外，也没有对祖庭进行系统研究。近年来陕西省相继就祖庭文化的宣传推广做了很多工作，但始终只限于六大宗派，缺少了最为流行的禅宗和唯一完全由中国人创立的天台宗，而且呈现出注重祖庭而忽视宗派的倾向。将宗派与祖庭统合在一起进行考察，并进行全面、系统、准确、通俗的解读，这一工作一直未能取得重大进展，宗派与祖庭文化在激发智慧、净化灵魂、匡扶道德、提升人文等方面的现实价值也就不可能得到真正的发挥。

改革开放以来，尤其是进入二十一世纪以来，中国经济迅速腾飞，综合国力不断增强，而国人的精神不但没有获得相应的提升，反倒出现了更多的空虚、焦虑、疲惫，信仰缺失，理想迷茫，道德滑坡，内心的紧张与现实的冲突不断增多，精神净化与伦理重塑的呼声日益高涨，从佛教文化中挖掘智慧的借鉴成为对治当代中国精神危机的重要途径。当然，我们也清楚地看到，目前大众接触和吸收佛教智慧的途径还仅仅局限于"鸡汤型"传播路径，尽管实现了生活化和通俗化，但在理论的深刻性、完整性、逻辑性、神圣性等方面都远远不能与博大精深的佛教智慧相呼应，这也是很多有识之士深感可惜的现象。随着文化的昌盛与佛教传播的逐渐普及和日趋深入，告别文化凋敝时代饥不择食的"鸡汤"慰藉，突破浅显单薄的表层说教，为佛教信仰寻求更加厚重的精神给养，为文化交流与传播增添更多精深高雅的元素，为生活实践提供更加丰沛的智慧滋润，这将成为越来越多的中国人的选择，也将成为中华文化发展的必然趋势。所以，具有精湛而深刻的理论情趣的宗派以及诞生了宗派思想并不断走向复兴的祖庭将日益受到世人的青睐，这将是一个不可阻挡的历史潮流。深入宗派，走进祖庭，回味历史，反观人生，在八宗理论的鉴赏中理解中国佛教的微妙旨趣，在八宗修持的体验中领会佛教应对人生困惑的奇特方法，相信你的思维会得到训练，智慧会得到滋养，精神会得到重塑，心灵会得到净化，生命的品质也会获得提升。

二

说起宗派，在中国它总是和学派联系在一起的。中国佛教的学派主要出现在魏晋南北朝时期，而宗派则出现于隋唐时期。学派是对印度佛教的学习与筛选，宗派则是对印度佛教的筛选与改造，从学而后选，到选而后改，完成了从学派到宗派的转换，也从理论与实践两个方面完成了印度佛教的输入与域外佛教中国化的基本进程。相对于学派来说，佛教宗派主要有以下六个特点。

一是通过对传入中国的域外佛教的学习与理解，既完成了经典的鉴别与学说的筛选，也完成了理论的融会与修法的创新，不但形成了独具一格的理论解读，也形成了契理契机的总体改造，代表着佛教中国化在文化深层的最终实现。

二是在筛选、改造的基础上，形成本派内部公认的、完整而相对定型的理论体系和修行体系，并依赖这种相对统一的理论体系和实践体系，划清宗派的界限，形成固定的信奉人群，铸造生存与发展的基本框架，沉淀各自不同的宗风。

三是师徒相承，恪守理论与实践体系的代代相传，形成相对完整的传法体系，确保宗派理论与实践的正统性和权威性，并以这种传法体系为核心，形成文化的认同与情感的亲近，进而凝聚师徒人心，链接同修同道，在传法谱系的延伸中，尽力维系宗派的代际传播。

四是通过判教对在中华大地上生根的外来佛教的各个不同学说进行次第与关系的安顿，在协调宗派关系的同时，完成对自身学说正统性和崇高性的论证，把自己宗奉的学说和其他学说区别开来，并确定为佛法的最高境界。这种判教思想与实践是世界宗教史上的创举，不但带来了佛教派系直接和平友好的相处，而且激发了相互之间的互补呼应与圆融统一，更重要的是确立了自身的文化自信，并不断激发出文化自强，奠定了八大宗派分立共处的基本格局。

五是因为传法体系的建立和师徒关系的维系，以及同门同修之群体的相对稳定，各宗派均形成自己的传法、修持和弘教中心，一般表现为一处或多处相对稳定的道场，有些寺院因为创宗祖师或中兴祖师的驻锡而形成被后世追奉为祖庭的寺院。

六是具有相对明确的派别意识，主要表现为对不与他同的教义和修持的热爱与宗奉，对创宗和传承祖师的认定与崇拜，对道统的认可与维系等。这种派别意识与判教思想相互联系，判教重在处理与其他宗派的关系，而派别意识则重在自我爱护与自我维系。

当然，不同宗派在以上六个方面的表现是有所不同的，有的宗派在学理与修行方面的个性极强，信仰认同性也非常突出，但在传承体系等方面很弱，如净土宗；有的宗派虽有建立在理论认同性基础上的僧团与学说的纵向传承，但在学理的普适性方面极强，以致缺乏个性，很快如雪融化，普润了大地，促使了新的生命诞生并茁壮成长，但不断地消解了自己，如三论宗；有的宗派尽管学理传承明晰，个性也很浓郁，但为整个中国佛教尤其是出家群体所吸收，成为规范性极强的基础性文化体系，从而减弱了独立存在的意义，如律宗；有的宗派理论个性分明，宗奉的群体也相对稳定，但仅仅在极少数精英分子中有短暂的流传，哲学性超过了宗教性，高雅性超过了通俗性，文人性超过了民众性，虽然魅力无穷，但影响面很小，如唯识宗；有的宗派尽管体系严密完整，理论独具特色，但信仰的神圣性与修行的复杂性使其局限于上层，难以在民众中完整推行，后来常规的传承谱系中断，在被迫转型后以另外一种弥散的形态大面积地延续着自己的顽强生命，如密宗。另外，天台宗、华严宗即使在隋唐时代也缺乏强烈的宗派意识。因为学理的认同而形成的相对固定的群体以及相对明确的师徒传承是隋唐时代中国佛教宗派的重要特征，寺院财产与管理的专属性继承、学修群体的组织性排他意识、传法谱系的宗法性沿袭，所有这些严格意义的宗派特性，除了晚唐之后的禅宗之外，隋唐时代的其他宗派都不太明显。

可以这么说，中国汉传佛教的宗派有三大类：第一类是传承认同性的宗派，传法谱系清晰，师徒关系严明，具有宗法性的特色，成为一种综合性的社会存在，属于严格意义的宗派，其中以禅宗为典型，密宗也基本可以划归此类；第二类是法脉认同性的宗派，对学说的领会与传承，对思想的认同与坚守，对方法的推崇与遵行，呈现出思想文化的代际传播，以三论宗、天台宗、华严宗、唯识宗为代表；第三类是信仰认同性宗派，建立在个性分明、心理趋同、修法统一的基础上，可以超越师徒直接传承的限制，属于松散意义的宗派，以净土宗为代表，律宗也基本可以划归此类。当然，这仅仅是一个大略的分类，细究起来，各个宗派的特性识别及其相互关系的划分其实也是一件很难的事情。而且，对宗派划分的方法是很多的。不同的研究宗旨会选择不同的划分方法，不同的划分方法自然会有不同的分类结果。按照我们这种分类方法进行观察，在中国佛教诸宗派中，只有禅宗的宗派传承意识最强，并有长久的延续，且成为宋代以后中国佛教宗派传承体系的主要代表。

宗派曾经是隋唐时代中国佛教走向鼎盛的象征。两宋以后，八大宗派的原有光环逐渐暗淡，以致很多人认为宗派的地位已经让位于菩萨信仰、因果报应、地狱净土、行善积福、经忏法事等信仰性佛教和静避山林的禅修传统。其实，两宋之后的中国佛教远非这么简单，佛教的信仰化、生活化、简易化、功利化、神秘化、民众化成为这个时期佛教发展与存在的基本态势，但在佛教文化的深层存在中，源于宗派、成于宗派、基于宗派的文化主脉始终肩负着滋养佛教思想、框范佛教修行、塑造佛教形态的重任。宗派就像一条暗藏着的轴线，决定着中国佛教的生存与发展走向。可以这么说，宗派不但象征着隋唐时代的佛教繁荣，也支撑着隋唐之后中国佛教的基本体系并始终引领着中国佛教的发展变化，直至今天并将继续下去。总体上看，宗派在中国佛教中的地位主要体现在以下六个方面。

第一，汉传佛教的宗派是中国人引进、筛选、理解、吸收印度佛教的最大成果，是中国佛教理论探索与创新的结晶，既反映了印度佛教中国化的归宿，也代表着中国佛教最辉煌的理论成就，其不但使印度佛教的思想得以继承和延续，实现了续佛慧命、保存文明的伟大使命，而且极大地丰富了中华文化的宝库，彰显了中国人的理论勇气与卓越智慧，为后世中国佛教奠定了雄厚的理论基础和修行实践的基本依据，是中国佛教至今无法逾越的历史荣耀。

第二，中国佛教八宗并存，相互呼应，共成一体，造就了独具特色的中国佛教文化。这些宗派各有其据，各显其长，各传其法，各守其道，因其强烈的个性而形成彼此的分立与呼应，相互的激发与补充，并最终形成多元一体的格局，由此也决定了整个中国佛教的基本体系。在这个多元一体的文化命运共同体内部，各宗派通过判教来解释彼此的分立，形成次第有序、相互包容、圆融会通的宗派关系，这既与中世纪天主教的异端裁判行为相异，也与伊斯兰教分派过程中的激烈对抗不同，中国佛教的宗派并立创造了一种彼此认同、和谐呼应、圆融一体的佛教文化生存与发展机制。这种内在机制既是多元的，又是一体的，所以这种宗派并立是和平友好的，是彼此相成的，是充满活力的。这既是解释中国佛教理论体系和实践体系之特色的最大秘密，也是理解中华文化基本特性的一个前提。

第三，宋代以后的中国佛教，尽管以禅修和念佛为主体，并呈现出浓厚的通俗性、信仰性和生活性，但纵观这段历史，真正具有理论意义的史实依然可以从宗派中找到发展的线索，各个宗派的著作及其所宗奉的经典始终是中国佛教注释与研习的热点，尽管缺少了隋唐时代的理论创新，但佛教自古以来并不以理论创新为追求，而是以佛法的正统为前提，以理论的支撑为基础，以实践的引领为目的，也正是由于宗派经典与学说的持续流行，才足以框范中国佛教的发展趋向，保证中国佛教的理论与实践不致出现大的偏失与走形，中国汉传佛教的正统性才得以保持。

第四，从宏观来看，当代中国汉传佛教，不论是佛教寺院，还是僧团组织，不论是日常法事，还是个体归属，除了禅宗、净土宗、密宗之外，其他宗派均不再具有中国佛教存在形态的支撑性意义。但是，各个宗派的理论成就与修行方法为当今佛教提供了活水源头，而且是取之不尽，历久弥新，呈现出旺盛的生命力和强劲的影响力，这是当今任何一位初具佛教文化的人都知晓的事实，可以说，离开了八大宗派，当代中国佛教的理论形象与信仰魅力将大为降低，所谓佛教理论体系的博大精深也就成了无稽之谈。

第五，除了禅宗之外，其他宗派尽管已经退出了宗派原有的存在模式，但是，这些宗派的经典著述尤其是那些创宗祖师的学说在今天依然被很多人虔诚宗奉，从而形成具有宗派意义的法脉传承和特色僧团，如近代以来由月霞、应慈、真禅等人师徒相承的华严宗，由谛闲、倓虚、明哲等人师徒相承的天台宗，由杨文会、欧阳竟无、吕澄等人师徒相承的唯识宗，另外，弘一大师的律宗和印光大师的净土宗也有深远影响。而在当代，悟光、彻鸿师徒相承的密宗，普陀山妙湛大和尚弘扬的天台宗，台湾海云法师弘扬的华严宗，东林寺大安法师弘扬的净土宗，重庆惟贤长老弘扬的唯识宗，也均宗风鲜明，个性突出，堪称隋唐佛教宗派的当代延续，可见这些宗派的现实意义与影响力是不可忽视的。

第六，在当代国内与国际的学术研究以及佛教界的各级各类佛学院的教学体系中，汉传佛教的各个宗派依然具有指引性意义。很多学者都将研究的兴趣指向宗派，相继涌现出大量的研究成果，而且在未来相当长的时间内，宗派研究将依然是中国佛教学术研究不会轻视的领域。中国佛教与东亚各国尤其是日本佛教的交往，宗派依然是一个极为重要的桥梁。而中国目前各个佛学院的专业划分往往也以八大宗派为指南，并形成以宗派为特色的教学体系。所有这些都显示了宗派在当代佛教中的重要影响，说明宗派不是逝去的辉煌，而是现实的存在。

宗派总是和祖庭联系在一起的。祖庭是宗派的载体，宗派是祖庭的灵魂。祖庭认定的第一因素是祖师，而且专指那些创宗祖师或中兴祖师。所以，我们要先讨论一下什么样的人才能算作创宗祖师或中兴祖师。当然，祖师的认定主要是一个宗派内部根据公认原则的约定俗成，尽管政权、学术、文人、社会大众对祖师的认定也会产生重要的影响。在中国佛教历史上，一个宗派的祖师序列是不同时代逐渐形成的，凡是在该宗派孕育、萌芽、形成、转型的历史进程中做过重要贡献的人都可能被奉为创宗祖师。一般来说，这种重要贡献是指以下五个方面：第一，该宗派所奉经典的翻译者和最初的弘扬者，如三论宗中土初祖鸠摩罗什，唯识宗中土初祖玄奘，密宗中土前三代祖师善无畏、金刚智、不空；第二，该宗派所奉经典的最初和最主要的注释与弘传者，如天台宗的智顗、律宗的道宣、三论宗的吉藏、华严宗的前三代祖师等；第三，该宗派所宗奉的思想与信仰以及修行方法的最初倡导者或最重要的推广者，如净土宗的慧远和昙鸾、道绰、善导及其后的各位祖师；第四，与该宗派理论情趣与修行风格一致或因为具有孕育、萌芽、促成等关联性而被后世奉为祖师，如禅宗的初祖菩提达摩及二祖慧可、三祖僧璨和四祖道信；第五，为该宗派的转型发展做出巨大贡献，从而使该宗派取得巨大进展的，如华严宗的第四代祖师澄观，净土宗第十三代祖师印光等。

讨论了什么样的人才能算作创宗祖师或中兴祖师后，我们再来讨论什么寺院才能算作祖庭。根据我对中国佛教传统的理解，凡是符合以下任何一种条件的寺院，均可视之为祖庭：第一，在历史上被奉为一个宗派之创宗祖师的人，生前著书立说、译经弘教、收徒传法、依法修行的寺院；第二，在历史上被奉为一个宗派之创宗祖师的人圆寂后第一批舍利供奉之地；第三，被奉为创宗祖师的人诞生、出家和圆寂等重大事件发生地的寺院；第四，在该宗派形成之后发生的重大转型与发展过程中产生直接作用，并被奉为该宗祖师的人，其重塑该宗之事的主要发生地。一般所说的宗派复兴主要是指这种具有一定创新性与拓展性的发展，有变化，有转型，有提升，有发展，而不仅仅是一般意义的壮大，如该宗信众的增加，传播地域的扩大，实力的加强等。这样的标准，排除了以下几种情况：第一，虽然也被奉为祖师，但既非创宗也非中兴的祖师，这些人驻锡、著述、弘法、修持的寺院不在祖庭之列；第二，虽然被奉为创宗或中兴祖师，但所驻寺院不是成就该宗诞生或中兴之地（即不是著书立说、译经弘教、收徒传法、依法修行的寺院），也非这些祖师诞生、出家、圆寂之地，则不能算作祖庭；第三，创宗或中兴祖师圆寂后，舍利在第一次安奉供养之后，部分转移供奉之地，也不能作为祖庭。

祖庭在宗派发展乃至整个中国佛教发展中具有重要的地位，主要表现在以下四个方面。

第一，祖庭是祖师驻锡生活之地，养育了祖师生命，留下了祖师的足迹，辉映着祖师的身影；祖师舍利供奉地的祖庭则因为祖师真身常在而别有亲近温馨、神圣肃穆之气韵；同时，祖庭还是祖师灵感的迸发之地和祖师智慧的成就之地，见证了祖师的荣耀和思想的伟大，并因此印证了这块土地的神奇。所以，怀念祖师必然与崇敬祖庭相伴生，这也是与中国宗法制以及天人合一等理念最接近的一种祖庭情怀。

第二，祖庭是中国佛教理论创新的基地，佛教中国化的核心园地。佛教传入中国五百多年之后，一种全新的佛教思想在这里孕育扎根，一种全新的佛教修法在这里破土而出，一种全新的佛教文化体系在这里茁壮成长，从而在这里矗立了中国佛教发展历程中直到今天都堪称之最的里程碑，使这一空间在中华文化发展史上具有了神圣的意义。信仰和传承这种思想，必然对这种思想的诞生地产生情感的认同与精神的皈依。

第三，祖庭不但是宗派思想的诞生地，更是宗派思想传承与沉淀之地，蕴含着宗派的荣光，氤氲着宗派的气息，汇聚着宗派的底蕴。对学习和践行这些宗派理论与修法的人来说，回归祖庭，走进历史，犹如投身祖师的怀抱，沐浴宗派的慧光，在此氛围的感染下，体验祖庭的深厚文化积淀，感受古今贯通的滋味，必然会有意外的收获。

第四，祖庭是宗派的空间遗存，是宗派留存至今的最鲜明的物质载体，凝聚着宗派的历史记忆，是宗派魅力在当代彰显的大本营，是宗派现代复兴的第一阵地。正是由于这些祖庭的存在，宗派的历史才不断被激活，宗派的学说才不断被传扬，宗派的记忆才会转化成新的篇章。今天的各个祖庭都以各自的宗派而树立起文化的自信与自豪，并在文化自觉中努力实现文化的自强。祖庭在这一过程中给他们信心，给他们力量，给他们支撑。如果说在历史上是宗派成就了祖庭，那么在今天却要借助祖庭去成就宗派。

三

西安电子科技大学出版社于 2014 年获得陕西出版资金资助，出版了王宏涛著的《西安佛教祖庭》一书。王宏涛是我的博士研究生，应他的请求，我为该书作了一篇序言，从而与该书的策划编辑高樱及出版社相关人员也结下佛缘。

一次，我陪西北大学朱益平老师前往香积寺参访，高樱正好也要送刚刚出版的《西安佛教祖庭》一书给本昌法师，于是我们便一同前往。在这次交谈中，我提到翻阅该书的一些感受。我认为祖庭的灵魂在宗派，讲祖庭必须讲宗派。而要想把每个宗派及其祖庭讲清楚，一本书实在是太小了，很多问题只能一笔带过，无法深入。我们过去在祖庭文化方面做了很多工作，但不进行全面系统的祖庭文化解读，任何祖庭资源的保护与祖庭文化的宣传以及其他一些工作都是难以准确到位的。过了不久，高樱突然邀请我来出面组织学者重新编写一套有关祖庭的书，每个宗派及其祖庭一本，共八本，形成一套丛书。我开始比较犹豫，但鉴于她的鼓励与期待，当然也有我自己以及我的团队在宗派与祖庭研究方面长期积累所建立起来的自信，于是就答应了下来。我很快安排人力，以我指导的在校或业已毕业的博硕士研究生为主，共调集了十位青年才俊来承担这项任务。

写作过程中，每本书都遇到了很多问题。大家多次集中，一起讨论，每次讨论高樱都全程参加，每个人都激发出自己的智慧，在协同作战中表现了可贵的合作友爱精神。具体的撰写工作对每个人来说都是一次严峻的考验，好在这支队伍不但是有水平的，也是有担当意识的，更重要的是亲和而默契的。大家经历了艰辛的写作体验，也为自己的生命时光刻下了独特的记忆。九月中下旬，八本书稿相继定稿并交付出版社。在编辑过程中，西安电子科技大学出版社的胡方明社长、阔永红总编辑、陈宇光副总编辑等领导都给予了全力的支持，不但开启了绿色通道，特事特办，而且调集了出版社最强的编辑力量，节假日不休息，沉稳而快速地推进相关工作。其策其法，有胆有识；其情其义，令人感动。

从目前完成的书稿来看，本丛书总体上有以下七个特点。

一是八宗兼备，每宗一册。本丛书的主线是纵向勾勒，横向分类，体系清晰，结构完整。

二是时空落实，主要体现在宗派与祖庭兼备，既有对宗派的介绍，也有对祖庭的描述，有助于实现时空的定位。

三是古今贯通。从渊源讲起，在追溯历史的同时，关注当下的状况，实现了古今的呼应，避免了学术界常见的重古薄今。

四是史论结合。宗派的历史与宗派的学说同等重要，祖庭的沿革与祖庭的神韵均受到关注。

五是解行并重，也就是理论与实践的统一，既注重对宗派理论的解析，也注重宗派理论的当代价值，对于那些在现代生活中具有借鉴价值的学说给予重点介绍。

六是内外同观。佛学也称为内学，佛教以外的学说则被称为外学。从佛教信仰的视角观察，宗派的历史与宗派的信仰一般会更加丰满，而从佛教以外的视角观察，则可能更加客观。二者结合起来，才可能更加全面准确地再现宗派和祖庭的历史与文化底蕴。

七是雅俗共赏。本丛书不追求观点的创新，尽管也有很多创新，而重在追求通俗化的呈现。尽管在通俗化方面也并未达到我的期望，但总体上看，通俗易懂依然可算作是本丛书的一个亮点。

由于时间紧张，本人水平有限，本丛书中不可避免会存在一些问题，渴盼读者慈悲为怀，不吝赐教，帮助我们不断进步。

李利安

2016 年 10 月 5 日　于心苑书屋

目　　录

一、追溯印度渊源　佛经演说净土

所谓净土宗，即以往生阿弥陀佛的净土——西方极乐世界为目标的佛教宗派。净土指清净的国土，佛教中的净土很多，中国佛教净土宗的净土则专指西方极乐世界。关于其位置，佛教认为，它在从我们所居世间向西方经过十万亿个佛土的地方。关于该净土之状况，在《阿弥陀经》《无量寿经》《观无量寿经》等净土经典中有详细的解说。佛教还认为，阿弥陀佛作为极乐世界的教主，今天依然在那里说法教化。

关于阿弥陀佛，可谓人尽皆知，在中国似乎是佛教中最负盛名的一尊佛了。佛教徒众平常见面，合掌便道"阿弥陀佛"；踏入寺院随处可见书写着"阿弥陀佛"；城镇乡间常见手持佛珠喃喃自语的虔诚老太，走近细听，她们念的也是"阿弥陀佛"；电视剧《济公》中游本昌先生扮演的济公，时时刻刻一句"阿弥陀佛"，主题曲"南无阿弥陀佛"的旋律更是令人印象深刻；还可以看到有很多人像《西游记》中的唐玄奘一样，看到动物惨死、旁人受难，闭眼扭头，开口又是"阿弥陀佛"；甚至在一些文学和影视作品中常看到像《红楼梦》中贾宝玉寄名干娘马道婆那样，一边阴险狠毒地坏事做绝，一边惺惺作态地合掌斜眼来一句"阿弥陀佛"的嘴脸。总之，阿弥陀佛，在中国应该是无人不知，他好像是整个佛教的代名词，甚至那些对佛教完全没有任何概念或好感的人，大概也知道"阿弥陀佛"这四个字。那阿弥陀佛到底是什么？是一个能黑能白的感叹词？是一句迎来送往的问候语？或者说是一个解灾免难的咒语？还是一个传奇人物的名字？可以说，以上都是。而从根本来说，阿弥陀佛其实是一尊佛的名号。阿弥陀可翻译为无量寿、无量光等，所以阿弥陀佛也被称作无量寿佛。那阿弥陀佛究竟是何许人也？他何以能在中国获如此盛名？他与释迦牟尼佛究竟是什么关系？

按照佛教的说法，佛祖释迦牟尼在世时曾于印度的耆阇崛山讲《无量寿经》，于王舍城说《观无量寿经》，于祇树给孤独园宣《阿弥陀经》。释迦牟尼佛通过这些经典介绍了宇宙间还有另外一个美好的世界存在，即西方极乐世界。同时也介绍了西方极乐净土的教主——阿弥陀佛，以及他在成佛之前的大愿与大行和成佛之后的辉煌成就。另外，这些经典还介绍了如何才能移居到这个美妙世界的方法，净土法门就这样产生了。

（一）《无量寿经》与净土建立

《佛说无量寿经》是净土宗根本三经之一，简称《无量寿经》，又称《大经》《双卷经》《两卷无量寿经》《大无量寿经》等。一般学术界认为，该经在一至二世纪的印度贵霜王朝时流行于犍陀罗地区。在中国，该经于三国时期由康僧铠译出，共2卷。相传此经前后有汉译12种，除康僧铠译本外，现存的异译本有5种。

此经传到中国后影响甚大，历代注家辈出，疏释不绝。在朝鲜和越南，此经传习也颇盛。在日本，有日僧慧隐入唐求法，回国后即在皇宫中讲《无量寿经》。奈良时期，有三论宗智光专求净土，注有《龙树释论》。法相宗善珠亦作书以释此经。净土宗开创者源空、净土真宗创立者亲鸾更是专依此经，发挥他力易行的宗义。

1. 阿弥陀佛的故事

据《无量寿经》介绍，有一次，释迦牟尼和他的弟子们一共一万二千人共同在印度王舍城外的灵鹫山集会，当时这些人中有大弟子、大菩萨，还有十六位正士在家菩萨。佛陀的侍者阿难在道场中，看见佛陀放大光明，色身与刹土都是前所未见的清净庄严，就向佛请问，显现这稀有瑞象的原因。世尊听后非常高兴，表扬了阿难的提问："太好了！你能问出这样的问题，真是无碍的辩才和甚深的慈悲呀！"并预言："从阿难问这个问题开始，一直到不可穷尽的未来，所有一切众生都会因阿难的这个提问而脱离生死此岸，度过烦恼中流，超然大觉。"也正是因为阿难的这一问，引出了《无量寿经》，引出了阿弥陀佛和极乐世界。

佛回答阿难，在过去无数亿万年以前，世间有一位佛，叫做"世间自在王如来"，他在世间教化众生，讲经说道。同时有一位叫做"世饶王"的大国王，这位国王信仰佛法，喜欢听佛讲经，慢慢地开始希望自己也能通过不断地修行成就佛果。所以他毅然决然地舍弃王位，放弃四海富有，剃发出家，跟随世间自在王如来修学佛法，法号法藏。这位法藏比丘有逸群之能，高才勇哲，非常人所能及，尤其他对佛法的信心和实践都倍于常份。有一天，这位法藏比丘来到世间自在王如来处，虔诚地顶礼长跪，然后合掌向佛赞叹世间自在王如来："伟大的佛陀啊！您就像天上的太阳一样，能使星月无光，珠宝失色，尽扫阴霾。您宣讲的佛法高深幽微，像那无边的大海一样。"然后表达自己的决心："佛陀啊！我也希望我能够成佛，成为法王，解脱生死轮回的苦恼，能够使世间所有的恐惧得到安宁。而且我希望我成佛后的国土是所有佛土中最为高尚美妙的，凡是生到我的世界的人，都能够有无量的快乐、无边的智慧。无论有多么艰难，我都要实现我的这个愿望！"说完之后，法藏比丘祈请："如来啊！刚才我已经说了我的愿望，祈求您能够为我讲解开示，如何才能摄取所有佛土的清净庄严，让我能够在这世间成佛呢？"世间自在王如来听后心中愉悦，和声细语地鼓励法藏："你既然发了这样的大愿，那就应该明白如何自己去思惟，如何自己去实践吧。"虽然佛陀这样鼓励他，但是法藏比丘心中还是疑虑重重，继续请示："慈悲的佛陀啊！这样的道理太广大了，根本就不是我的境界所能达到的呀，还是请您为我阐释十方一切如来的佛国净土到底是什么情形。我听过之后，一定能够依教奉行，兑现我的心愿。"世间自在王如来心中欣慰，也知道这位法藏比丘志向高远，就慰勉法藏："譬如无垠大海一样，即使它无边无际，深不可测，但是如果一个人用斗去量，经年不休地一斗一斗地把海水取走，经历了多劫的时间，尚且可以让大海露底。同样的，若有人坚定志愿，至心求道，日复一日，年复一年，坚持不懈，勇猛精进，就一定可以圆满本愿。"

接着，世间自在王如来为法藏详细地介绍了二百一十亿个佛国的具体情形，而且为满足法藏的心愿，一一把这些佛国净土的美妙庄严展现在他眼前。世间自在王如来带领着法藏，为他显示十方一切佛国，令法藏从中选择净妙之国，以自庄严他所愿成的国土。法藏比丘看过这些所有千差万别的佛国世界之后，就陷入深深的思考中。他在考虑着如何才能建立一个超过这些所有佛国世界的另一个最美妙、最庄严、最殊胜的新世界。据佛经介绍，这个思考的时间经过了五劫那么长。劫，是佛教的一个时间单位，劫有大劫、中劫和小劫。一劫到底有多长的时间呢？佛教所说的小劫，是根据人的寿命来计算的。依《俱舍论》，人的寿命从八万岁开始，然后每一百年减一岁，一直减到人的寿命十岁为止，然后再每过一百年增加一岁，一直增加到八万岁，这样一增一减就叫一小劫，一小劫以现在的年数来计算，大概是一千六百万年。经过这么长的时间，法藏比丘不断地思考、调整、计划，最终完成了他对心目中那个最美妙的新世界的勾画。然后再次来到世间自在王如来处向佛陀汇报自己的成果，主要总结为四十八个愿望，而且踌躇满志地说："我建立起这样的超世大愿，一定要成就无上佛果，如果我的这些愿望不能满足，那我就不成佛。"

佛经记载，法藏比丘说出他的这些愿望时，感动了天地，突然大地震动，天神显现，无量的妙花从空中飘下，美妙的音乐在空中响起，有个声音在云霄回响着："决定必成无上正觉！"

从此之后，法藏比丘踏上了艰苦而又漫长的修行之路，在无法估算的时间长河中，一点一滴地积累功德，不辞辛劳，志愿无倦，对所有的苦难众生都心怀慈爱，对所有的荣华安逸都少欲知足。在这期间法藏比丘无数次轮回转世，但始终没有放弃自己的誓愿。他做过国王、大臣、居士、豪姓，乃至转轮圣王或大梵天王，始终如一地自净其意，杜绝诸恶，奉行众善，"善护口业，不讥他过。善护身业，不失律仪。善护意业，清净无染"。如此不知道经过了多久的时间，海枯石烂，沧海桑田，法藏比丘终于实现了他的大愿，终于圆满佛果，成就佛位，成为阿弥陀佛，也终于建立起了一个超过所有佛国净土的新世界，这就是西方极乐世界。

2. 法藏的四十八愿

这个极乐世界究竟是什么情形？我们可以从法藏比丘在世间自在王如来前发的那些具体愿望中一探究竟，也就是《佛说无量寿经》中讲的"四十八愿"。法藏比丘这四十八愿每一个愿望的结构都是"设我得佛……不取正觉"，就是"如果我法藏能够成佛，那我的世界就……如果不能实现这个条件，那我就不成佛"。所以这四十八个条件，其实也就是极乐世界的主要特征了。

依照印光法师勘定的曹魏康僧铠所翻译《佛说无量寿经》为底本，参照大安法师在《净土宗教程》中的阐释，将四十八愿阐述如下：

第一，国中无三恶道愿。"设我得佛，国有地狱饿鬼畜生者，不取正觉。"地狱、饿鬼、畜生是佛教讲的三恶道，是六道轮回中最苦的环境，而且没有机会学习佛法，所以法藏比丘发愿，将来在极乐世界中没有这三恶道。

第二，不复更生恶道愿。"设我得佛，国中天人寿终之后，复更三恶道者，不取正觉。"极乐世界的人去世之后，不会再像其他世界的人那样，重复不断地投生到三恶道中去受苦。

第三，各得真金色身愿。"设我得佛，国中天人不悉真金色者，不取正觉。"生到极乐世界的天人身上的颜色都是紫磨真金色。

第四，形色无有好丑愿。"设我得佛，国中天人形色不同有好丑者，不取正觉。"净土中的天人形貌颜色悉皆庄严清净，没有美丑的差异。

第五，生者皆得宿命愿。"设我得佛，国中天人不识宿命，下至知百千亿那由他诸劫事者，不取正觉。"往生到极乐刹中的天人，能知自身及六道众生百千亿亿世宿命及所做之事。

第六，皆得天眼彻视愿。"设我得佛，国中天人不得天眼，下至见百千亿那由他诸佛国者，不取正觉。"生到西方刹土的天人，皆具天眼通，能见六道众生生死苦乐之相，以及见世间一切种种形色，无有障碍。

第七，皆得天耳彻听愿。"设我得佛，国中天人不得天耳，下至闻百千亿那由他诸佛所说，不悉受持者，不取正觉。"往生到净土中的人，都能得到天耳通，能闻六道众生苦乐忧喜之语言，以及世间种种声音。而且能够听到百千亿亿佛所说的教法，悉皆受持。

第八，皆得知他心念愿。"设我得佛，国中天人不得见他心智，下至知百千亿那由他诸佛国中众生心念者，不取正觉。"净土中的天人皆具备他心智通，能知百千亿亿国土的六道众生心中所思之事。

第九，皆得神足飞行愿。"设我得佛，国中天人不得神足，于一念顷，下至不能超过百千亿那由他诸佛国者，不取正觉。"国中天人皆得神足通，于一念顷，最低限度也能飞行百千亿亿诸佛刹土。

第十，不起贪计身见愿。"设我得佛，国中天人若起想念贪计身者，不取正觉。"国中天人能够以般若的空性，破除对身见的贪恋执著。

第十一，正定必至涅槃愿。"设我得佛，国中天人不住定聚必至灭度者，不取正觉。"国中天人，必定能安住于大乘正定聚，必定能证到大乘佛果。

第十二，光明遍照十方愿。"设我得佛，光明有限量，下至不照百千亿那由他诸佛国者，不取正觉。"等到法藏比丘成佛的时候，光明无量无边，最低限度也能照百千亿亿的佛刹。

第十三，寿命同佛永久愿。"设我得佛，寿命有限量，下至百千亿那由他劫者，不取正觉。"法藏成佛时，寿命没有限量，最低限度也有百千亿亿劫。

第十四，声闻广多无量愿。"设我得佛，国中声闻有能计量，乃至三千大千世界众生悉成缘觉，于百千劫悉共计校，知其数者，不取正觉。"法藏成佛时，净土中的声闻圣众，无量无边，不可胜数。

第十五，寿命修短随意愿。"设我得佛，国中天人寿命无能限量，除其本愿，修短自在，若不尔者，不取正觉。"法藏成佛的时候，刹土里的天人寿命无有限量，除其往生者的意乐本愿，寿命长短，随心所欲。

第十六，国中无不善名愿。"设我得佛，国中天人，乃至闻有不善名者，不取正觉。"法藏成佛的时候，国中没有恶人、恶法与恶的因缘果报，天人见闻觉知的都是善的境缘，甚至连恶的名字都听不到。

第十七，诸佛称名赞叹愿。"设我得佛，十方世界无量诸佛，不悉咨嗟称我名者，不取正觉。"阿弥陀佛成佛的时候，十方微尘刹土一切诸佛都会称扬赞叹阿弥陀佛名号的功德。

第十八，十念皆生我国愿。"设我得佛，十方众生，至心信乐，欲生我国，乃至十念，若不生者，不取正觉。唯除五逆，诽谤正法。"十方世界一切众生，听闻到念佛往生法门，发起至诚真实之心、至极信乐之心，愿意生到这个国土，深信切愿地念佛，如是乃至只念十声佛号，都能生到极乐世界。如果信愿持名乃至十声不能往生，阿弥陀佛便不成佛。唯除去犯五逆重罪，诽谤正法的众生。净土宗认为这一愿是阿弥陀佛四十八愿中最为核心的部分。

西方圣众来迎图

第十九，勤修我皆接引愿。"设我得佛，十方众生，发菩提心，修诸功德，至心发愿，欲生我国，临寿终时，假令不与大众围绕现其人前者，不取正觉。"十方世界一切众生，发起上求佛道、下化众生的菩提心，修行菩萨六度万行功德，真诚发愿，愿意生到阿弥陀佛的刹土，那么阿弥陀佛在这个念佛人临命终时，就会与观音、势至等菩萨大众环绕着此念佛人，接引其往生西方。

第二十，系念必得往生愿。"设我得佛，十方众生闻我名号，系念我国，植众德本，至心回向，欲生我国，不果遂者，不取正觉。"十方众生闻信阿弥陀佛的名号，便至诚系念佛名求生净刹，广修世出世间一切功德，至心回向，用作往生净土之资粮，一定能够满足心愿。

第二十一，各具三十二相愿。"设我得佛，国中天人，不悉成满三十二大人相者，不取正觉。"往生的天人，悉皆具有三十二大人相。也就是具备足安平、手指纤长、手足柔软、手长过膝、身金光、皮肤细滑、身如狮子、肩圆满、齿白齐密、梵音清远、眼色绀青、睫如牛王、眉间白毫、顶成肉髻等三十二种佛陀的长相特征。

第二十二，菩萨一生补处愿。"设我得佛，他方佛土诸菩萨众，来生我国，究竟必至一生补处，除其本愿自在所化，为众生故，被弘誓铠，积累德本，度脱一切，游诸佛国，修菩萨行，供养十方诸佛如来，开化恒沙无量众生，使立无上正真之道，超出常伦诸地之行，现前修习普贤之德，若不尔者，不取正觉。"他方微尘佛刹诸菩萨众，生到极乐国土，究竟必定得至一生补处的菩萨位，即下一生便能成佛。除为救度众生，自在游化诸佛刹土的菩萨行。

第二十三，一时普供诸佛愿。"设我得佛，国中菩萨，承佛神力，供养诸佛，一食之顷，不能遍至无数无量亿那由他诸佛国者，不取正觉。"往生阿弥陀佛刹中的菩萨，仰承佛的威神之力，在短时间内，能够分身遍至无量无边的刹土供养其他世界的佛。

第二十四，供具自皆如意愿。"设我得佛，国中菩萨，在诸佛前，现其德本，诸所求欲供养之具，若不如意者，不取正觉。"生到西方净土的菩萨，在十方诸佛前，华香伎乐、缯盖幢幡等无量供养之具，自然化生，应念即至。

第二十五，菩萨演一切智愿。"设我得佛，国中菩萨，不能演说一切智者，不取正觉。"极乐世界中的菩萨，个个都能有如佛那样的胜妙智慧，皆能演说一切智。

第二十六，菩萨得金刚身愿。"设我得佛，国中菩萨，不得金刚那罗延身者，不取正觉。"极乐刹土中的菩萨，个个都有如金刚力士那样坚固的身体。

第二十七，万物悉皆殊特愿。"设我得佛，国中天人，一切万物，严净光丽，形色殊特，穷微极妙，无能称量。其诸众生，乃至逮得天眼，有能明了辩其名数者，不取正觉。"国中的天人、万物，一切都有无量的庄严、清净、光明与华丽，体质、形状、颜色悉皆无与伦比，其细微之美，神韵之妙，无法用语言来称叹，也不能用心思去测量。

第二十八，菩萨道树普见愿。"设我得佛，国中菩萨，乃至少功德者，不能知见其道场树无量光色，高四百万里者，不取正觉。"刹土中的菩萨，不论是久修圣道的圣贤菩萨，还是功德薄少的初发心菩萨，都能亲知亲见法藏成佛时那棵高有四百万里，具有不可思议的无量光明与无量颜色的道场树。

第二十九，受经普得智辩愿。"设我得佛，国中菩萨，若受读经法，讽诵持说，而不得辩才智慧者，不取正觉。"凡能生到阿弥陀佛刹土的菩萨，或受持读诵经法，或对他人演说开示，都能得到胜妙之辩才，开启一切智慧。

第三十，智辩无有限量愿。"设我得佛，国中菩萨，智慧辩才，若可限量者，不取正觉。"安乐刹中的菩萨，智慧辩才不可限量。

第三十一，净国照见十方愿。"设我得佛，国土清净，皆悉照见十方一切无量无数不可思议诸佛世界，犹如明镜，睹其面像，若不尔者，不取正觉。"这个刹土，清净无垢，任何地方，都可照见十方无量诸佛世界，或清净或秽浊之相状，以及善恶业缘、众生容貌行为等。就如同手持一面明镜，照见自己的面相那样的清楚明白。

第三十二，严饰超诸天人愿。"设我得佛，自地以上，至于虚空，宫殿楼观，池流华树，国中所有一切万物，皆以无量杂宝、百千种香而共合成。严饰奇妙，超诸天人。其香普熏十方世界，菩萨闻者，皆修佛行。若不尔者，不取正觉。"国土中所有万物，皆庄严华美，非世间所有。百千种香，弥漫普熏，而且他方世界的菩萨闻到宝香，都能自然生起念佛、念法、念僧的心，修行一佛乘的佛行，直至成佛。

第三十三，蒙光触身获益愿。"设我得佛，十方无量不可思议诸佛世界众生之类，蒙我光明触其身者，身心柔软，超过天人。若不尔者，不取正觉。"阿弥陀佛成佛时，十方无量无数不可思议诸佛世界，种种类别的众生，蒙阿弥陀佛的光明照触其身体，都能身心柔软，安适快乐，超胜天上与人间所有一切的乐受。

第三十四，皆得法忍总持愿。"设我得佛，十方无量不可思议诸佛世界众生之类，闻我名字，不得菩萨无生法忍，诸深总持者，不取正觉。"十方无量无数不可思议诸佛世界，种种类别的众生，闻信阿弥陀佛的名号，悉能获得无生法忍，证入诸多深妙总持之法。

第三十五，信乐永离女身愿。"设我得佛，十方无量不可思议诸佛世界，其有女人闻我名字，欢喜信乐，发菩提心，厌恶女身，寿终之后，复为女像者，不取正觉。"十方无量不可思议诸佛世界，其中无数女人，闻信到阿弥陀佛的名号，发起成佛度众生的菩提心，如果厌恶女身，在其寿终之后，来生必定可以转为男子。

第三十六，勤修必成佛道愿。"设我得佛，十方无量不可思议诸佛世界诸菩萨众，闻我名字，寿终之后，常修梵行，至成佛道。若不尔者，不取正觉。"十方无量不可思议诸佛世界，诸菩萨众，听到阿弥陀佛的名字，寿终之后经历多生，恒常修习清净梵行，直至成就佛道。

第三十七，皈依感动天人愿。"设我得佛，十方无量不可思议诸佛世界诸天人民，闻我名字，五体投地，稽首作礼，欢喜信乐，修菩萨行。诸天世人，莫不致敬。若不尔者，不取正觉。"十方世界中，无量众生，听闻到阿弥陀佛的名号，生起至诚恭敬的心，虔诚作礼，同时发菩提心，至心精进，修菩萨行，对这样的念佛人，所有诸天及世间人民都会致以恭敬。

第三十八，妙服自然在身愿。"设我得佛，国中天人，欲得衣服，随念即至。如佛所赞应法妙服，自然在身，有求裁缝捣染浣濯者，不取正觉。"

国土中往生的天人，如果欲得衣服，能随念即时披在身上，无须人工裁剪、缝纫、染色、洗濯。

第三十九，受乐同于漏尽愿。"设我得佛，国中天人所受快乐，不如漏尽比丘者，不取正觉。"国中天人安享种种快乐，如同烦恼断尽的阿罗汉所受的快乐。

第四十，随意见诸佛国愿。"设我得佛，国中菩萨，随意欲见十方无量严净佛土，应时如愿，于宝树中，皆悉照见。犹如明镜，睹其面像。若不尔者，不取正觉。"国中菩萨，无论善根功德的深浅，都能随其心念，即时目睹十方无量无数庄严清净的佛土。

第四十一，闻名诸根具足愿。"设我得佛，他方国土诸菩萨众，闻我名字，至于得佛，诸根缺漏不具足者，不取正觉。"他方无量国土诸菩萨众，听到阿弥陀佛的名字，生生世世，直到成佛，都能眼耳鼻舌身意六根具足。

第四十二，悉得清净解脱愿。"设我得佛，他方国土诸菩萨众，闻我名字，皆悉逮得清净解脱三昧，住是三昧，一发意顷，供养无量不可思议诸佛世尊，而不失定意。若不尔者，不取正觉。"他方诸菩萨众，听到阿弥陀佛的名字，都能证入清净解脱三昧。

第四十三，闻名生处尊贵愿。"设我得佛，他方国土诸菩萨众，闻我名字，寿终之后，生尊贵家。若不尔者，不取正觉。"他方佛国菩萨，听到阿弥陀佛的名号，必然生生世世，出生在尊贵人家。

第四十四，修行具足德本愿。"设我得佛，他方国土诸菩萨众，闻我名字，欢喜踊跃，修菩萨行，具足德本。若不尔者，不取正觉。"他方无量刹菩萨众，闻信阿弥陀佛的名字，都能柔顺欣悦，喜形于色，发起勤修菩萨六度万行之心，具足一切功德之本。

第四十五，皆得三昧见佛愿。"设我得佛，他方国土诸菩萨众，闻我名字，皆悉逮得普等三昧，住是三昧，至于成佛，常见无量不可思议一切诸佛。若不尔者，不取正觉。"他方菩萨众，闻信阿弥陀佛的名字，都能得到普遍平等三昧，直至成佛。

第四十六，自然得闻妙法愿。"设我得佛，国中菩萨，随其志愿所欲闻法，自然得闻。若不尔者，不取正觉。"往生到阿弥陀佛刹土的菩萨，随其志愿好乐，都能自然而然地听到种种妙法。

第四十七，即得不退转地愿。"设我得佛，他方国土诸菩萨众，闻我名字，不即得至不退转者，不取正觉。"无量菩萨众，听闻阿弥陀佛的名字，就能够马上到达不退转的境地。

第四十八，即得诸忍究竟愿。"设我得佛，他方国土诸菩萨众，闻我名字，不即得至第一忍，第二第三法忍，于诸佛法，不能即得不退转者，不取正觉。"他方无量国土诸菩萨众，闻信阿弥陀佛的名号，就能得到音响忍、柔顺忍与无生法忍三种法忍，于一切诸法，马上能得至不退转地。

以上即为阿弥陀佛的四十八大愿，按照隋代净影慧远的《佛说无量寿经义疏》，这四十八愿可以分为三大类，分别是：其一，摄法身愿，就是关于阿弥陀佛自身的建设，包括第十二"光明遍照十方愿"、第十三"寿命同佛永久愿"和第十七"诸佛称名赞叹愿"。这一类愿最少，主要是构建度众生的方便手段。其二，摄净土愿，就是对极乐世界的构建，包括第二十七"万物悉皆殊特愿"、第二十八"菩萨道树普见愿"、第三十一"净国照见十方愿"、第三十二"严饰超诸天人愿"和第四十"随意见诸佛国愿"。这类愿望主要是向往生极乐世界的众生提供一个美妙舒适的居住环境。其三，摄众生愿，除了上述八愿其他四十愿都属此类，这也是阿弥陀佛四十八愿的重心所在，都是意图为往生净土的众生提供种种本身的先天优势，也提供有利的修学条件，使他们都能够轻松修行，快速成佛。这四十愿所摄受的众生包括净土天人、净土圣众、他方众生和他方菩萨，不同的众生都能享受到不同的优势和条件。而其中摄他方众生的第十八愿"十念皆生我国愿"，则是重中之重，也是佛教认为最契合我们这个世界众生，特别彰显了阿弥陀佛慈悲和加持的一个愿。

3. 佛教的理想国度

佛教中的净土很多，有阿閦佛的东方妙喜世界、弥勒菩萨的兜率天宫、药师佛的东方净琉璃世界、文殊净土和华藏世界等，而净土宗认为西方极乐世界是所有的佛国世界中最为美妙、最美高尚、修行条件最好的一个世界。极乐世界又称为极乐净土、极乐国土、西方净土、西方、安养净土、安养世界、安乐国等。

从上面所述的四十八愿中已经看到部分西方净土的美妙之处，而更详细的内容则在《无量寿经》《观无量寿经》和《阿弥陀经》中有描述。天亲的《往生论》中将极乐世界的环境总结为"十七庄严功德成就"，并在每一种特征前面作赞偈予以总结。本书按照这个结构，对各种特征依次概括、阐释如下：

第一，世界清净第一，称为清净功德。"观彼世界相，胜过三界道。"[1] 极乐世界清净相，胜过欲界、色界、无色界三界的相状。三界是凡夫流转之暗宅，天人的苦乐虽有不同，但总体来说寿命短促，颠倒不净。而清净是极乐世界的总相，彼国众生皆是莲华化生，没有淫欲，容色微妙，清净庄严。

第二，国土广大无边，称为量功

极乐世界变相图

---

[1] [印度]天亲：《无量寿经优波提舍愿生偈》，《大正藏》第26册，第232页中。

德。"究竟如虚空，广大无边际。"三界狭小，或坑坎崎岖，或崇山峻岭，或河渚沟壑，沙砾荆棘，住所狭迮。极乐世界无穷广大，无增无减，可以容纳无限多的人。因为净土宗认为净土由真如空性显现，本无空间的分别，故能广狭自在。

第三，世界本体清净，称为性功德。"正道大慈悲，出世善根生。"秽土众生，以爱欲攀缘，在三界中，生死轮回，有如长夜大梦。而安乐净土从大悲心所生，所以大悲为净土之根。安乐净土的众生，因为这里本性清净的功德成就，所以无不净色、无不净心，最终皆得清净平等无为法身。

第四，万物光明圆满，称为形相功德。"净光明满足，如镜日月轮。"此土有须弥山，山腰有日月昼夜运行，可是日月之光，只照一方，不及其他三面。娑婆国中，众生福薄，夜晚黑暗。而极乐刹土，到处光明，众生及万物悉皆清净端严，外显光明华丽，自体自然显发圆满光明，有如日月本体，无有间断。

第五，用具穷微极妙，称为种种事功德。"备诸珍宝性，具足妙庄严。"此处国土众生的衣食住行用品，粗劣不堪。微妙庄严的净土，众生的资生用具应念而至，珍宝构成，和合百千种妙香，穷微极妙。

第六，万物容貌美妙，称为妙色功德。"无垢光焰炽，明净曜世间。"娑婆众生彼此优劣不同，引发高下爱憎之心，导致贪瞋痴等烦恼。极乐众生，容色微妙，皆有三十二相，莹洁无垢，具紫磨真金色，华丽辉煌。

第七，珍宝柔软可爱，称为触功德。"宝性功德草，柔软左右旋，触者生胜乐，过迦旃邻陀。"[①]他方国土虽有金玉七宝，但宝性坚硬，不能柔软地贴合身体。西方的无量众宝，具足柔软的本性，既可悦目，又可作衣，柔软乐受，能生清净法乐，长养善根。

---

① 迦旃邻陀：又名迦旃邻提，水鸟名。《正法念经》三十曰："迦旃邻提，海中鸟，触之大乐。有轮王出，此鸟则现。"《慧琳音义》二十五曰："迦邻提，此云实可爱，谓水鸟，即鸳鸯之类是也。"

第八，流水可爱、土地平整、虚空温雅，称为水地空三种功德。"宝华千万种，弥覆池流泉。微风动华叶，交错光乱转。宫殿诸楼阁，观十方无碍，杂树异光色，宝栏遍围绕。无量宝交络，罗网遍虚空，种种铃发响，宣吐妙法音。"地、水、火、风、空五大属色法，是世间万物构成的基本要素，这里是分别说其中"水地空"三种要素。一般的江河湖海，波浪汹涌或冰块横流，令人心悸。土地则崇山峻岭，深谷悬崖，崎岖荒僻，胆战心惊。虚空中常布尘雾，大雷震烈、冰雹陨石，从空而降，毛骨悚然。而极乐国土流泉池沼中都流淌着八种功德，有澄净、清冷、甘美、轻软、润泽、安和、除饥渴、长养诸根等八种益处，浅深、冷暖、缓急，一一随众生意。地平如掌，众宝为地，琉璃作道，柔软合成，诸光映曜，各类飘华散落地面，微妙舒适。虚空遍覆七宝罗网，上挂铃铎，音声合律，景物诸珍，各出光明如华如星月，上涌虚空，宝香温雅，恒常弥漫。

第九，供具应念而下，称为雨功德。"雨华衣庄严，无量香普熏。"秽土众生福薄，无力置办供佛妙具，每自懊丧。而西方刹土，诸种供具应念而至，犹如春雨，周满世界，炜烨焕烂。

第十，佛光除愚增慧，称为光明功德。"佛慧明净日，除世痴暗冥。"秽土众生，虽头顶日光明照，然内心暗蔽，缺乏光明智慧。净土中万物光明，能除愚痴暗冥，一切居民沐浴妙光，伏断烦恼，证悟佛智。

第十一，名声远播十方，称为妙声功德。"梵声悟深远，微妙闻十方。"世间虽有善人，但声名不远，对社会和群众的利益不大，即使影响深远，也无非世间俗事。但安乐净土之名及阿弥陀佛名声远播十方，一闻于耳，油然而生见佛之心，至心信乐。极乐世界梵音清净，闻者顿息热恼，明心见性。

第十二，佛陀相续主世，称为主功德。"正觉阿弥陀，法王善住持。"他方国土若遇恶王，则必然穷兵黩武，大兴杀害，生灵涂炭。极乐世界有佛住世，以佛法教化摄受众生，相续不断，正法住世。

第十三，眷属平等和睦，称为眷属功德。"如来净华众，正觉华化生。"秽土众生，从母胎出，骨肉筋血，粪尿共处，种种不净，又智愚、贵贱相殊，不免憎辱与惭愧。而西方净土中所有人天大众及三乘圣贤，莲华化生，无善恶好丑智愚贵贱的差别，眷属清净平等，如佛色相。

第十四，受用自在圆满，称为受用功德。"爱乐佛法味，禅三昧为食。"他国众生，为求生存，衣食享受，往往不择手段，弱肉强食，冤冤相报。而极乐世界禅定为食，永绝有漏饮食，自在如意。资生用具，悉皆应念现前，无不满足。

第十五，永离众苦诸难，称为无诸难功德。"永离身心恼，受乐常无间。"考察十方佛国，众生常受苦难，宠辱无常，生死轮回，沉浮不定。而在西方净土中，永离众苦诸难，但受诸乐，不闻苦难之名，但有快乐之音，是故名为极乐。

第十六，众生皆入大乘，称为大义门功德。"大乘善根界，等无讥嫌名。"大义门即大乘义门。一般国土恶浊，佛不得已由实施权，将一乘法不得已而方便分别说为三乘。而西方国土所有生者，皆发大乘心，同享大乘平等法味，同证无上正等正觉，平等一相。

第十七，万事称心如意，称为一切所求满足功德。"众生所愿乐，一切能满足。"世间众生，有种种欲求，但是不如意事十之八九，心常忧愁，不得自在。极乐国土，能满足一切意愿，获大自在。①

以上"十七庄严功德成就"总结概述了西方极乐世界十七种外在环境的特征，描述了一个美好、祥和、光明、智慧、拥有种种便利条件和修行优势的理想国度，与佛教中描述我们所居住的"五浊恶世"之"娑婆世界"形成了极其鲜明的对比，这无疑对居住于水生火热、煎熬于三毒烦恼的凡夫，是一个极大的吸引。

---

① 参见释大安：《净土宗教程》，庐山东林寺净土宗文化研究学会印行，第250-271页。

（二） 《观无量寿经》与净土观想

净土宗最重要的另外一部经典《观无量寿佛经》是一部极具戏剧色彩和实践指导意义的经典，为净土三部经之一，一般称《观无量寿经》，简称《观经》。此经由南北朝时期刘宋西域三藏法师畺良耶舍译，另有异译一种，已佚。此经进一步发挥了《无量寿经》的净土思想，叙述释迦牟尼佛应韦提希夫人之请，在频婆娑罗王宫为信众讲述观想阿弥陀佛等圣众和极乐净土庄严的十六种观想方法。

此经自从刘宋畺良耶舍译出以后，这一观念往生的法门便日见弘通。乃至隋、唐以来各宗著名的大师如净影慧远(地论宗)、智顗(天台宗)、吉藏(三论宗)、善导(净土宗)、怀感(慈恩宗)、澄观(贤首宗)、元照(律宗)等都加以尊重奉持并广事疏讲。

此经在朝鲜、日本也颇流行。日本学者高楠顺次郎应马克斯·缪勒之请，据现行本译成英文，与《阿弥陀经》等一起，载《东方圣书》第49卷。目前此经尚未发现梵本，亦无藏译本，但在我国新疆地区曾发现维吾尔文译本的残片。

1. 不是冤家不聚首

根据佛教的记载，在古代印度公元前6世纪的时候，摩揭陀国的国王频婆娑罗王的夫人韦提希怀孕了，他们按照传统的习俗请来相士看相。相士看后大为惊讶，然后愁云满面地告诉国王，这个孩子以后会杀父篡位，因为这个孩子在没出生之前就与频婆娑罗王有非常大的仇恨。

关于这段未生之前就存在的怨业，《阿阇世王经》《大般涅槃经》等记载说，频婆娑罗王年事已高但膝下无子，所以非常担忧后继无人，忧心忡忡。有一天国王遇到一位修习法术的相士，相士告诉国王，他命中本来有子，只是时机未到，国王将来的这个儿子现在是一位仙人，正在山中修行。国王听后喜出望外，心中非常急切想见到他未来的继承人，所以按照指示去山里寻找正在修行的这位仙人。果然在某个山洞中，仙人正在打坐。这位仙人修行功夫很高，已经有能够预见未来的神通，也知道三年之后将要投生到频婆娑罗王家做王子的事。从此，频婆娑罗王对这个来之不易的继承人朝思暮想，他恨不得这位仙人马上就能投胎做自己的儿子。他越想越急，心中竟然升起一个可怕的念头，就是命令仙人现在就死去，然后马上投胎。国王认为既然以后注定了是他的儿子，何不早点投生王宫来享福，而且在他的王国里都属他管辖，所有人都应该听他的命令。于是国王下令，让仙人马上死去。可是仙人并不愿意现在就死去，坚决不执行国王的命令。频婆娑罗王心中急切甚至迫不及待，竟然下令杀死了仙人。仙人死后不久王后怀孕，频婆娑罗王心满意足，厚待王后，只等婴儿降生，举国欢庆。

如今听到相士这一番话，国王知道这个孩子出生后要杀父篡位，才幡然悔悟，但是为时已晚。国王和王后在悔恨、忧愁、恐惧中备受折磨，终于熬到孩子出生。这个孩子生下来后频婆娑罗王就为他起名"阿阇世"，意思是"未生怨"，就是还未出生就已经结下怨恨的意思。

老国王看着刚出生的孩子闷闷不乐，相士预言这个孩子将"杀父篡位"的声音在脑海中萦绕不去。频婆娑罗王越想越害怕，有一天趁着四下无人，频婆娑罗王下定决心，把孩子从楼上扔下，想直接摔死这个孩子。可是孩子并没有被摔死，只是骨折了。王后韦提希夫人见此场景潜然泪下，抱回孩子，恳求频婆娑罗王让这个孩子留下来。频婆娑罗王心中也生起惭愧，不忍心再加害这个孩子了。这位频婆娑罗王在释迦牟尼佛成佛前两人就结识，后来皈依佛教，是佛陀早期皈依的重要弟子之一，对佛教的发展有相当贡献，据说国王的自身修行也有很高的境界。慢慢地国王放下了对相士预言的担忧，也对自己曾经逼死仙人的恶行非常悔恨，而面对一天天长大的儿子，国王愈加疼爱，视为掌上明珠般呵护。有一次，小王子的手指上生出痈来，这种炎症让小王子苦痛万分，日夜都不能睡觉。老国王就抱着他，整夜整夜地把他放在膝上，用口含着他害痈的手指，所以小王子才能减少痛苦。有时，因为口里的暖气，害熟了的痈中流出脓来，老国王怕惊动儿子睡眠，也并不张口吐脓，只得吞下流出的脓，频婆娑罗王爱子之心可见一斑。

可是正如那位相士所预言的，长大之后，这个孩子果然和邪恶比丘提婆达多勾结在一起，害死了频婆娑罗王，自己取得了王位，并且囚禁了自己的母亲韦提希夫人。释迦牟尼在世的时候，并不是所有人都遵从他的教诲，而且在佛教的僧团内部，也有人公然反对佛陀，甚至陷害佛陀。释迦牟尼佛的堂兄弟提婆达多就是其中一个，企图征服佛陀，夺取佛陀之位。他和阿阇世王串通起来，曾经多次想通过派遣杀手、放出醉象、推堕山石等方式杀害释迦牟尼，但都未成功。

后来阿阇世王逐渐对自己之前的行为产生悔改之意，放弃了对提婆达多的支持。提婆达多的队伍江河日下，他就到释尊处乞求饶恕。提婆达多见释尊以沉默拒绝他的求饶，内心嗔念大动，迅速伸出早已抹上剧毒的十指，以指甲攻击释尊。没想到这一突如其来的举动，反而不小心擦伤了自己的手指，身中剧毒。就在这时候，火焰忽然从地而起，围绕着提婆达多燃烧起来。提婆达多身已中毒自知命不久矣，又见被火焰包围，一时慌张无措，情急之下赶紧向身旁的亲弟弟阿难求救。他呼喊着："阿难，我被火烧着了，我被火烧着了！"看到自己亲兄弟被火焰燃烧，一向慈悲却立场尴尬的阿难，立刻高声向提婆达多喊道："快点皈依佛陀！至心诚意皈依佛陀！"在生死攸关的紧要关头，提婆达多终于自内心发出诚挚的悔意，并从心中自然生出"南无佛陀"的念头。但却由于剧火焚身，当提婆达多只念出"南无"二字时，突然大地开裂，提婆达多迅速直接堕入地狱之中，结束了他一生的性命。提婆达多死后，阿阇世王并不悲哀，反而认为这是罪有应得，他之前的悔意更加强烈。

有一天，阿阇世王在睡梦中见到他的父亲频婆娑罗王微笑着对他说道："阿阇世！我是你的父亲，你虽然企图杀害我，但我不怨恨你，我是佛陀的弟子，我愿学习佛陀的慈悲来原谅你。你终是做过我的儿子，我为你祝福，祝福你早日悔悟，走上光明的正道。"阿阇世王醒来很难过，左右思惟父亲的慈爱，想到自己无理地杀害父亲，非常后悔。一次在吃饭的时候，阿阇世王又听母亲韦提希夫人讲述小时候频婆娑罗王抱着他为他吸手指脓血的往事。阿阇世王听后默默地放下饭碗，走出大厅。他从此再也不感觉到王者的荣耀欢乐，心中像被一块大大的石头压着。

后来阿阇世得了一种病，身上又生满很多的痈，同时心里负担着深深的悔恨。名医耆婆前来探病，耆婆便慎重地向阿阇世王建议去见佛陀，他认为这世上恐怕只有佛陀能救阿阇世王了。可是阿阇世王心存疑虑，担心佛陀因他是杀父篡位的有罪之人而拒绝，加之他和提婆达多做的事都很对不起佛陀。耆婆循循善诱，开导阿阇世王忏悔罪业，放下仇恨和忧虑。最终，阿阇世王决定去参见佛陀。他预备很多供养佛陀的东西，带着大队随从，浩浩荡荡的前去礼佛。他来到佛陀静坐的讲堂之中，佛陀为他讲解罪业是没有本体、本来空幻的，心中放下对过去的执着，罪业也可以随之消灭。了解心和罪本的本体都是空幻不实，这就是真实的忏悔。并告诫他以后不要行非法的事，不要暴戾，要以法治民，以德化民，多行仁政。过去的事已经过去，没有什么计较的必要，从现在起如何自新，才真正的要紧。阿阇世王听了佛陀的开示，对新的生命充满希望和信心，生大欢喜，感激涕零地跪在佛陀的座前顶礼。从此阿阇世王成为一位佛弟子，护持佛教，修习佛法。[1]

2. 最早的西方净土信仰者

峨峨爱业岂能平，哀恳如来意已诚。

二八观门亲得授，侍姬五百共西行。[2]

这首诗是中国明代道衍著的《诸上善人咏》中对韦提希所做的总结性评价，简洁、准确地概述了韦提希的净土信仰。韦提希夫人是频婆娑罗王

---

① 参见释星云：《释迦牟尼佛传》，海南出版社，2007年。

② （明）释道衍：《诸上善人咏》，《卍续藏》第78册，第182页中。

的王后，阿阇世王的母亲，在《观无量寿经》当中扮演着重要的角色。按照佛教的说法，韦提希应该说是最早的西方净土信仰者，佛陀在世的时候，就亲口给韦提希宣说了净土法门。韦提希和她旁边的五百侍女共同发愿求生极乐。

如前文所述，阿阇世王和提婆达多沆瀣一气，终于有一天发动政变。频婆娑罗王被自己的儿子关进狱中，又不准送饮食给他。有资料记载当时的频婆娑罗王已经证得初果须陀含，所以他在牢里来回经行禅修，保住性命。阿阇世王于是又派理发师去把他的双足给废掉，据说要求是割开后灌入盐巴和醋，然后用火炭烧炙。那理发师都不忍心执行命令，而老国王却毫无怨恨地让他动手。频婆娑罗王虽然豁达，但肉体上的痛苦、死亡的恐怖，并不是完全没有。他叫监守的人向阿阇世传话，说他不想再要王位，但希望阿阇世能准许他到佛陀的座下作一个沙门，恢复他的自由。这样的请求却遭到了拒绝。

据说频婆娑罗王被囚在狱中，佛陀曾派富楼那尊者前去向他说法，说业力招感来的色身，总要感受苦报。修道最要紧的目的就是能消灭业报，获得解脱。死亡不必恐怖，当生的时候就注定有死，所恐怖的是对于死没有把握。频婆娑罗王听到佛陀叫富楼那代为宣说的法示，心中得到无限的安慰。目犍连也以神通来为他授八关斋戒。

频婆娑罗王数日不进饮食，终于传闻到夫人韦提希的耳中，韦提希即刻来到阿阇世太子处，要求儿子释放他的父亲，但是阿阇世王根本不听劝，反而怪怨父亲，威胁母亲。韦提希伤心欲

释迦牟尼佛说法图

023

绝，想到在狱中受苦的老国王就心如刀割。为了挽救老国王，韦提希夫人采取了一个办法，她把自己的身体洗干净后，用蜜和炒熟的面和在一起涂抹在身上，把喝的汤贯在佩戴的璎珞之中，在探视时给国王吃喝。

一天，阿阇世前去询问守护的人，看老国王是否已经饿死。守护的人向阿阇世说明韦提希夫人身涂麨蜜，璎珞盛浆为国王充饥，而且还有目犍连和富楼那从空而来为王说法的真相。阿阇世听闻此言，怒发冲冠，指责母亲是叛徒，与恶贼为伴，那些沙门比丘也十分可恶，用幻化咒术让这个老国王不死，一气之下提起利剑就要杀自己的母亲。这时，有一位叫做日月光的大臣和名医耆婆仗义执言，说自古以来为了皇位杀死父亲的很多，但是杀害自己母亲的事却从未发生，若是今天杀害国母，就是玷污刹帝利种姓，我们就不跟随你了，说完以手按剑。阿阇世王也开始恐惧，就收回杀机，但是下令，把韦提希夫人关押在深宫之中，永不得出。

这时，韦提希夫人被幽闭起来，悲痛欲绝，愁忧憔悴，泪如雨下，就面向释迦牟尼佛所在的灵鹫山方向祈祷礼拜，心里祈祷着："平常释迦牟尼佛经常派遣阿难尊者前来宫中为我说法，如今我被囚禁深宫，再也没有办法见到佛陀了，祈求佛陀发大慈悲，能够派遣目犍连尊者和阿难尊者与我相见。"这时远在灵鹫山的释迦牟尼佛当下就感知到韦提希夫人心中所念，于是派遣目犍连和阿难从空而来，释迦牟尼佛自己也消失在灵鹫山，出现在王宫里。就在韦提希夫人头低下礼拜还没有抬起的时候，释迦牟尼佛已经带着阿难和目犍连两位大弟子站立在她的面前。佛陀身紫金色，坐在百宝莲花上，目犍连在左，阿难在右，还有一些天人同时到来，从空散花来供养佛陀。韦提希看到这样的景象，激动万分，立即解下自己佩戴的璎珞，全身投地，供养顶礼，号啕大哭，对佛说道："佛陀啊！我前世到底造了什么业，今世遇到阿阇世这样的逆子？世尊又是因为什么样的因缘，竟然有提婆达多这样的亲戚？"这时她对这个世间已经心灰意冷，她一边说一边痛哭流涕："世尊啊！有没有一个没有忧愁烦恼的清净之处，我愿意往生到那样的地方去。我非常厌恶这个浊恶的娑婆世界，这个世界实在是太险恶了，太痛苦了，恶人当道，三途盈满，希望我将来永远不闻恶声，不见恶人。我现在一心一意地向佛陀哀求忏悔，但愿慈悲的佛陀能够教我如何才能到达那清静快乐的地方。"韦提希夫人无限伤感地对佛陀祈求着，再次五体投地，向佛陀礼拜。

佛陀听后哀悯韦提希夫人，便运用神通，从眉间放射出金色的光遍照十方无量世界。这无量的光芒最后又回到释迦牟尼的头顶，形成一个金色的宝台，就在这个宝台上，真实呈现出一个又一个美妙的世界。有的世界由七宝构成，有的世界到处莲花盛开，有的世界像天宫一样壮丽，有的世界像琉璃一样晶莹剔透，一个接着一个，无数个美好的佛国世界都一一像图画一样，浮现在韦提希夫人的眼前。韦提希夫人看了之后，对佛陀说："世尊啊！真是太好了！这些佛国世界，都是清静的，都是光明的，但是我还是最终选择西方极乐世界，请求您为我指明前往的途径。"这时，佛陀嘴角露出微笑，口中随即放出五色光芒，照在尚处在幽闭中的频婆娑罗王的头顶上。频婆娑罗王也得以看见佛陀，便赶紧礼拜，获得了阿那含的解脱果位。接着释迦牟尼佛就给他们讲述如何往生西方极乐世界的方法，其中主要是讲净业三福和十六种观法。韦提希夫人听了之后，大为欢喜。不但韦提希闻法之后大悟，获得无生忍，而且她的五百侍女也发无上道心，愿生极乐世界。

这个遥远的故事充满了对人间罪恶的反思和批判，也寄托着人们对美好世界的无限向往。

3. 往生西方的资本

《观无量寿经》中所讲述的理论核心就是"净业三福"和"十六观"。印光大师曾说过："修此念佛法门欲生西方，须于身口意三业之间，修善断恶，方可与佛合德，命终自然感佛来迎，故曰净业。业净则心净，心净则感通自易。《十六观经》，以孝养父母，奉事师长，慈心不杀，修十善业等，为净业正因。何以故，乃造屋固基之法也。基若不固，屋虽造高，不免倾颡。"[1]可见净业三福之重要性。

花开见佛——净土宗及其祖庭

另外，整体来看，"净业三福"在整个净土宗的修行方法中属于"散善"部分，区别于最关键的"定善"，如大安法师在《观经四帖疏讲记》中认为："韦提希心里在想，往生到西方净土那样清净庄严的地方，一定要有很高的修行功夫，也就是要有定善才能往生，她就请佛'教我思惟，教我正受'，而释迦牟尼佛却观机施教，知道阎浮提的众生烦恼习气非常重，大多数众生的心都是散乱动荡，如果不能舍去分别攀缘之心，那么思惟正受的清净境界是不可能显现出来的，所以就不能仅仅宣说定善之门了，就要为适应更多的散动众生的机缘来而开显一个方便，所以这时释迦牟尼佛自己主动宣讲三福之行。这里有一个用意，就是众生对西方极乐世界信心缺乏，信心难以建立的原因就在于智慧的不足。为了培植众生的智慧，给他们一个过渡、一个桥梁，先让他们修福，修福修到一定程度，就能转化为智慧，福至心灵，有智慧他们才能相信念佛往生净土一法。如果直接从信心契入，这对于少数宿世善根深厚的众生有可能性，但对于大多数众生来说，是很难去契入的，所以佛让众生先修三福。"

释迦牟尼佛告诉韦提希夫人："欲生彼国者，当修三福：一者，孝养父母，奉事师长，慈心不杀，修十善业。二者，受持三归，具足众戒，不犯威仪。三者，发菩提心，深信因果，读诵大乘，劝进行者。如此三事名为净业。"而且"此三种业，乃是过去、未来、现在三世诸佛净业正因。"[2]净业三福按照深浅次第的不同，可以总结为：人天福、二乘福、大乘福。此三种业是三世诸佛净业正因，三世诸佛净土莫不由此净业以为正因而得以成就，极乐世界也是如此。所以佛经中讲，欲生彼国者当修三福。善导大师的《观无量寿佛经疏》中指出，由阿弥陀佛威神愿力加持故，于此三福

① 释印光：《世界佛教居士林释尊成道纪念日开示法语》，《新编全本印光法师文钞》卷二十一，中州古籍出版社出版，2010年。
②《佛说观无量寿佛经》，《大正藏》第12册，第341页下。

中，或单行世善，回向亦得往生；或单行戒善，回向亦得往生；或单行大乘福善，回向亦得往生；或具行三福回向亦得往生；或有三福俱不行者，即名十恶邪见阐提之人。

第一，孝养父母，奉事师长，慈心不杀，修十善业。这是对一个人在世间为人处世的最基本要求。"孝养父母，奉事师长"，这是敬上，教导做人的礼节，百行孝为先。尊师重道是优良的人文教育理念，如此才算一个德才兼备之人。"慈心不杀，修十善业"，十善之中以不杀为最，一切众生以生命为本，一切众生无不爱惜寿命，所以这里指出应该戒杀。十善分别是不杀、不盗、不邪淫、不妄言、不绮语、不两舌、不恶口、不贪、不瞋、不痴。佛教认为，十善业不仅是世间的善行，更是一切世出世间善行之大总持。

第二，受持三归，具足众戒，不犯威仪。三归即皈依佛、法、僧三宝，也是成为一个佛弟子的开始。皈，是回头；依，是依靠。从之前错误的思维、行为中回过头来，从此依靠三宝来指导生活。对三宝的解释有住持三宝与自性三宝两种。住持三宝是指释尊在世，则为佛宝，佛灭度后，所有雕铸塑画的佛像，名为佛宝；黄卷赤轴诸经典，名为法宝；比丘五众，和合无争，名为僧宝。自性三宝者，即心本具之真如佛性，名为自性佛；心本具道德仁义之懿范，名为自性法；心本具清净无染之净行，名为自性僧。佛教戒律种类很多，有五戒、八关戒斋、比丘戒、比丘尼戒、菩萨戒等。佛戒种类层次虽多，但都以五戒为基础，即戒杀、盗、淫、妄、酒。戒律的精神，一是防非止恶，远离身口意三业的过患；一是修善利他，积功累德。威仪是指平常行住坐卧的礼节规范，不犯威仪的目的也是制心调心，防非止恶。

第三，发菩提心，深信因果，读诵大乘，劝进行者。菩提心就是求取正觉成佛度众生的心。而因果思想则是佛教最根本的理论基础之一，从类型上分，有讲三世善恶因果报应的世间因果和以勤修戒定慧为因以熄灭贪瞋痴为果的出世间因果两种。佛教认为大乘经典，乃诸佛之母，菩萨之师，三世如来的法身舍利，也是众生脱离险途之慧炬，所以读诵经典是开示悟入佛之知见的重要途径。最后劝进行者，分享智慧，应该说是对佛弟子职责的规定，也是慈悲心和菩提心的体现。

4. 十六妙观门

《观无量寿佛经》中，释迦牟尼佛讲完净业三福后，接着对阿难和韦提希夫人说："仔细听着，仔仔细细地听着！好好用心体会！我现在要为未来世的一切众生，为被烦恼束缚着的人们，演说净土法门。善哉，韦提希，你快就此事提问吧！阿难，你也应当好好地领纳熟记，以便为更多的众生转述我所说的法。我现在教导韦提希及未来世的一切众生观想于西方极乐世界，因为佛力加持的缘故，你们还将亲眼见到这西方极乐世界的清净国土，就如同手持明镜而看自己的面貌一样清晰。又因为你们看到了西方极乐世界种种清净的事相，心中生发欢喜的缘故，即时得证悟无生无灭的无生法忍。"

世尊又对韦提希说："你是凡人，内心领悟、认识和知见的能力都很弱，没有得到天眼神通，不能见到远方的境界。诸佛如来有奇异的方便法门，可以帮你见到西方极乐世界。"

听到这话，韦提希向佛提问说："世尊，像我这样的凡夫俗子，因借助佛力的加持条件，可以得见西方极乐世界。如果佛涅槃后，诸众生等浊恶不善，为五苦所逼，又借助什么来见到阿弥陀佛的极乐世界？"所以，释迦牟尼佛就根据这个提问，讲了十六观门，教导后世

阿弥陀佛接引图

凡夫如何通过十六种不同的观想方法而见到极乐世界。

第一，日想观。首先端然正坐，面向西方，把心专注于太阳降落的地方，不让心散乱，然后闭上眼睛，想象太阳的样子，就好像有一个鼓悬挂在自己面前一样。直到不管睁眼闭眼，只要一想太阳，就明明了了显示在心中，这个就是"日想观"，名叫"初观"。

第二，水想观。初观成功了，接着修习水观。心中想着西方极乐世界整个大地都是大水，干净清澈，不让心念分散，也使其了了分明。然后想着水凝结成冰的样子，然后再想着冰变成琉璃，内外映澈。

第三，地想观。再想琉璃地下有金刚所做的七宝金幢支撑着琉璃地，这个七宝金幢有八个面和八个楞角。在琉璃地的上方，以黄金为绳，将大地分为很多部分。每一块宝地，有五百种光，形成了光明台，光明台上有千万个楼阁，都是百宝所成，在每一个光明台的两边，各有一百亿个华幢和无量的乐器来庄严极乐世界，光明中吹出八种清风，清风拂过各种乐器，乐器会自然演奏出美妙的声音。

第四，宝树观。地上作七重行树想，每棵树，高八千由旬①，树上七宝华叶，无不具足。所有华叶，流光溢彩，珊瑚琥珀，一切众宝，作为装饰。妙珍珠网，弥覆树上，网间有五百亿妙华宫殿，诸天童子自然在中，佩戴光芒映照的璎珞。叶间生诸妙华和七宝果，有大光明，化成无量幢幡宝盖，宝盖中映现三千大千世界。

第五，宝池观。观想极乐世界有八池水，一一池水，七宝所成，其宝柔软，分为十四支。每一支作七宝妙色，黄金为渠，渠下有杂色金刚为底沙。水中有六十亿七宝莲华，每朵莲华，正等十二由旬，流水往来华间，其声微妙。华上水珠，涌金色微妙光明，其光化为百宝色鸟，和鸣哀雅，常赞念佛、念法、念僧。

---

① 由旬：古印度长度单位，有大、中、小三种，大由旬约八十里，中由旬约六十里，小由旬约四十里。

第六，宝楼观。观极乐世界的国土，有五百亿宝楼。楼阁中有无量诸天，作天伎乐。又有乐器，悬处虚空，如天宝幢，不鼓自鸣。此众音中，皆说念佛、念法、念僧。

第七，华座观。观七宝地上，有大莲华。莲华叶上有百宝色，又有八万四千脉，八万四千光。叶间有百亿摩尼珠王，其光如盖，七宝合成，遍覆地上。莲华台由释迦毗楞伽宝①所成，八万金刚甄叔迦宝②、梵摩尼宝、妙珍珠网，作为装饰。于其台上，有四柱宝幢，幢上宝幔，如夜摩天宫，有五百亿微妙宝珠，以为映饰。一一宝珠有八万四千异种金色光，遍照宝土，处处变化，各作异相。

第八，像想观。闭目开目，见一宝相，如阎浮檀金色，坐在莲华台上。见像坐已，心眼得开，了了分明，见极乐国七宝庄严，宝地宝池，宝树行列，诸天宝幔，弥覆其上，众宝罗网，满虚空中，各种景象，极其清晰，如观掌中。然后，再观一大莲华，在佛左边，一大莲华，在佛右边。观世音菩萨像、大势至菩萨像，坐华座上。此想成时，佛菩萨像，皆放光明，其光金色，照诸宝树，一一树下，亦有三莲华，诸莲华上，各有一佛二菩萨像，遍满彼国。

第九，真身观。观想阿弥陀佛身如百千万亿夜摩天阎浮檀金色，佛身高六十万亿那由他恒河沙由旬。眉间白毫，右旋宛转，如五须弥山。佛眼如四大海水，青白分明，身诸毛孔，演出光明，如须弥山。佛顶圆光，如百亿三千大千世界，于圆光中，有百万亿那由他恒河沙化佛，一一化佛，亦有众多无数化菩萨以为侍者。阿弥陀佛，有八万四千相。一一相中，各有八万四千随形好，一一好中，复有八万四千光明，一一光明，遍照十方

---

① 释迦毗楞伽宝：全称为释迦毗楞伽胜摩尼宝。释迦毗楞伽一般译作帝释持，意为帝释天之所有，又译作能胜、离垢。摩尼为宝珠之总称，即帝释天之装饰宝珠，常能放光，遍照三十三天。

② 甄叔迦宝：意译为赤色宝，宝石之一。与甄叔迦树之花相似而美，因系赤色，故有此名。

世界念佛众生，摄取不舍。

　　第十，观世音观。观想观世音菩萨身长八十万亿那由他由旬，身紫金色，顶有肉髻，项有圆光，面各百千由旬。其圆光中，有五百化佛。一一化佛，有五百化菩萨，无量诸天，以为侍者。举身光中，五道众生，一切色相，皆于中现。顶上毗楞伽摩尼宝以为天冠，其天冠中，有一立佛，高二十五由旬。观世音菩萨，面如阎浮檀金色，眉间毫相，备七宝色，流出八万四千种光明，一一光明，有无量无数百千化佛，一一化佛有无数化菩萨以为侍者，变现自在，满十方世界。臂如红莲华色，有八十亿微妙光明，佩戴璎珞，其璎珞中普现一切诸庄严事。手掌作五百杂华色，手十指端，有八万四千画，有八万四千色，有八万四千光，其光柔软，普照一切，以此宝手，接引众生。举足时，足下有千辐轮相，自然化成五百亿光明台。下足时，有金刚摩尼华，莫不弥满。其余身相，众好具足，如佛无异，唯顶上肉髻，及无见顶相，不及世尊。

　　第十一，大势至观。观想大势至身量大小，和观世音一样。圆光面各百二十五由旬，照二百五十由旬，举身光明，照十方国，作紫金色。菩萨一毛孔光，见十方无量诸佛净妙光明。菩萨天冠，有五百宝华，华上有五百宝台，一一台中，十方诸佛净妙国土广长之相，皆于中现。顶上肉髻，如钵头摩华[①]，于肉髻上，有一宝瓶，盛诸光明，普现佛事。余诸身相，和观世音菩萨相同。此菩萨行时，十方世界，一切震动，当地动处，有五百亿宝华。此菩萨坐时，七宝国土，一时动摇。所有的空间，无量尘数分身阿弥陀佛，分身观世音、大势至，都云集极乐国土，侧塞空中，坐莲华座，演说妙法，度苦众生。

　　第十二，普观。观自己生于西方极乐世界，于莲华中，结跏趺坐，作莲华合想。然后作莲华开想，莲华开时，有五百色光，来照自身。眼目开时，见佛菩萨满虚空中，水鸟树林，及与诸佛，所出音声，皆演妙法，与

――――――――――――――――
① 钵头摩华：意译作赤莲华、红莲华。其根茎肥大，可供食用，柄内之细丝可作灯心。

十二部经^①合，若出定之时，忆持不失。

第十三，杂想观：观一丈六佛像，在池水上。阿弥陀佛，神通如意，于十方国，变现自在，或现大身，满虚空中，或现小身，丈六八尺。所现之形，皆真金色，圆光化佛，及宝莲华，如上所说。观世音菩萨，及大势至，于一切处，身同众生。

第十四，上辈观：观想上辈往生极乐世界的情况，上辈徒众舍家弃欲而作沙门，发菩提心，一向专念无量寿佛，修诸功德愿生极乐国。临终蒙圣众迎接，及往生后得种种胜益之相。该观分为上、中、下三品。

第十五，中辈观：观想中辈往生极乐世界的情况，中辈徒众众受持五戒八戒、修孝养父母之行等，一向专念无量寿佛，多少修善，奉持斋戒，造塔像、斋僧，以缯采、灯、花、香等供养佛，以此回向，愿生极乐国。及感得圣众迎接而往生等相。该观分为上、中、下三品。

第十六，下辈观：观想下辈往生极乐世界的情况，虽造作恶业，然临终遇善知识，而知称念弥陀名号，一向专意乃至十念念无量寿佛，愿生极乐净土。因之得以往生，及蒙种种胜益之相。该观分为上、中、下三品。

如上所述十六观中，最后三观中详述了往生到极乐世界不同的级别和方式，称为"三辈九品"，也就是往生到西方极乐世界的新众生，根据其之前的修行程度，在极乐世界的出生方式和出生时间会有种种不同的情况。

（三）西天祖师对净土法门的阐释

现存的大乘佛教经论中，记载阿弥陀佛及其西方净土的有两百余部，约占所有大乘经论的三分之一之多，故有"诸经所赞，尽在弥陀。千经万

---

① 十二部经：又称十二分教。佛说的一切教法，类集为经、律、论三藏，又因经文体裁和所载的事不相同，故从三藏中又分出十二种名称，分别为契经、重颂、授记、讽诵、自说、缘起、譬喻、本事、本生、方广、未曾有、论议。

论，导归极乐"的说法。另外，印度也有一些高僧信仰、阐释净土法门，有的后来被中国净土宗推为西天祖师。

1. 龙树与《易行品》

> 妙用无方显大中，论成能破有无宗。
> 释尊昔日曾悬记，极乐真归始奏功。[①]

明代道衍著《诸上善人咏》中的这首诗，把龙树作为印度早期信仰净土的"上善人"，对其净土信仰和所做功绩予以总结。龙树(约150—250)，大乘佛教著名论师，著述丰富，有"千部论主"之美称。他是初期大乘佛教的集大成者，在印度佛教史上被誉为"第二代释迦"。佛教认为龙树菩萨是现生"证得欢喜地"的菩萨，为他人宣说"大乘无上法"以利他，自己"往生安乐国"以利己。

关于龙树其人，颇具传奇色彩。他于释迦牟尼佛入灭后七百年，诞生于南天竺的一个婆罗门家庭，从小天资聪颖，对于世间的所有学问无不通达。传说，后来他修习外道，学了一种隐身术，然后就和三位朋友潜入王宫侵凌宫女，久而久之事情败露，中了国王设下的埋伏，险些丧命，由此他悟出欲为苦本，断然出家。出家之后，他用九十天时间通达了小乘三藏，又寻访雪山高僧，求学大乘佛法，不久也完全通达，得大辩才。于是龙树起了骄慢心，觉得佛法也不过如此。后来大龙菩萨把他接到龙宫。龙树一看龙宫中的佛经收藏，浩若烟海，他彻底叹服了。龙树菩萨深入大乘教理，得无生法忍。据说《华严经》就是龙树菩萨从龙宫所藏佛经里取出来的一小部分。大龙菩萨把他送回岸上，他开始弘扬大乘佛法。但是当时的南天竺王承事外道，毁谤佛法，龙树菩萨就应征入伍，身先士卒，英勇善战。国王注意到他，就问："你是何人？"龙树答："我是一切智人。"国王大惊，问："一切智人，那你知道现在天上在干什么？"他说："天人和阿修罗正

---

① (明)释道衍：《诸上善人咏》，《卍续藏》第78册，第167页下。

在打仗。"又问："你怎么知道天人和阿修罗正在打仗？"他说："不信你看。"接着，只见阿修罗的残肢和兵器纷纷从天上掉下来。国王从此信服龙树，受其法化。

龙树菩萨被尊为"八宗共祖"，中国大乘八大宗派都共同推举龙树菩萨为祖师。在他丰富的论著中，广引当时所见的大乘经，反映并整理了初期大乘佛教义理的全貌，也由此开启了往后大乘佛教思想的发展。龙树菩萨引述的大乘经中，也包含了《无量寿经》《般舟三昧经》等宣说极乐净土的经典。由于龙树菩萨对极乐净土的诠释和信仰，被后代的净土信仰者所接受，因此将他推尊为净土宗的西天祖师。

龙树菩萨像

首先关于龙树与极乐世界的关系，《楞伽经》卷九记载，释尊在世时曾在楞伽山向大众预言，以后南印度有龙树出世，继承大乘教法，摧破外道邪见，而且会往生极乐世界，经言："为人说我法，大乘无上法。证得欢喜地，往生安乐国。"①佛记龙树往生安乐国，可见其与净土有很深因缘。关于龙树菩萨与极乐世界的故事，还有一些传说，刘宋天竺三藏求那跋陀罗翻译的《拔一切业障根本得生净土神咒》中记述此咒的来源是："龙树菩萨愿生安养，梦感此咒。"②另外，在汉传佛教的往生传中，记载净土宗的祖师北魏昙鸾临终之前，梦见自称龙树菩萨的梵僧，告知他即将寿终，文载："一夕，鸾正持诵，见一梵僧掀昂而来，入其室曰：'吾龙树也，其所居者净土焉。以汝有净土之心，故来见汝。'"③这些资料都证明，龙树是极乐世界的信仰者和往生者。

在龙树的大量著作中，与净土法门关系最为密切的是《大智度论》和《十住毗婆沙论》。龙树菩萨广学空有二门，同时虔诚信仰净土之教，在《大智度论》中多处赞扬弥陀净土，而后在《十住论》之《易行品》中更加直接地表达了自己对净土法门的皈依和理解。

《大智度论》是注释《大般若经》之书，与《中论》《十二门论》同属大乘教之空门。《大智度论》卷九中龙树讲了一个往生极乐的故事："某国有一比丘，诵《阿弥陀佛经》及《摩诃般若波罗蜜经》，这个人将死时，对弟子讲，阿弥陀佛与大众俱来。即时动身自归，须臾命终。命终之后，弟子积薪烧之。第二天，灰中见舌不烧。诵《阿弥陀佛经》故，见佛自来。诵《般若波罗蜜》故，舌不可烧。"龙树说："此皆今世现事。如经中说：'诸佛菩萨，来者甚多，如是处处有人罪垢结薄，一心念佛，信净不疑，必得见佛。'"故事中的人因为诵《阿弥陀佛经》临终见佛来迎，而因为诵《般若波罗蜜》舌头不坏，这是对净土念佛法门的肯定和赞叹。

《智论》卷三十二在论及"一切佛功德皆等，无多无少"时，通过对

① 《入楞伽经》，《大正藏》第 16 册，第 565 页中。
② 《拔一切业障根本得生净土神咒》，《大正藏》第 12 册，第 352 页上。
③ （宋）释戒珠：《净土往生传》，《大正藏》第 51 册，第 113 页中。

娑婆世界释迦牟尼佛也有净、不净多佛土的论述，阐明了西方净土阿弥陀佛同样有净、不净众多佛土。《智论》卷八说："佛说阿弥陀佛世界种种严净。阿难言：唯愿欲见。佛时即令一切众会皆见无量寿佛世界严净。"卷二十一说："如此间国中，学念佛三昧，果报得者，如无量佛国，人生便自然能念佛。"卷三十四说："阿弥陀佛世界中诸菩萨，身出常光，照十万由旬。"该卷还说："阿弥陀佛国，菩萨僧多，声闻僧少。"[①]这些言论都是对净土法门的阐释和弘扬。

龙树的《十住毗婆沙论》，又名《十住毗婆沙》或《十住论》，是《华严经·十地品》中初地及第二地一半的注释。关于本书是否为龙树所造一事，众说纷纭。书中说明弥陀信仰的《易行品》，古来即特受瞩目。该品不仅在了解龙树思想上极为重要，同时也是认识净土思想的形成及其影响的重要典据。蕅益大师在《阅藏知津》中说："《易行品》第九，广明念十方佛，及阿弥陀佛，过去七佛，未来弥勒佛，三世诸佛诸大菩萨等，以求阿惟越致。"[②]尤其论中所揭示的难行与易行二道，直接影响了后来中土的昙鸾创造净土宗判教系统。隋唐道绰在《安乐集》中，将昙鸾之说结合末法思想，创造了"圣道"、"净土"二门说。该论对日本佛教也有很大影响，日本僧人亲鸾把《易行品》作为真宗重要依据经典，此后注疏颇多。

《易行品》中说："佛法有无量门。如世间道有难有易。陆道步行则苦。水道乘船则乐。菩萨道亦如是。或有勤行精进。或有以信方便易行疾至阿惟越致者。"[③]这里龙树认为佛教修行的道路就像世间的道路一样，有难有易，有的费时费力，有的则轻松简捷。大乘佛教的信奉者追求成就圆满佛果，要经过恒河沙数不可思议的无量劫才能成就，而在这条路上有一个非

---

① [印度]龙树：《大智度论》，《大正藏》第25册。
② (明)释智旭：《阅藏知津》卷三十四，《嘉兴藏》第32册，第137页中
③ [印度]龙树：《十住毗婆沙论》《大正藏》第26册，第41页上。

常重要的转折点就是"阿惟越致"。阿惟越致又叫做阿鞞跋致，就是经过很久很久的修行，到了不再退转的地步。有了位不退、行不退、念不退这三种不退，就可以保证在正确的成佛道路上不断前进。而在阿惟越致之前，则是非常危险和艰辛的。龙树在《易行品》中说："至阿惟越致地者。行诸难行久乃可得。或堕声闻辟支佛地。若尔者是大衰患……若堕声闻地，及辟支佛地，是名菩萨死，则失一切利。"在到达阿惟越致以前的修行是极其艰难的，甚至比举起三千大千世界还要难。如果万一不小心从菩萨道堕落到小乘声闻道或者辟支佛道，那就叫做"菩萨死"，所有之前的修行前功尽弃。由此可见修行之难和阿惟越致之重要。

接着龙树就介绍能够快速到达阿惟越致境界的方法，就是称念十方诸佛的名号，论曰："东方善德佛，南栴檀德佛，西无量明佛，北方相德佛，东南无忧德，西南宝施佛，西北华德佛，东北三行佛，下方明德佛，上方广众德，如是诸世尊，今现在十方，若人疾欲至，不退转地者，应以恭敬心，执持称名号。"①龙树介绍了十方佛的名号，念这十方佛的名号就可以快速到达阿惟越致，而且在论中详细介绍了这些佛所在国土的清净美好。然后紧跟着就开始介绍阿弥陀佛，"阿弥陀等佛，及诸大菩萨，称名一心念，亦得不退转。更有阿弥陀等诸佛。亦应恭敬礼拜称其名号。今当具说。"同时与阿弥陀佛列举的有一百余佛，恭敬、礼拜、念诵这些佛的名号都可以到达不退转。但列举结束后，龙树着重单独介绍了阿弥陀佛，龙树在论中介绍阿弥陀佛的本愿，他说："阿弥陀佛本愿如是。若人念我称名自归。即入必定得阿耨多罗三藐三菩提。"然后又做了三十二偈一百二十八句来颂赞阿弥陀佛。②

除了龙树《易行品》外，《十住毗婆沙论》第二十品至第二十五品《助念佛三昧品》六品中，也对净土宗研究有一定价值，值得注意。

---

① [印度]龙树：《十住毗婆沙论》《大正藏》第 26 册，第 41 页上。
② 参见汪志强：《印度佛教净土思想研究》，四川大学博士学位论文，2006 年。

2. 天亲与《往生论》

> 三昧圆成道外降，论明唯识世无双。
>
> 不惟白日升兜率，又欲超生向乐邦。[①]

天亲（约380—480），又名世亲，是著名大乘佛教高僧无著的异母弟。以上这首道衍法师的《诸上善人咏》诗句中，简要概述了天亲的学术成就和信仰趋向，突出了其净土信仰成分。陈代真谛称他："于萨婆多部出家，博学多闻，遍通坟典，师才俊朗，无可为俦，戒行清高，难以相匹。"[②]据说天亲当时为了学习阿毗达摩一系理论，他曾匿名化装，到有部的学术中心迦湿弥罗城，研习有部教理四年。后来回到富娄沙富城，用经量部教义，批判有部，集众宣说。他随讲随写，著《阿毗达摩俱舍论》，此论一出，颇有争论，但是没有人能够攻破，时人称此论为"聪明论"。天亲在北印度宣扬小乘，对大乘佛教却不感兴趣。他的兄长无著见天亲迷心于小乘，生起了怜悯之心，于是假称有病诱其弟前来探望。天亲来到之后，无著命弟子于邻室宣读《华严经·十地品》。天亲闻之，以他的智慧马上就理解了大乘佛教的法义，方知其兄苦心。他深悔以往弘扬小乘诽谤大乘的错误，要割舌谢罪。无著对他说："你以前用舌头来诽谤大乘，那现在何不用舌头来赞扬大乘呢？"所以天亲舍弃小乘归入大乘，广造论释，宣扬大乘佛法。他遗留的著作很多，也有"千部论主"之美誉，大多与唯识学有关。

《往生论》是天亲所撰，北魏菩提流支译，全一卷，全称《无量寿经优婆提舍愿生偈》，又称《净土论》《往生净土论》《无量寿经论》《无量寿优波提舍经论》《无量寿经优波提舍》《愿生偈》。本论依《无量寿经》作愿生偈，赞叹极乐净土之庄严，阐说修习礼拜、赞叹、作愿、观察、回向等五念门，劝往生西方。

---

① (明)释道衍：《诸上善人咏》，《卍续藏》第78册，第167页下。

② (南朝)释真谛：《婆薮槃豆法师传》，《大正藏》第50册，第188页上。

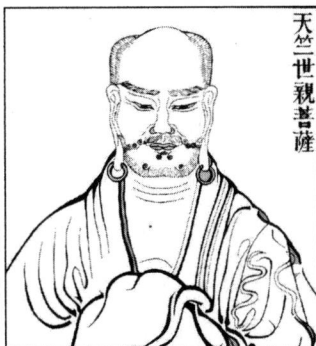

天亲菩萨像

　　该论中首先天亲菩萨发愿往生安乐国，继而阐述往生西方净土，应修五念门：一者礼拜门，即身业礼拜阿弥陀佛，愿生彼国；二者赞叹门，即口业赞叹阿弥陀佛名号光明智相；三者作愿门，即意业作愿，毕竟往生彼国；四者观察门，即智慧观察西方极乐世界依正庄严功德；五者回向门，即将自己功德回向众生，同生极乐国，成就大悲心。上述五念门中，前四种属于入门，可进入西方净土之门，第五回向门属于出门，由极乐国出，分身他方世界救度众生。此五念门渐次修行，能令净业行人成就自利利他的五功德门。一者近门，亲近阿弥陀佛与诸上善人，近于无上正等正觉；二者大会众门，生净土作为阿弥陀佛法眷，与诸上善人把手同行；三者宅门，登极乐华丽之堂，安心于法界真如；四者屋门，登堂入室，得清净处，受用种种法乐；五者园林游戏门，不违本愿，回入生死园烦恼林中济度众生。以上五功德门中，前四种成就自利，第五门是利他，先入而后出，自度而度人。

　　本论在阐述第四观察门时，依据《无量寿经》等净土经典，详陈所应观察的西方净土依正庄严。三类二十九种庄严功德：第一类，观察彼佛国土庄严功德，共十七种；第二类，观察阿弥陀佛庄严功德，共八种；第三类，观察彼诸菩萨庄严功德，共四种。第一类的具体内容在本书前文"佛教的理想国度"一节中已详细论述。天亲认为这三类二十九种庄严功德为代表的西方净土无尽庄严功德，略说可以入于"一法句"，一法句即清净一心，清净一心即是真实智慧无为法身，亦即是实相真如。真实智慧是净心之相用，是为生灭门，而无为法身是净心之理体，是为真如门。一心二门，生灭门是广，方便法身，随缘起用，能生万法；真如门是略，法性法身，清净本然，一味空寂。二门相依相成，不一不异，若能悟入一心二门，缘起性空，便证得无为法身，具有真实智慧，也就能成就西方极乐世界依正庄严。进而，天亲指出阿弥陀佛名号即是一心二门，无量寿即无为法身，无量光即真实智慧，故执持阿弥陀佛名号即是执持一清净句。阿弥陀佛名号乃实相身，含摄一切清净功德与庄严，含摄法界深广的奥藏密髓，与九法界众生的一念心性同构对应。

本论为唯一印度撰述之净土论部，受到中国净土宗的特别推重。北魏昙鸾著有《往生论注》二卷，成为中国净土宗创宗的开端之作。

二、法门初流东土　先贤勇求西方

早在东汉时期，印度佛教的净土思想就开始向中国传播。《般舟三昧经》是最早传入汉地介绍阿弥陀信仰的佛经，由东汉支谶翻译。般舟三昧是净土法门的修法之一，佛教认为修此三昧的人，在规定的修法期间，即可感应得见十方三世一切诸佛出现眼前。中土出现最早专门论述阿弥陀佛信仰的则是东汉失译的《后出阿弥陀佛偈》，共有五言偈五十六句，极其简略地概述了西方极乐世界和阿弥陀佛的信仰。随后，三国时期的康僧铠译《无量寿经》二卷，全面系统地介绍阿弥陀佛信仰和极乐世界。之后支谦译《大阿弥陀经》，后秦鸠摩罗什译《阿弥陀经》，南朝宋代的畺良耶舍译《观无量寿经》。至此，古代印度佛教阿弥陀佛净土思想已基本完整地传入中国。

可是，在弥陀净土思想传入中国近二百年的时间里，中国人对这种外来的思想并不感兴趣，在东晋慧远之前，信仰净土的中国人寥寥无几。根据现存资料，最早对西方净土产生信仰的中国人是西晋时期生活在北方洛阳一带的阙公则和其弟子卫士度。其后又有生活在南方的东晋的名僧支遁和竺法旷虔诚信仰并大力弘扬净土思想。这些人的净土信仰及其对印度净土经典的推广，为庐山慧远的净土思想与实践奠定了一定的基础。古代印度净土经典传入中国大约二百年之后，中国大地上终于出现了净土信仰的第一个高峰，东晋时期以慧远为中心的众多知名人士共同参与庐山白莲社发愿念佛。但之后很长一段时期，净土宗又归于沉寂。直到南北朝，北魏昙鸾在山西玄中寺开创净土宗判教思想，弘扬念佛法门，净土法门才再次复苏。后来道绰继承昙鸾，进一步发挥，大力推广念佛实践。而净土宗真正的创立，一直到唐代善导才完成。善导集前代净土思想之大成，在长安著书立说，开宗立派，使净土法门极盛一时。善导之后，历代弘扬，源源不断。宋之后净土宗成为天下共宗，广泛深入中国社会各个阶层，成就"户户观世音，家家阿弥陀"的辉煌局面。至今，净土宗在中国佛教仍然是最流行的宗派之一。

有一点值得说明，本书采用的净土宗祖师传承体系有别于一般现在佛教界流行的净土宗十三祖师说，而是采用根通法师、温金玉教授等人提倡的"净土宗十五祖师说"。中国净土宗的历代祖师传承谱系不像其他宗派一样有严格的师承关系，形成独立的法嗣传承。净土宗内部既没有衣钵相传的传统，也没有以心印心的资格认证系统，净土宗历代祖师是由后人推选，得到佛教界公认后逐渐形成并开始流行的。净土宗立祖之说最早开始于南宋的宗晓，天台僧人宗晓在《乐邦文类》第三卷中立"莲社六祖"，以慧远为莲社始祖，善导、法照、少康、省常、宗赜五人继之。后来宋代天台宗的志磐在《佛祖统记》中以慧远、善导、承远、法照、少康、延寿、省常为"莲社七祖"，在之前宗晓的提法基础上，去掉宗赜，增加承远与延寿。元代时，净土法门开始以宗派的名义出现，"净土宗"之称确定。到了清朝中叶，才将宗晓、志磐的莲社诸祖和净土宗的名称相提并论，增加了明代的莲池大师成为"净土宗八祖"。清道光间，悟开法师增推蕅益为九祖，省庵为十祖，彻悟为十一祖。民国年间，印光又改推截流为十祖，省庵、彻悟为十一祖、十二祖。印光大师往生后，净土门人推其为十三祖。从此净土宗十三祖之说成为定论，一直流传至今。①

在整个净土宗祖师形成的过程中，很明显可以看到，这样的排列都推慧远为初祖，而且以南方为重，同时列入的祖师有天台宗、禅宗、华严宗等多人，但是并没有把昙鸾和道绰列入。所以历来就有人质疑未将昙鸾、道绰列入的原因。《中国净土宗通史》《净土宗教程》及温金玉教授等人的相关论文中都曾探讨过这一问题。其原因一般有以下几点：第一，昙鸾、道绰二大师的著作久已散佚，直到近代杨仁山从日本回传才再次出现在中国。将是否有著述作为甄选祖师的标准，这个说法显得理屈。在十三祖中，承远、少康、省常等也没有著作传世。或著述较少的也有多位，如法照、截流、省庵、彻悟等。第二，鉴于昙鸾、道绰、善导三大师有明显的传承脉络，故取集大成的善导为代表，列为二祖，与慧远交相辉映，一则自他二力并重，一则突显他力本愿。这种说法最为常见，也貌似比较合理。但

---

① 参见释大安：《净土宗教程》，庐山东林寺净土宗文化研究学会印行。

是因为一脉相承或有所继承而取消列入祖师的资格，其实并不妥当，昙鸾、道绰、善导继承了包括慧远的念佛三昧在内的净土思想，创立了净土宗，而且成为中国净土宗史上的正宗①，所以从其创宗功绩和在后来净土宗发展中的影响来看，昙鸾、道绰列入祖师之列是理所当然的。而且昙鸾、道绰、善导三位的净土宗思想虽然一脉相承，但是在某些理论上也各有特色。第三，宋代宗晓、志磐以天台理念所作净宗祖师排列，不列昙鸾、道绰，反映了义学僧人对重视信愿、以称佛名号为修持方法的这一类净土流派的轻视。一般楷定祖师排名的任务都是由有学问的僧人完成，而中国绝大多数宗派都重视义学，昙鸾、道绰等提倡的简易念佛法门并未得到这些义学高僧的青睐。但是信愿念佛的法门在中国广大地区广泛流传，后来善导大师继承其思想加以发挥，使其成为净土宗正宗，成为中国佛教、中国民间信仰的最重要组成部分之一，实在应该得到重视。第四，净土宗十三组排列中明显以南方为主。这是因为从宋代整理、推敲净土祖师排名开始，中国的政治、经济、文化中心就已经南移，而佛教的中心也随之南移，所以才出现这种重南而轻北的情况。也许还有当时南北信息不畅，造成南方对北方早期净土宗发展不了解的情况。但是无论从中国文明史还是中国佛教史的发展历程来看，北方佛教在很长一段时期内一直是中国佛教的中心，对佛教中国化、佛教国际化、净土宗的成立与发展都有着不可取代的地位和价值。时至今日，宗晓和志磐当时因为南北分割导致消息不畅及净土宗中心偏居一隅等情况已然消失，净土法门在南北各地百花齐放，所以应该全盘考虑，重新审视。

　　总之，无论从佛教发展史、净土宗创宗及发展历程，还是从如今文化格局、净土宗发展情形，以及日本净土宗对祖师谱系的看法来看，昙鸾、道绰两位的地位应该予以高度的肯定。"我们首先应正视一个历史与现实、传统与当代都不可改变的事实，那就是中国净土宗发展的理路与承继的血

① 陈扬炯：《中国净土宗通史》，凤凰出版社，2008年7月，第360页。

法门初流东土　先贤勇求西方

脉，是沿着由昙鸾开创，道绰继之，善导集大成的持名念佛一系而发展的。所以，（昙鸾、道绰）在净土祖师的位次中是应该专门予以彰显的。"①本书赞成温金玉教授的观点，"我们今天应该既尊重十三祖说的历史渊源，不论是宗晓、志磐等的信息不畅，还是南宋时净土中心南移等原因，这都是无可更改的历史事实。但同时也要完善净土祖师说，以昙鸾、道绰树净土宗万世不拔之基之贡献，实在不应只做幕后英雄"。

所以，放眼当今，中国的佛教研究已经取得很大的成就，遍地开花硕果累累；佛教发展已经进入一个全新的局面，势头正劲欣欣向荣；宗派文化和祖庭文化的研究受到佛教界及社会各界人士的高度重视和支持，历久弥新发扬光大。我们应该考量过去，立足当今，在因缘际会的条件下，提出新的净土宗祖师说，所以，本书采用"净土宗十五祖师说"作为中国净土宗发展脉络主线索，列举如下，以便让读者对中国净土宗的发展首先建立一个大概框架。

初祖庐山东林慧远大师，德倾朝野、泽被万代的南方佛门领袖，居庐山三十余年，影不出山，迹不入俗。与贤达名士形影相顾，与达官贵人友好往来。向朝廷据理力争，保佛教之尊严。与 123 人结社念佛，发愿生西，为后世净土宗修行树立典范。

二祖石壁玄中昙鸾大师，日本尊为净土五祖之初祖，又尊为真宗七祖之三祖。东魏孝静帝尊为"神鸾"，梁武帝称为"肉身菩萨"恒向北拜。得授《观经》而尽焚仙书。聚众讲经，弘阐净土，四众钦服，创"他力本愿"说，立难易二道，开持名念佛之先河。

三祖西河石壁道绰大师，继承昙鸾，一心专念阿弥陀佛，观想礼拜，精勤不断。为众讲《观无量寿经》约二百遍，日诵佛号七万余。教人数豆念佛，四众风从，佛号荡漾山谷。所著《安乐集》二卷，立圣道、净土二

---

① 温金玉：《玄中寺在中国净土宗史上地位的再检讨》，《中国净土宗研究》，宗教文化出版社，2008 年。

门。后人尊为"西河禅师"。

四祖长安光明善导大师，集净土法门之大成，住长安弘扬念佛法门，全城断肉食，屠夫归佛门。绘变相图数百壁，开龙门大佛耀古今。使称名念佛风行天下，著书立说，楷定古今，成净土宗正宗，是净土宗的实际创始人，又被认为是阿弥陀佛的化身，有无与伦比之地位。

五祖南岳般舟承远大师，清苦念佛，褴褛垢面，随缘化众，权巧度生，不可胜数。重视实修，教人念佛，时人称为"弥陀和尚"，代宗皇帝起身遥拜，赐名"般舟道场"，柳宗元立碑撰文，广赞其德。

六祖五台竹林法照大师，少小出家，游方参学，师事承远，志愿念佛，后得五会念佛之法，建念佛三昧道场，世人称其为"五会法师"。唐代宗亲蒙指教，敕封国师。唐德宗听闻开示，豁然有悟，敕赐"大悟禅师"。

七祖新定乌龙少康大师，七岁之前一言不发，初次开口便道释迦。后受善导大师感召，归心净土。念佛一声便有一佛从口中出，状如连珠。为教化众生，别出心裁，以金钱诱劝小儿念佛，收效颇丰，世称"后善导"。

八祖杭州永明延寿大师，身在官门，心怀慈悲，公款放生而获死罪，后得吴越王宽恕出家学佛。禅定功深，嗣法眼正宗，后于智者岩抓阄，最后归入净土。复兴古道场，著《万善同归集》倡禅净双修，成后世净土宗之大趋势。

九祖杭州昭庆省常大师，住杭州西湖昭庆寺，刺血书写佛经，将《华严经·净行品》融入净土宗的修行系统。德行熠熠，结社专修净业，公卿大臣云集，僧俗四众咸归，世称"钱塘白莲社主"。

十祖杭州云栖莲池大师，作《七笔勾》割断红尘，整顿云栖道风。主张禅净同归，三教一致，著述颇丰。慈圣皇太后赐紫衣袈裟，雍正"赐净妙真修禅师"。憨山赞其为"法门之周孔"，智旭誉其为"真救世菩萨"，太虚则称"净土宗上下千古最圆纯的一人"。

十一祖灵峰蕅益智旭大师，曾誓灭佛老，读《竹窗随笔》回头奉佛。存疑坐禅，彻悟真谛。为救母四度割臂，孝感天地。融会性相，调和禅净，主张禅教律三学统一，最终会归净土。教外又融会儒释。著作颇丰，凡四十七种，共一百九十一卷，影响深远，独步古今。

十二祖虞山截流行策大师，曾习天台教观，修法华三昧，证得诸法圆融，穷彻天台精髓。后专行净土，结茅屋于河渚间，号之为"莲庵"，精勤持名，终得念佛三昧。住虞山普仁院，组织莲社，举办佛七，信而从者日益渐多，皆受法益，净土宗宛然有中兴之象。

十三祖杭州梵天省庵大师，天生才子，却心挂生死无常大事。不离衣钵，日仅一食，恒不倒单，深入经藏，融通三观十乘之旨，通达性相之学，嗣法天台正宗。事理双融，最终以净土为归。晚年，绝诸外缘，结集莲社，定二十分日课，专修净业，人皆称永明再来。

十四祖红螺资福际醒大师，一场大病悟色身无常，遍习诸大乘经，参性相之旨。精通禅门，嗣法临济，率众参禅二十四年，使宗风大振。后因追慕先贤，倡禅净双修，专以净土为说，解行并重，应契时机，自化化他，对净宗振兴颇有贡献。

十五祖苏州灵岩印光大师，念佛治愈眼疾，深信净土，自号"继庐山行者"以明其志。居法雨寺二十余年，阅藏念佛，徒众翕然风从。严于律自，敦厚肃穆，教人老实念佛之道。有《文钞》风行天下，缁素两众受益者数如河沙。被誉为民国以来净土第一尊宿。

（一）影不出山的慧远建白莲社——初祖东晋慧远

> 不出庐山种白莲，开坛立社集群贤。
>
> 圣容三睹金池上，知与弥陀大有缘。①

明代道衍法师的《诸上善人咏》中描写慧远的诗句着重强调了慧远在东林寺结社念佛的事迹，这也正是慧远之所以被推为净土宗初祖的主要原因。

① （明）释道衍：《诸上善人咏》，《卍续藏》第78册，第168页上。

西晋末年，王庭势衰，北方的五个少数民族进入中原，三国以来中国短暂的统一局面又出现分裂，烽烟四起，史称"五胡入华"。这五个少数民族在中国北方广大区域内先后建立了一共十六个政权，与南方的东晋并行，史称"东晋十六国"。这一时期的佛教经过后汉的初传和酝酿，开始快速地发展，逐渐兴盛起来。慧远的一生几乎和东晋王朝相始终。

1. 慧远从儒入佛

慧远（334—416），俗姓贾，雁门楼烦（今山西原平县）人，生于书香世家，家境优越，从小天资聪颖，喜好学问。十三岁时和舅舅令狐氏到许昌、洛阳一代游学，所以很小的时候就开始进学校读书。据说，小慧远博纵六经，尤其精于老庄，性度弘博风鉴朗拔，即使是年长的学林前辈也不得不佩服慧远学问精深。二十一岁时，他本来打算到江东拜访著名学问家范宣

慧远大师像

子，可是正值后赵武帝石虎去世，中原战局动荡，南下的路被阻隔，慧远的心愿未能实现。后来他听说著名的道安法师在太行恒山讲经说法，名气非常大，慧远就改变方向前往恒山拜访道安。

354年，慧远与自己十八岁的弟弟慧持前往恒山拜投道安。当时慧远第一次见到道安，之后就对道安崇敬至极，感叹这才是他真正的导师。后来慧远听道安法师讲解《般若经》，豁然开悟，深解意趣，感叹道："儒道九流皆糠粃耳。"于是慧远和弟弟慧持投簪落发，跟随道安出家学习佛法。慧远出家之后很快就在众多弟子中脱颖而出，他夜以继日地勤奋学习，不肯虚度寸阴。仅仅过了三年，慧远二十四岁时，师父道安见他神明英越、志与理冥，就开始让他讲经说法。慧远在学问上功底深厚，又天赋神悟，所以很快就能游刃有余地登坛说法。他善于用中国传统的文化概念和思想来解读佛教教义，比如有人听经后关于"实相"的含义不明白，就不断地提出疑问，来回问答却反而增加了疑惑，难以通透，所以慧远就引用当时

中国知识分子所熟悉的《老子》《庄子》来分析解读，才使闻者豁然。也正是因为这个缘故，道安就特许慧远不放弃儒家、道家经典的学习。道安看到慧远如此勤奋、聪慧，又有担当精神，尤其慧远能够用中国人喜闻乐见的方式解读佛经，他非常感佩，所以经常在众人前感叹："能够让佛教发扬光大，广流中土，就要靠慧远了呀！"

慧远此前一直跟随道安在北方地区弘法，时值后赵政权的统治者石虎去世，道安敏锐地感觉到该地区政治局势不断恶化，险恶重重，于是婉言拒绝了接任者石遵的邀请，开始向襄阳地区挺进。襄阳一带处长江中游，与江东相去不远，又与北方中心长安、洛阳联系密切，所以这个地方有更加广阔的活动空间。襄阳时属东晋王朝，相对来说政治统一、社会安定，佛教事业也相当繁盛，道安在这里待了十五年，兢兢业业地发展佛教，使襄阳成为当时重要的南方佛教中心。道安的修养德行四海钦敬，他制定的僧尼规范、寺院制度很快成为天下寺院的典范。道安之名，可谓如日中天。慧远协助师父讲经说法、考校经典、注释经文，已经俨然有大家风范，颇受重视。

378 年，北方前秦的统治者苻坚挥军南下攻破襄阳，据说当时苻坚举兵南下就是要得到"一个半人"。其中一个人指的就是释道安，而另外半个人指的是习凿齿。这位习凿齿对道安也非常尊敬，之前道安没有到襄阳时就写信请他来襄阳，后来听说道安已到襄阳便马上前去拜访。见面时，习凿齿自信地自报姓名"四海习凿齿"，道安机敏地对答道"弥天释道安"，两人相视大笑。就在道安离开襄阳前往长安时，为了使佛法弘扬于大江南北，他不得不忍痛割爱，将自己器重的弟子们派遣到各地宣扬佛教。道安对其他所有即将启程的弟子们都一一作别，谆谆教诲，可是唯独对慧远一字不语。慧远心中充满疑惑，于是跪在道安面前问道："师父对每个人都赐予教诲，唯独对慧远片语不留，是不是师父觉得我才疏学浅，不足以担当大任，辜负了师父的栽培？"道安笑着扶起慧远告诉他："像你这样的弟子，我完全放心，没有任何需要再交代的话了。"慧远听此言，心中释然，又感激道安教育之恩，怀着对师父感恩和对佛教的担当，踏上了弘法之路。

慧远从儒入佛的经历，对他后来佛教思想的形成影响深远。慧远糅合中外思想，调和了中国传统文化和佛教对生命的认识，从这点上说，慧远是使佛教中国化的一个重要人物。慧远倾心于般若学，开讲《般若经》，又创立富有特色的中国化的佛学思想，这一思想的核心部分是"法性论"。慧远的"法性论"认为，佛教的最高解脱境界——涅槃是以永恒不变为法性的，要得到这种不变的法性，就应该以体证涅槃为宗旨。从"法性论"出发，他吸收中国传统思想中灵魂不死的宗教观念，对"形尽神不灭论"作了论证发挥，从而为佛教的解脱论在中国流行奠定了坚实的基础。他又根据"神不灭"理论，提出了独具一格的"三报论"。他认为，佛教的所谓业报有三种：一是今生作业，今生受报，此为现报；二是今生作业，来生受报，此为生报；三为今生作业，经二生、三生乃至百生、千生方才受报，此为后报。慧远的这一理论为当时社会中贫富贵贱的极端不平等作了相对合理的解释，为现实生活中善人受祸、恶人得福的现象作了回答，得到了社会各层的普遍认同。

2. 东林群贤毕至

慧远离开师父道安后来到荆州，在上明寺暂住。由于慧远当时在道安僧团里出类拔萃又经常讲经说法早已名声在外，再加上之前慧远曾奉师命前往荆州探病竺法汰时，与"心无宗"的道恒辩论般若真义，直驳得道恒不断用拂尘敲桌子，哑口无言，所以慧远在这一带颇受尊重。慧远在荆州住了三年之后，希望能避开这样一个繁华热闹、迎来送往的地方，决定与旧识慧永相约前去罗浮山修行。可是后来巧的是，慧远和慧永最后都没有到达约定好的罗浮山，反而不约而同地落脚在庐山。

当慧远在行路中看到庐山时，心中畅然，认为这里清静闲旷，足以息心，于是决定就在这里落脚。据说当时庐山人烟荒芜，多诸野兽毒虫，有一位行者照顾慧远的起居，他因善于驱赶蛇虫，被称为"辟蛇行者"。传说，慧远初到此地欲找一块地修建住处，但是这里离水源太远，取水困难，慧远又非常钟情此地，于是就说道："如果此地适合居住弘法，那就马上从地中涌出泉水。"说完举起锡杖向地中砸去，锡杖所触之处立刻冒出清泉流水，不久便成小溪，众人惊叹不已。还有的资料中记载，后来浔阳地区大旱，慧远就来到泉水旁边读诵《海龙王经》，忽然有一条龙从池中飞出直上云霄，须臾之间乌云密布，大雨倾盆。因为有诸多感应，所以就把这个修建的住处叫做"龙泉精舍"。可是这里毕竟狭小，慧远名闻遐迩，闻名而至的学人日渐增多，所以不得不考虑重新修建一处大寺院。于是，在当地刺史恒伊的支持下，修建了庐山东林寺，并且营造了佛影像、般若台、讲经台、阿育王像等。

东林寺建好之后，法门大开，四方僧侣、贤士闻风而至，一时间形成了一个人才中心和佛法中心。《高僧传》载："于是率众行道昏晓不绝。释迦余化于斯复兴。既而谨律息心之士。绝尘清信之宾。并不期而至。望风遥集。"①教团当中有旧识慧永、胞弟慧持，还有弟子道生、昙邕、法净、法领、僧彻、慧观等。此外彭城刘遗民、雁门周续之、新蔡毕颖元等人皆"弃世遗荣，依远游止"；张铨弃散骑常侍不做，入山"依远公研穷释典"；《豫章记》作者雷次宗、著名画家宗炳也"执卷承旨"，聆听慧远讲经释典；一向"负才傲俗"的谢灵运也对慧远"肃然心服"，多次到庐山拜见慧远，并"穿凿流池之所"，改造寺院景观，还为慧远所立石佛影作佛《万佛影铭》。庐山东林寺形成了一个以文人士大夫为主体影响广泛的居士群体。

他们在东林寺坐禅、诵经、念佛、弘法，慧远以身作则，一生勤勉，非常珍惜时间，直到晚年仍然讲论不辍。据说慧远容貌威严，令人一见顿生敬畏之心。据僧传记载：时有慧义法师，以强正自命，不肯服人，把慧远也不放在眼里，对慧远的弟子慧宝说："你们都是庸才，所以才对慧远推服不已，你们看我和他辩论。"等到他听慧远讲《法华经》时，屡次欲

① （梁）释慧皎：《高僧传·释慧远》《大正藏》第 50 册，第 357 页下。

提出问题来问难，但是终究因心情战栗，汗流浃背，一句也不敢问，由此足见慧远之威德，极具摄受力。另外，慧远还有随机巧妙说法的天赋，文辞典雅流畅，语言动人，形成一种"唱导"的形式，就是通过宣唱法理来开导人心，所以刘宋以来的唱导僧都以慧远为祖。

慧远精通儒释道三家，平常讲经、论道不拘于佛教，荆州刺史殷仲堪曾于慧远共论《易》体，东晋权臣恒玄曾致书共论《孝经》，东晋时期的儒释道三家名士、名道、名僧很多都与慧远交好，出入庐山。从唐朝开始中国社会流传着一则慧远与儒者陶渊明和道士陆修静"虎溪三笑"的传奇故事，更是千秋佳话。

3. 维护佛门尊严

慧远作为当时公认的南方佛教领袖，既有高深莫测的佛学修养，也有明察秋毫的政治智慧。他为了躲避当时风云莫测的权力争夺，影不出山，迹不入俗，但是东晋前后各种势力的统治者都钦佩慧远，慧远得到了东晋各种政治力量的支持。历届江州刺史都与慧远结交往来。慧远初到庐山，桓伊就为他建寺。392 年，殷仲堪在赴荆州刺史任中，登庐山拜会慧远。399 年，桓玄攻荆州，杀殷仲堪，也向庐山慧远致敬。405 年，何无忌与刘裕等诛杀桓玄之后，侍卫晋安帝返回建康，安帝遣使进庐山慰问。此后，何无忌亲临庐山，又与慧远来往书信，论沙门祖服。410 年，卢循攻杀何无忌，登庐山与慧远叙旧。同年，刘裕追讨卢循，特派使入庐山，馈赠粮米。当时的北方大国后秦主姚兴，与慧远也有来往，除日常"信饷"不绝之外，还赠以龟兹细缕杂变像等，其左将军姚嵩亦献珠佛像等。[①]慧远运用自己在上层人物中的影响，即保持了超凡脱俗的姿态，又努力为佛教的存在和发展谋求合法和更高的地位。

元兴元年(402)，位高权重的桓玄因为对佛教寺院经济的发展和大量农户遁入寺院避租税徭役以及少数僧尼出入朝廷干预政事而大为不满，于是

① 杜继文主编：《佛教史》，江苏人民出版社，2006 年，第 157 页。

法门初流东土　先贤勇求西方

下令沙汰沙门，命令除少数精通佛理的义学沙门、持戒严谨的修禅沙门及山居林处不入俗的沙门之外，其余一律"罢道"还俗，并令地方官府登记僧尼户籍，严加管制。为此，慧远致书桓玄，陈述对这次政令的看法和建议。在书信中他提出在沙汰沙门时要谨慎清晰地划分界限，同时专门制定了若干节度僧尼的规定，以整顿佛教。这些建议得到桓玄的首肯，而在后来的沙汰活动中，庐山也受到特别关照，桓玄特令"唯庐山道德所居，不在搜简之列"。桓玄曾入庐山与慧远相见，令桓玄"不觉致敬"，出山后对左右说："实乃生所未见。"后来多次相劝慧远出山辅佐朝廷，但慧远都婉言拒绝。

东晋时期乃至后世佛教，沙门祖服是否合理和沙门应不应敬王者的争论一直都是热点问题。约东晋义熙五年(409)，镇南将军何无忌亲临庐山拜访慧远，与慧远就沙门祖服问题进行了讨论。慧远为此专门作《沙门祖服论》和《答何镇南》，反复说明沙门祖服的理由，努力调和佛教与中国传统礼制的矛盾。不久，桓玄又强调沙门不能"受其德而遗其礼，沾其惠而废其敬"，指责沙门祖服，并致书慧远。随即慧远以书作答，充分论证了"袈裟非朝宗之服，钵盂非廊庙之器，沙门尘外之人，不应致敬王者"的观点。桓玄看后深以为然，便在夺帝位后下诏天下，允许沙门不敬王者。慧远又在元兴三年(404)作《沙门不敬王者论》，进一步从理论上对沙门不敬王者论作了更系统的论证和发挥，再一次糅合佛法与名教。慧远这些儒释调和的观点对后世影响很大。

慧远不仅注重与当朝统治者友好联系，而且敢于与朝廷叛臣和农民起义领袖来往。荆州刺史殷仲堪在赴荆州途中曾登庐山拜会慧远，二人"临北涧松下，共谈易道，终日忘倦"。据说，殷仲堪才辩纵横，慧远曾指流泉谓之曰："君侯聪明，若斯泉矣。"东林寺聪明泉因之得名。后来，殷仲堪反叛朝廷，桓玄入山与慧远谈起征讨殷仲堪之事，慧远面无惧色道："愿你安稳，也愿殷仲堪无他。"始终不偏不倚，不卑不亢。公元410年，卢循率农民起义军据守江州一带，至东林寺拜会慧远，慧远也热情款待，浑然不惧。当时，他的弟子们很担心，"惧为人疑"，得罪朝廷，他却泰然答道："佛法情无取舍，识者自然察之。"果然，不久朝廷便遣使修书致意，赠米安抚。

慧远是一位很有政治头脑的僧人，当时社会局面动荡，而佛教也出现各种弊端，社会各层对佛教人士多有不满。慧远决心隐迹山林，迹不入俗，塑造了超然世外的出世品格。同时，他又游刃有余地往来斡旋于各种政治势力之间，真诚、平等、机智地应对各方关系，表现了卓越的处世智慧，而且不失时机地挺身而出，为佛教争取了权益和尊严。

4. 启建白莲社

慧远常说，禅法深奥幽微，非天赋异禀者不能授，而佛教的三昧法门非常多，但是功德殊妙而且容易成就的就是念佛法门。公元390年，已经年过花甲的慧远邀集寺院的慧永、慧持、道生、佛陀跋陀罗等法师，以及隐居庐山的著名隐士刘遗民、周续之、毕颖之、宗炳、雷次宗、张野、张诠等学者居士聚集东林寺，决定以"十八贤"为上首，建立莲社。随之，众多弟子中息歇狂心的出家僧侣和超尘绝俗的在家善信，闻风而至者共计123人，被赞为"真信之士"。于是他们集于庐山之阴般若台精舍阿弥陀佛像前，慧远亲自带领焚香献花，开凿水池，种植莲华，并在水面上造立十二叶莲华钟，指针随波而转，指示时刻，方便修道。又令刘遗民作《发愿文》，刻石立碑。

从此白莲社123人昼夜六时，念佛行道，一意求生西方净土。据说，前十一年间，慧远大师曾在念佛期间共有三次亲眼见到阿弥陀佛示现在他眼前，但是慧远为人深沉厚道，从来没有向别人说起。到义熙十二年(416)七月三十日傍晚，大师在般若台东龛刚刚出定，就见阿弥陀佛身满虚空，圆光之中，有诸化佛，观音菩萨、大势至菩萨左右侍立。又见水流光明，分为十四支，流注上下，而且这些流水都能自动演说苦、空、无常、无我之音，正如《观经》所说无异。佛对慧远说："我以本愿力故，来慰告汝，汝后七日，当生我国。"又见莲社中之前已往生的佛驮耶舍、慧持、慧永、刘遗民等，都在佛的两侧，上前与大师作揖，对大师说："师父发愿在我们之前，来西方却为何这么迟。"慧远亲眼所见这番景象清晰分明，所以把这件事告诉了弟子法净、慧宝。大师对弟子说："我从开始居住在庐山，前十一年中，已经有三次见到阿弥陀佛。今天又见到，我往生西方必定无疑了。"又说："七日为期不算急迫。"晋义熙十二年(416)八月，慧远卧床示现疾病，并亲自起草遗嘱。

众弟子悲恸不已，纷纷落泪，慧远大师体谅他们世情难舍，所以只得允许七日致哀。当时有年岁大的弟子，见大师身体渐弱，就建议用豆豉酒治病，慧远说："戒律没有饮用豉酒治病的开许。"所以拒绝。弟子又请大师饮用米汁，慧远说："日已过午。"也不同意。最后请大师饮用蜜水，慧远就让他们查阅律文，结果没查完一半，大师就奄然而去，时年八十三岁，"门徒号恸若丧考妣，道俗奔赴毂继肩随"。按照遗嘱，慧远大师让弟子们将尸骨暴露存放于松林树下，以岭为坟。但弟子们不忍心如此，便将大师遗体与浔阳太守阮侃一起葬于西岭，并砌石为塔。大文学家谢灵运为大师作文并立碑。宗炳复立碑于寺门，以表大师德业。

慧远在结社念佛、维护僧格的同时，还广泛研习各种佛典，他精通般若，也曾从僧伽提婆学毗昙，依佛陀跋陀罗学禅法，又与北方佛教领袖鸠摩罗什遣书探讨佛学。慧远曾把自己所写《法性论》送到鸠摩罗什处，罗什也曾把自己在长安新译的《大品般若经》送给慧远。罗什在译出《大智度论》后还特地由后秦主姚兴代为恳请慧远作序，两位大师分居南北，却神交往来，申辩佛义，互述赞叹，也是一段佳话。

此外，慧远大师对佛教典籍的翻译也颇有贡献。慧远因感于"禅法无闻，律藏残阙"，所以支持印度或西域的僧人翻译佛经。晋孝武帝太元十六年(391)，请"博识众典"的罽宾沙门僧伽提婆来庐山重译《阿昆昙心》和《三法度论》，并亲自作序。特遣弟子昙邕致书请西域沙门昙摩流支译《十诵律》。又请以"禅律驰名"的佛陀跋陀罗来庐山译出介绍禅法的《达摩多罗禅经》二卷，并作序强调修持禅业的重要性。与此同时，他还派遣弟子法净、法领等人"踰越沙雪，旷岁方反"，西行求经，并使之译传。

慧远于政客僧俗间游刃万机，于各种佛理间融会贯通，留有大量著作。据记载，慧远"所著论、序、铭、赞、诗、书、集为十卷，五十余篇，见重于世"。其中现存于世的《沙门不敬王者论》《沙门袒服论》《三报论》和《明报应论》四篇论文尤令人瞩目，对后世佛教思想影响非常大。慧远结社念佛，开时代之先，接受净土思想，表现出极大的勇气和超凡的智慧，故后世公认为净土宗初祖。

（二）学医求仙的昙鸾舍道入佛——二祖北魏昙鸾

弃却仙书受观经，长生何似学无生。

齐声念佛看迁化，白日空中奏乐迎。[①]

正如明代道衍法师的这首诗中所述，昙鸾一生经历了作为一个宗教信徒在道教和佛教之间做出抉择，而最终确定以净土法门为归的历程，从而显示了昙鸾在诸多法门中抉择净土的勇气和在净土法门沉寂数十年之后使之再兴的功绩。

昙鸾出生之前，中国大地上刚刚经历过一场文化浩劫，一场由皇帝诏行的灭佛运动席卷北方。这对传入中国不久的佛教来说，是一场前所未有的灾难。公元439年，鲜卑族拓跋氏统一北方建立北魏政权，结束了中国北方一百二十多年的分割混乱局

昙鸾大师像

面。北魏政权重视佛教对维护自身统治的积极作用，礼敬沙门，新修寺院，兴办福业。但是北魏太武帝则一反常态，在道教徒崔浩的鼓动下，实施了中国历史上的第一次灭佛运动，下令全境坑杀僧人，破佛像，毁佛经。但

① （明)释道衍：《诸上善人咏》，《卍续藏》第78册，168页中。

道教领袖寇谦之反对灭佛，笃信佛法的太子拓跋晃监国秉政，再三上表劝阻太武帝，缓宣废佛诏书，所以僧人大多数逃匿他处，部分经像也得以藏覆。废佛后不久，寇谦之病死，崔浩因撰《魏史》蔑视胡族而遭腰斩，族人被诛百余人。废佛后六年，太武帝被弑，文成帝即位，下诏复兴佛教。佛教较之以前有了更大的发展，开凿石窟、兴建寺院、积极度僧，而且还建立了"僧祇户"和"佛图户"，即为寺院供给谷物的农户和专为寺院打杂耕作的奴隶，这时的寺院有了更高的社会地位和经济实力，佛教的发展势头欣欣向荣。昙鸾正是在这样的环境下诞生的。

1. 注经患气疾

昙鸾(476—542)，出生在雁门(今山西省代县)的高族。他出生的时候，北魏文成帝恢复佛教已二十几年，佛教已经相当兴盛。而他家离五台山很近，所以对佛教耳濡目染，尤其对文殊菩萨在五台山的各种神奇显化故事非常倾心，对五台山一心向往。他小时候就经常眺望远处巍峨清凉的五台山，想象着山中云雾缭绕神佛出入的场景，浮想联翩。直到他14岁那年，决心前往五台山一探究竟，为自己从小以来心中的疑惑和梦想寻找答案。据僧传记载，他上山之后在现在佛光寺那个位置，给自己修了一间茅棚，坐看云起俯仰天地，他心中一直有挥之不去年幼时的幻想和耳熟能详的神奇故事，看着山中杳杳的香烟，心中虔诚地祈请着："愿我能够有缘亲自看到诸佛菩萨真身显现。"他虔诚的祈求得到了回应，随即他的眼前出现净土圣境，祥和光明，佛菩萨端坐其中，慈悲庄严。昙鸾顿时心生清凉、欢喜不已，更对佛法深信不疑，便在五台山剃发出家，断绝红尘。

宿具善根的昙鸾聪慧好学，出家之后勤奋用功，颇为出众，对内外典籍、诸子百家无不涉猎，尤其对《中论》《百论》《十二门论》《大智度论》等"四论"和佛性论深有研究。南北朝时期中国佛教最大的特点就是学派林立，由于当时佛经大量传入，对于不同经典的依止和理解不同，故而形成了"涅槃学""摄论学""地论学""成实学""律学"等十余个师说学派，其中"四论学"是北朝独有，以专门研习上述四部论典为特色，主要主张"缘起性空""性空假有"等理念。昙鸾是四论学派的主要代表人物，后世推崇他为四论学之祖，而昙鸾在"四论"研究方面的造诣，对他后来理解和弘扬净土宗也有很大的影响，这从他用中观思想解读净土的理论中就可以看出来。

昙鸾后来的净土思想中有一个非常重要的观点就是"往生即无生"，以此来应对当时佛教界传统教义对净土理论的质疑。因为佛教历来主张"诸行无常，诸法无我，涅槃寂静"，大乘佛教又强调"不生不灭""诸法皆空"的般若空观。但净土宗主张西方有极乐世界，而且劝人往生西方，所以避免不了来自外界的质疑。为了解答这个疑惑，昙鸾运用中道思想提出"往生即无生"的观点，昙鸾认为往生既是性空，也是假有，就好像世间万有、生老病死等，都是虚幻不实的，并没有一个真实不变的本体存在，只有归于本空、实相才是解脱，这是性空。但是普通人认为万事万物、众生生死是实有，都是实实在在的存在，而且都在无常地变化着，这是假有。从性空来看，极乐世界也是本体空幻，但是从假有来说，极乐世界又是真实存在。而性空假有又不一不异，所以极乐世界既是空幻不实的，又是真实存在的，往生极乐也就是所谓的无生。昙鸾还有往生净土"无生之生"的说法，因为极乐世界是阿弥陀佛愿力所显，契合法相真如的无生无灭，而往生净土，舍此求彼，由生到无生，即无生之生。陈扬炯先生的《中国净土宗通史》中说："昙鸾把往生净土与真实的万事万物统一起来，又把佛教传统的无生之说与净土往生的理论相调和，证明了往生的真实性，从而为净土理论提供了理论根据，这是昙鸾对净土理论的重大贡献。"[1]

后来，昙鸾在读北凉昙无谶翻译的《大集经》时特别感兴趣，但发现并不好懂，"恨其词义深密难以开悟"[2]，故而开始为《大集经》做注解。

---

[1] 陈扬炯：《中国净土宗通史》，江苏古籍出版社，2002年，129页。

[2] （唐）释道宣：《续高僧传·昙鸾传》，《大正藏》第50册，470页上。

当注解工作大概做到一半的时候，昙鸾身患气疾不能继续，他不得不停笔四处求医。《高僧传》记载，当他到达汾州秦陵故城(今山西文水县北武陵村)时，从城东门向上仰望青霄，突然"天门洞开"，四王天、三十三天、夜摩天、兜率天、乐变化天、他化自在天等欲界六天之内的众生生死轮回、善恶浮沉都历然齐觌。这样的神奇经历之后，昙鸾的气疾也奇迹般地不治而愈，他非常意外和欢喜，并打算回家继续注解未完成的《大集经》。但是他转念一想："人的生命的脆弱无常，一世短暂，《神农本草经》等道家医书上记载了很多养生长寿之法，还有很多长生不老的神仙呢，我何不暂时放下佛教修学，先去学习道家长生不老之术，等我成功之后再来弘扬佛法，那时不会再有健康和寿命的限制，岂不是更好。"昙鸾早就听说江南有一位陶弘景，擅长方术，广博宏赡，海内宗重，所以决定前往拜访。

2. 南下学道

大通年间(527—528)，昙鸾南游访道。由于南北朝的对峙，当时南朝对从北朝而来的人管制很严格，负责盘查的官员怀疑由北而来的昙鸾是北朝派来的奸细，仔细盘问但没有什么漏洞，就把这件事上报给梁武帝。这位梁武帝是佛教史上非常著名的一位居士，他对佛法深有研究而且举全国之力支持佛教，甚至曾三次把自己施舍给寺院，后来文武大臣不得不筹集钱财把皇帝从寺院又赎出来。梁武帝对他的佛学造诣和福业功德非常自信，这次听说北朝有高僧前来，也想一探究竟。

这天，梁武帝告诉手下，这位昙鸾并非探查国情、窥伺帝位的细作，可以把他从"千迷道"领进重云殿。梁武帝事先身着袈裟，头戴纳帽坐在重云殿的角落里。昙鸾进殿之后，四顾环望不见有接待的人，只看到大殿中间布置了一张高广大座，上面还摆放了小桌几和拂尘，也不见其他座位。昙鸾对梁武帝其人早有耳闻，知道这是要和他论道，昙鸾便不客气地径直盘坐在高座之上，依着桌几拿起拂尘，高谈阔论起来，阐释佛性大义。然后三次大声向梁武帝发问："大檀越，佛性的道理深广幽微，刚才我已经大概略略讲了一番，您现在有什么疑问的话请赐问。"梁武帝这时已知昙鸾见解高深，故收起纳帽，二人开始了几番往复问答。因天色已晚，帝曰："今天已经不早了，明天我们再见面吧。"昙鸾从座上下来，径直地走出殿外，回到住处的途中二十几道曲折回旋的门竟然没有走错一处，梁武帝极其惊讶："奇哉！这千迷道正如其名，千回百折，哪怕是在皇宫里待了很久的侍从都疑虑难行不免迷路，他昙鸾仅仅走了一次就能轻易走出，此人难测啊！"

第二天一早，昙鸾被引入太极殿，梁武帝亲自走下台阶来迎接昙鸾，并亲切地询问南下的缘由，昙鸾具以实告。梁武帝听后叹了一口气："哎，这个陶弘景隐居深处，是一位傲世独居的高人，我曾多次征召，他都不肯前来。"昙鸾听后，为慎重起见便写了一封信请人带给陶弘景，表明自己的心意。自己则退回住处等待回信。

陶弘景收到昙鸾的信很热情，这位有"山中宰相"之美誉的道教宗师对比他小二十岁的高僧到访非常欢喜，回书道："我以前就听说过尊者，今天又看到你的书信，非常欢迎你到茅山来，我将整拂藤蒲具陈花水，端襟敛思竚聆警锡。"昙鸾接到回信后随即启程，前往茅山。陶弘景见了昙鸾之后非常友好，接对欣然。两位祖师级的人物都兼通佛道又造诣颇深，相处非常融洽。陶弘景郑重地将十卷《仙经》授予昙鸾，嘱咐他用心修道。

文献中记载，昙鸾见过陶弘景并接受《仙经》之后打算北返进山修道，行到浙江遇到了一件麻烦事。这里有一位鲍郎子神，兴风作浪，只要一起浪要七天才能结束。昙鸾到江边欲渡江，但是这天才是起浪的第一天，没有船只过河，昙鸾想早日开始修炼仙经，所以心中急切，听说要等七天才能过河，他面露愁容。据说，昙鸾打听之后得知鲍郎子神之事，便到这位神祇的庙中，把他来此学道欲渡河北返的事情祈告于神，并承诺："假若果遂我愿，让我能够顺利过江，我将为你重修庙宇。"突然这位鲍郎子神现出真身，大概是二十岁左右的相貌，告诉昙鸾："你想过河明天就可以顺利过去，也希望你不要忘记你刚才的承诺。"说完渐渐隐去。

第二天早晨，河里依然大浪滔天风声怒吼，昙鸾执意上船，谁知刚一上船河面马上平静下来，顺风顺水。昙鸾过河后按照和鲍郎子神的约定，去见了梁武帝，讲述了这件事的详细经过。梁武帝下令，敕封鲍郎子神为河神，并为他修建庙宇重塑金身。昙鸾既取得了《仙经》，又兑现了承诺，向梁武帝辞别后便北返中原了。梁武帝从此对昙鸾极为尊崇，史料记载，梁武帝经常对他周围的大臣们说："北方的昙鸾法师，是肉身菩萨啊！"并时常向着北方遥拜昙鸾。[①]

昙鸾这次上茅山拜访陶弘景和他学习道教的经历对他后来有很大的影响，他对道教咒术的研究一直没有停止，从昙鸾著的《往生论注》中可以看出他对道家《抱朴子》的娴熟和对咒术的信仰，他还有一些阐释服气、调气等理论的著作。后来昙鸾提出"阿弥陀佛为咒"的思想，认为阿弥陀佛是一种密法，而"阿弥陀佛"这四个字是一种咒，具有神奇的力量。昙鸾还通过列举《禁仲辞》《抱朴子》《楞严经》和念木瓜名治好转筋等四个例子证明咒具有神秘的功能和力量，以此推论，"阿弥陀佛"四个字也具有神秘的神通之力，可以满足往生净土的愿望。可以说昙鸾这一提法是具有学术眼光和现实意义的，因为在后来流行的密教中，阿弥陀佛是密宗五方佛之一，"阿弥陀佛"这四个字三德万善，义亦无尽，若能持诵便成口密。而这种提法对净土法门在民间的弘扬和广大民众的接受层面来讲，也是卓有成效的。

3. 梵僧传《观经》

昙鸾返回北魏境内，想找一处名山去修炼仙法，走到北魏都城洛阳的时候，遇到一位来自北印度的僧人菩提留支。菩提留支是大乘瑜伽行派的学者，依《金刚仙论》所说，留支是天亲的四传弟子，他不但深通显教，还熟悉当时流行的秘密陀罗尼法门。

昙鸾见到菩提留支，得意洋洋地把他从陶弘景处求来的《仙经》展示出来，介绍自己的经历并向菩提流支请问："佛法中可有长生不死的法术，

---

① (唐)释道宣：《续高僧传·僧达传》，《大正藏》第 50 册，552 页中。

胜过我们中土的这种《仙经》吗?"菩提留支对道教《仙经》嗤之以鼻,唾地而言:"是何言欤?这种仙术怎么能和佛法相提并论,这哪里是真正的长生之方啊,纵然修炼得道,可以在一段时期内长生不死,但是终究要在六道轮回中辗转生死,何其苦也!"于是将《观无量寿经》授予昙鸾,语重心长地说道:"这才是真正的大仙方,你可诵此经典,则三界无复生,十道无长往。你依照它来修行,一定能够了生脱死,出离轮回。"昙鸾接过《观无量寿经》,翻看着上面讲说的无有众苦但受诸乐的极乐世界种种微妙美好,还有光寿无量的阿弥陀佛所立超世大愿,深受感动,虔诚顶礼。他又回头想想自己千辛万苦求来的《仙经》正如菩提留支所说,终究不是解脱之道,所以举起火把,将所赍仙方付之一炬,化为飞灰。

4. 神鸾迁化

昙鸾得到菩提留支授予他的《观无量寿经》后如获至宝,精进修行,勤修净业三福,观想九品往生,"虽夫寒暑之变疾病之来,不懈于始念"。同时广开法席,弘扬净土念佛法门,劝人求生西方。以昙鸾的修为和地位,他很快闻名遐迩,流靡弘广,皈依他修念佛法门的弟子非常广泛。

昙鸾"洞晓众经,独步人外"[①],而对净土念佛法门情有独钟,勤奋用功身体力行,可见他从众多佛教法门中选择净土一法的坚定。他后来提出"二道二力"说,极高地肯定了净土法门在整个佛教中的地位。"二道二力"说是净土宗最基本的判教框架,所谓判教就是把佛教的所有法门进行判别、划分,所谓"二道"是指难行道和易行道,所谓"二力"是指自力和他力。昙鸾认为,佛教中法门众多,廓其所有无非解脱生死,但是在这个五浊恶世依靠自己的力量修行成就非常困难,纵然有所成就也是沉沉浮浮,艰难迂回,所以称为难行道。而净土法门主要依靠阿弥陀佛的愿力,念佛求生极乐世界,能够迅速到达"阿毗跋致"不退转的境地,在净土中修行则简单快速,所以称为易行道。他指出在世间修行有外道伪装、小乘发心、恶

---

① (唐)释迦才:《净土论》,《大正藏》第47册,97页下。

人捣乱、是非不分、不靠他力等五种艰难，所以昙鸾强调净土法门就是依靠"他力"的"易行道"，区别于一般依靠"自力"的"难行道"。这个理论上承龙树菩萨的思想，下启历代净土大师的理论，标志着净土宗判教思想的正式成立，对净土宗的形成有重大意义。

时值北魏末期，政治昏暗，危机四伏，统治者中间争夺利益，战乱频繁。公元 534 年，北魏分裂为东魏、西魏，当时东魏皇帝孝静帝对昙鸾非常敬重，赞誉他为"神鸾"，敕住并州大寺。后来，昙鸾移住汾州北山的玄中寺，在那里讲经说法，著书立说，传授念佛，徒众甚多。昙鸾还经常到介山之阴聚众讲学，即今山西介休县的绵山，后来这里被称为"鸾公岩"以纪念昙鸾大师。

多种文献记载，有一天半夜，昙鸾忽然见一气宇轩昂的梵僧进入房间，告诉昙鸾他是西天的龙树菩萨，说道："我本在佛国净土居住，因为你有净土之心，所以我今天来看你。"并说了一首偈子："已落叶不可更附枝，未来粟不可仓中求，白驹过隙不可暂驻，已去者叵反未来未可追，在今何在白驹难可回。"①昙鸾法师知道自己寿命将终，半夜就派遣使者召集周围村庄的白衣弟子及寺内僧人，聚集了弟子三百余人。昙鸾身着净衣，手持香炉告诫弟子："人生苦短，生命脆危，生死轮回，苦不堪言，地狱之苦，不可不惧，而念佛往生之法，九品净业不可不修。"说完，让所有人高声念佛，自己安详瞑目，面向西方。日出时，昙鸾大师西向稽颡而终，顿时香气四溢，天乐盈空，良久方散。是年昙鸾大师六十七岁。朝廷听闻昙鸾往生，敕葬于汾西泰陵文谷，营建砖塔并为立碑。

昙鸾一生著述共有十种。其中，《大集经疏》现已不存，现仅存有《论气治疗方》《疗百病杂丸方》《调气方》《服气要诀》，可见昙鸾在医学上是有造诣的，曾因"调心炼气，对病识缘"而"名满魏都"。至于《净土往生论注》《赞阿弥陀佛偈》《略论安乐净土义》现存三种，都可以确

---

① （五代)释日延：《往生西方净土瑞应传》，《大正藏》第 51 册，第 104 页上。

认是昙鸾的著述。

昙鸾强调了《观无量寿经》在中国净土宗的地位，创立了弥陀净土信仰的教理和实践方法，开启了解行并重之风。他依据《无量寿经》阐发阿弥陀佛的本愿思想，成为其后道绰、善导以此建立弥陀净土法门的根本要旨；依《观无量寿经》十六观行，通贯止观要义，解释世亲《往生论》中称名、礼拜、作意、观察、回向等"五念门"；特别是提出了"五逆重罪凡夫皆得往生净土成佛"说。此外，他还依据龙树《十往毗婆沙论》提出"二道二力"说作为净土教分科判教的根本，为净土开派立宗奠定了基础。[①]他还提出了"往生即无生""往生可成佛""称名念佛为重""弥陀名号为咒"等思想[②]，为净土宗立宗提供了理论基础，为往生净土提供了理论根据，对中国净土宗的创立和发展有非常大的贡献。他被日本净土宗推为净土宗初祖，也是中国净土宗继慧远大师之后又一位祖师。

（三）数豆念佛的道绰承上启下——三祖隋唐道绰

观经讲罢坐匡床，善导相资行益彰。

豫感佛言临灭度，白毫三道照东方。[③]

《诸上善人咏》中的这首诗所描写的这位坐匡床讲《观经》，与善导相得益彰，最后临终示现神迹的人就是道绰。

南北朝晚期，政局更迭瞬息万变，征伐四起，民不聊生，最终由隋文帝成功地统一了分裂数百年的中国，同时开创了诸多先进的制度，社会安定昌盛，佛教发展也蒸蒸日上。但到了隋炀帝晚年，政局不稳，社会动荡。公元 618 年唐高祖李渊灭隋，唐朝取而代之。唐高祖在位九年，出现"贞观之治"，佛教也进入了前所未有的繁荣局面。净土宗也在此时以北方为

---

① 周玉茹：《净土祖师昙鸾事迹述评》，《青海社会科学》2003 年第 1 期。

② 参见陈扬炯：《中国净土宗通史》，江苏古籍出版社，2002 年，119-171 页。

③ (明)释道衍：《诸上善人咏》，《卍续藏》第 78 册，第 170 页上。

法门初流东土　先贤勇求西方

065

根据地获得了长足的发展，并最终成为中国八大宗派之一。而这些成就与当时生活于南北朝晚期隋唐初期的净土宗祖师道绰所做出的努力息息相关。

1. 生逢乱世

道绰大师像

道绰(562—645)，出生于并州汶水①(今山西太原西南)一个平凡无奇的庶民之家，俗姓卫。北齐时，并州是仅次于首都邺城(今河北临漳)的政治文化中心，道绰在这里出生并长大。道绰幼年时就是一个谦恭温厚之人，为大家所称道。

当时中国南北分裂对峙，北周与朝陈关系紧张，而自恃兵力强大的北周又屡屡侵犯北齐领土。道绰的家乡作为北齐国内的前沿阵地，最易受到动荡冲击。天保五年(557)，也就是道绰出生的五年前，北齐发生了蝗灾，"蔽日声如风雨"，农作物颗粒无收。翌年天保九年(558)，再次发生旱灾和蝗灾，国家不得不实施免除租赋的措施。道绰出生的第二年，又一次发生旱灾和虫灾，人们的生活受到了极大的威胁。也就在这一年的年末，北周大军与突厥联合，侵入道绰的故乡，此地的民众饱尝凄苦，"人畜死骸相枕，数百里不绝"。

天灾人祸接踵而至，北周武帝时，佛道二教矛盾对立愈发尖锐，斗争激烈。建德三年(574)北周武帝将道佛二教统统废除，这就是中国佛教史上"三武一宗禁佛"的第二次运动。废佛运动的第二年，道绰十四岁，他在尚属北齐地界的寺院落发出家。屋漏偏逢连夜雨，出家第二年北周大军就大举攻入到了山西中部。取得战争胜利的北周武帝，对新占领的北齐国土也颁行了严苛的废佛令。北周武帝死后，佛教又一次很快得到了恢复机会，在长安和洛阳纷纷建立寺庙，度僧出家。公元581年，隋文帝即位后，立即颁诏，并亲自率先复兴佛教。寺院的建立、佛像的营造、经典的书写在

---

① (唐)释迦才：《净土论》中则称其为晋阳人。

国家的保护之下如火如荼地展开。是年，道绰二十岁，经历过连番的自然灾害和兵荒马乱的他，这时终于迎来了太平年代，所以他非常珍惜学习佛法的机会，将整个身心投入到了《涅槃经》的研究之中，据载他前后宣讲过二十四遍《涅槃经》，这也与当时整个中国佛教界所流行的学术氛围是相符合的。

后来，道绰跟随专门研修戒律和禅定的高僧慧瓒禅师，学习般若空观之学。慧瓒坚信，要复兴佛教的形象，沙门就应当回归严肃的原始教团而精进修行，所以结成了恪守戒律、头陀行乞、修持禅定从而体悟空性智慧的教团。道绰由一个涅槃的演说者转而投入慧瓒教团，可以说是他求道过程中一个重要转折。他在此后的十余年间，始终重视行持戒律与禅定的生活。[①]

2. 慕昙鸾行迹

隋大业五年(609)，道绰四十八岁，即慧瓒师去世二十年后，道绰来到山西汶水县石壁玄中寺，看到了一块详尽记载昙鸾一生行迹的碑文，大为感动。净土法门所描绘的极乐世界对饱受苦难的道绰是一种极大的震撼和吸引，而净土法门之"易行"也与他信奉的末法思想相吻合，所以道绰为竟然发现了自己一直都在苦苦寻求的法门而感动不已。

自此以后，道绰作为一个念佛行者孜孜不倦地修习，同时作为一个教化者持之以恒地弘法。《续高僧传》中记载，道绰讲《观无量寿经》达二百遍，每日念佛达七万遍之多。据迦才的《净土论》记载，道绰积极投身的教化活动以现在的山西省中部晋阳、太原、汶水三县为中心广泛展开，三县之内，七岁以上的人都会念阿弥陀佛。由此可见，道绰大师当年弘扬净土念佛法门的热忱以及卓著的成效。

在山西精严修行弘道的道绰，也得到了唐王朝相当的重视和礼遇。《金石粹篇》卷八四所载的《大唐太原府交城县石壁寺铁弥勒像颂并序》中写道："太宗昔幸北京，文德皇后不豫，辇过兰若。礼谒禅师绰公，便解众

法门初流东土 先贤勇求西方

---

① 参见［日］野上俊静著，佛意译：《净土宗三祖师传》，安徽弘愿寺印行。

宝名琼，供养启愿。玉衣旋复金膀遂开。因诏云云。"另外，李逢吉所撰《唐石壁禅寺甘露义坛碑》中记有："文德先皇，聆神镜刹仁祠之勤，嘉道绰大师精修禅观跻净界之风。"可知，皇后本人对道绰的高德威名钦佩不已，而在太宗路过山西时更是亲自拜访道绰，供养祈愿。

3. 小豆念佛

道绰在山西地区弘扬佛教、教人念佛，已然是一位德高望重的佛门大德，随着他名声越来越大，据说当时投奔大师的僧侣和在家居士遍满道绰居住的石壁山。道绰在这里讲解《观无量寿经》，语言简洁明了，准确到位，能够与前来听法众弟子们不同的根机和水平相应。而且道绰讲法善于引用日常生活中的事情来做比喻或对比，非常善巧又深入浅出地表达深奥的教义，使所有的听众每次听完之后法喜充满，心中愉悦，没有任何遗憾和困惑。法会散去，听众每个人手上持一串佛珠，异口同声地念着阿弥陀佛的名号，整个山间当中回荡着悠扬的念佛声，响彻林谷。

道绰法师教人用掐珠或者数豆的方式念佛别出心裁，通过掐算手中的佛珠颗数或小豆颗数来计算自己念佛的数量。迦才的《净土论》中对于称名念佛的计数方式这样描述："上精进者，用小豆为数，念弥陀佛，得八十石，或九十石。中精进者，念五十石。下精进者，念二十石。"[①]用豆子计数念佛的数量，以其数量多者为佳，此即所谓计数念佛思想的萌芽，这是道绰教化的一个特征，时称"小豆念佛"，对后世佛教和中国文化有相当影响。

道绰是一位很威严沉稳的人，他对自己和弟子要求很严格，他还教导信众不向西方涕唾便利，也不背向西方坐卧，以此来表达对西方极乐世界的崇敬，也是道绰头陀行的表现。还有一则故事记载，曾有邪见不信之人，想来找道绰大师麻烦，但当亲眼见到道绰的威仪颜容时，害心立消而归，可见道绰大师的威严和摄受力。

---

① （唐）释迦才：《净土论》，《大正藏》第47册，第98页中。

道绰净土思想的代表作即是《安乐集》二卷，对净土宗思想作了比较系统和详细的阐发，是一部净土宗的奠基之作。北京大学许杭生教授将《安乐集》主要概括为三方面的重要问题：其一，人们为什么要敬信西方净土思想；其二，往生西方净土的途径和方法；其三，西方净土是怎样的一个极乐世界。[1]

4. 昙鸾劝住世

贞观二年(628)四月八日，道绰大师六十七岁，他预知寿命将尽，便召集附近的弟子们做最后的告别。宋代戒珠的《净土往生传》中记载，正当弟子们无限悲伤送别恩师时，突然空中出现景象，一只装饰华丽光明灿烂的七宝船出现在大家眼前，昙鸾法师站在七宝船上，还可以看见有化佛坐于空中，天花飘散，妙乐盈空，美不胜收。昙鸾对道绰说："汝之净土堂已成，只是余报未尽。"昙鸾大师劝道绰，虽然修行净土已有成就，但是由于他的余报未尽，还有需要他做的事，所以还将在此世间住些时日。道绰一直非常敬慕昙鸾一生的行迹，今日昙鸾大师亲自示现，劝说住世，道绰也自然欣然受之。

据《续高僧传》记载，道绰大师继续弘扬佛法，教人念佛，到了七十岁的时候，神奇的事发生了。文载："年登七十，忽然乱齿新生，如本全无历异加以报力，休健容色盛发。谈述净业理味奔流，词吐包蕴气霤醇醲。"[2]道绰到了七十岁，竟然重新开始长新牙齿，一口旧牙焕然一新，而且身体强健，容颜焕发，就像换了一个人一样，从此道绰更加精进，对西方净土也更加坚信，从来不背对着西方而坐。

净土宗的历代祖师传承不像其他宗派有严格的师徒相传的师承关系，但是这里的故事把昙鸾和道绰联系在一起，面对面地交流嘱托，是一件很有意义的事情，也反映了净土宗对师徒相承的重视。另外，除了记载昙鸾和道绰的来往，关于道绰和善导的关系，也有颇为神奇的传说。比如《瑞

---

[1] 许杭生：《道绰〈安乐集〉的净土思想》，《中国净土宗研究》，宗教文化出版社，2008年。
[2] (唐)释道宣：《续高僧传》，《大正藏》第50册，第593页下。

法门初流东土 先贤勇求西方

069

应删传》和《新修往生传》等文献记载，善导在山西的玄中寺拜访道绰的时候，因为善导观佛三昧的功夫很高，所以身为长者的道绰请善导入定看自己究竟能不能往生。善导出定后答："师当忏悔三罪，若能忏悔，定能往生。"这三项罪过分别是：其一，曾经安奉佛像，但只放在担㡛之下，而自己则居住在深房；其二，随意驱使出家人；其三，建造堂宇之时，杀害虫子。善导还说："师当于十方佛前忏悔第一罪，在四方僧前忏悔第二罪，在一切众生前忏悔第三罪。"道绰听闻此言，静心回想往昔所犯之罪，悉心忏悔。之后，善导又入定观察，最终答言："师之罪已灭。"但这三罪忏悔的传说在较早的《续高僧传》和《净土论》中都未见到。有人推测这是后世的净土教徒出于对中国净土宗集大成者善导的崇敬之情而生发出来的故事。[①]

道绰孜孜不倦的传道生活一直持续到八十四岁高龄。贞观十九年(645)四月二十四日，道绰再次告诉大众他将离开这个世界，往生西方，所以与僧俗弟子告别。附近州县的佛教信众听说这个消息后，纷纷赶来见大师最后一面，到玄中寺送别大师的弟子不计其数。到了四月二十七日，大师端身正坐。唐代迦才的《净土论》描述，大众看到时有白云从西方来，又变为三道白光，从房间中彻照通过，一直到道绰大师圆寂之后才散去。道绰大师出殡荼毗之时，又有五彩斑斓的云彩现于上空，一直到荼毗法会结束之后才散去。后来弟子们将大师的舍利起而建塔，曾经有三次塔上出现紫色祥云，众人同见斯瑞。

道绰的著作除了上述的《安乐集》外，据说道绰劝导信众计数念佛数量，称名念佛，并出现了念佛的种种瑞相，为此著述了《行图》一卷，只是现已无传。总体来看道绰的著述并不多，其一生都在修行和弘法的实践中，对净土宗的普及做出了很大贡献。同时在理论上立圣道、净土二门，对净土宗发展有很重要的意义。道绰一生上承昙鸾，下启善导，是功不可没的净土宗祖师。

① （日）野上俊静著，佛意译：《净土宗三祖师传》，安徽弘愿寺印行。

三、善导集其大成　长安邑赞莲邦

念佛长安化盛行，一声出口一光明。

写经画壁难思议，无尽资粮助往生。①

　　明代道衍法师诗中所述的人正是中国净土宗集大成者、净土宗实际创立人、净土宗四祖——善导大师。他生于隋大业九年(613)，圆寂于唐永隆二年(681)，世寿六十九岁。大师诞于隋炀帝时代，经历了唐高祖、太宗时代，入灭于高宗时代，所处时代为中国古代经济、文化最为昌隆的盛世，也是中国佛教最为繁盛的时期。

善導大師　彌陀化身　創淨土宗　楷定古今　本願稱名　凡夫入報　平生業成　現生不退

善导大师像

---

① (明)释道衍：《诸上善人咏》，《卍续藏》第78册，第170页中。

关于善导大师的一生事迹，后世流传不断，赞颂不已，除了传统中国佛教文献中如《续高僧传》《往生西方净土瑞应删传》《净土往生传》及《新修往生传》等资料，当代的学术研究成果也不断涌现，如陈扬炯先生著《善导法师传》，洋洋洒洒十余万字，此书着重阐释大师的净土思想，而略讲事迹。日本野上俊静的《中国净土三祖传》，详细整理、考证了各种资料中对于善导大师的记载。安徽弘愿寺和悟真寺编辑组编著了多种关于善导大师的书籍，尤其《善导大师的故事》一书根据史料记载，详尽、生动地讲述了善导大师一生行迹。本书依据佛教文献中各种传记及史料，同时参考、引述《中国净土三祖传》《善导大师的故事》等书，描述大师的一生。

（一）善导访道绰悟佛津要

隋文帝在位期间，多次颁诏天下，复兴佛寺、书写经典、营造佛像，使得江南佛教逐渐与华北佛教相互交融，诸宗诸派竞相争辉，佛教得到了全面发展。善导大师出生的时代正是佛教信仰蓬勃发展的时期。

1. 出家研习佛典

善导，俗姓朱，山东临淄人，一说是安徽泗州人[①]，出生于隋炀帝大业九年(613)。他十岁时就依密州明胜法师出家。明胜法师是三论宗学匠，与开创三论宗的嘉祥吉藏同为法朗大师的高足。善导最初学习的是三论思想和《法华经》《维摩诘经》等大乘经典。这两部经典，都是当时佛教界流布最广、讲传最盛的。

佛教信徒将佛经中描绘的场景及表达的内涵通过绘画形式表现出来，供人欣赏，启发人理解经意，这样的绘画被称为"变相图"。《瑞应删传》中记载，善导十八岁的时候，一次偶然的机缘，看到了一幅"西方变相图"，即描绘阿弥陀佛西方极乐世界的绘画。变相图中形象地展现了极乐世界的

---

① 《瑞应删传》记载是安徽泗州人，《新修往生传》和《佛祖统纪(二八)》中记为山东临淄人。

种种景象，宫殿楼阁、莲池流水、落花飞鸟、流光溢彩，其间佛陀说法、菩萨经行、莲花化生，一派祥和清净。善导深深地被变相图中描绘的世界所吸引，心驰神往，目不暂舍，当下就在心灵深处生起一个坚固的愿望："人生应当托生于西方净土，才能达到圆满。如果我来世能托生到这极乐世界，莲花化生，那就太好了！"

善导二十岁时受具足戒，正式成为一名比丘。有一次他跟着一个名叫妙开的律宗僧人读《观无量寿经》，经中对极乐世界的十六种观详细阐述了西方净土种种微妙庄严。之前变相图中的景象一直萦绕在善导心头，如今看到这样的文字，有了更大的想象空间，他如获至宝，手不释卷。善导对十六观来回反复揣摩思考，不禁悲喜交加，由衷感叹道："在这个世间，修学其他的法门，迂回难行，想要真正地了生脱死，实在太难了！只有这《观经》十六观门才是妙法啊！一定能够超越生死轮回，得到解脱。"如此强烈的震撼、真切的愿望、坚定的信念再次在他心中生起。

据说善导大师追慕慧远大师的踪迹，还曾专程前往庐山东林寺瞻礼。总之这时的善导已经一心一意专求净土，而且敏锐地察觉到其他法门和净土法门的差异，并倾心于十六观这种观佛法门。

2. 悟真寺亲证三昧

通过变相图和经文描述，善导接触到了极乐世界，他感觉身心豁然开朗，便隐居于终南山悟真寺，专心潜修。通过《观无量寿经》中的指导，依十六观门修行观想，精进勤奋，不舍昼夜。

如此经过数年的用功，善导竟然已经亲自证得观佛三昧的境界。三昧，又名三摩提或三摩地，译为正定，即离诸邪乱，摄心不散，意思就是止息杂念，使心神平静，将心定于一处或一境之安定状态，是佛教的重要修行方法。而观佛三昧就是通过观想佛的相好，从而达到一心不乱的境界。据说此三昧成就，即能亲眼见到佛菩萨或者佛国净土的示现。

据说，善导既得此三昧，便常于定中见极乐世界，七宝莲池、鸟语花香、佛陀真身、光中化佛，种种不可思议的境界突然之间变得历历分明，身临其境。也许，也正是由于善导大师观佛三昧的成就，他能够在定中出入极乐世界，故而在他后来的净土宗著作中，描绘到极乐世界景象时，写得亲切生动，让人读之如临其境，宛在眼前。

3. 玄中寺二祖相会

善导大师二十几岁的时候，正是道绰大师在山西广泛弘扬净土宗风之时。道绰大师德风远被，周围地区凡是七岁以上的儿童皆知念佛，后来道绰之名也远播长安，甚至得到唐太宗和文德皇后的赏识。善导居于悟真寺，三昧功夫了得，游心于净土，故而听闻道绰大名应该是合情合理的。关于善导到山西寻访道绰的事，《续高僧传》《佛祖统纪》《瑞应删传》《新修往生传》等诸多文献中都有记载。

另外也有一则传说，道绰大师有位名叫僧衒的弟子，山西并州人，一直修学圣道，但是对了生脱死没有十足的把握，故而忧心忡忡。九十六岁时，他偶然读到道绰禅师所著《安乐集》，认识到念佛法门的特殊，于是改弦更张，开始依止道绰专修念佛。他年事已高，旦夕近死，故而异常用功，每天礼佛一千拜，念佛八万遍，五年间没有丝毫懈怠。一百零一岁时，有一天他突然告诉身边的人："阿弥陀佛授我香衣，来迎接我了，观音菩萨、大势至菩萨列在阿弥陀佛两边，虚空中遍满了化佛菩萨，从这里往西看去，纯是极乐世界的庄严景象。"话说到此，便安然往生了。当时有两位从悟真寺来玄中寺访学的僧人启芳和玄果，亲睹了这一景象后也改修念佛法门。善导有可能正是听了归来的启芳、玄果讲述僧衒往生的事迹，因而对道绰产生了渴仰之心。于是善导二十九岁时，不远千里从长安徒步走到山西，拜访道绰。

据《新修往生传》记载，善导前往访道绰时，正逢玄冬之首，寒风飒飒，旅途重重，风飘叶落，填满深坑。善导旅途艰辛，疲乏不堪，为了躲避风寒，就在堆满树叶的深坑中打坐入定，顿时寒意尽散。善导一心念佛，不知不觉间已经过了数日，忽闻空中有声音说："现在可以继续上路前行了，接下来的旅途坦荡顺利，不会再有阻碍。"于是善导忘疲出坑，顺利行至道绰禅师所在的玄中寺。

《佛祖统纪》载，贞观十五年(641)，善导到玄中寺后看到道绰禅师所建九品道场，心中大喜，听道绰讲解《观无量寿经》，不由欢呼："这才是真正入佛的关键所在，修学其他的法门艰辛难行，能以成就，只有这净土观门才是能够迅速超越生死大海的津梁啊！"当时道绰近80岁，善导28岁，两人志趣相投，境界非凡，应该是二位祖师生平颇为惬意的一段时光了。

(二) 著疏开宗派屠夫转心

1. 终南山著疏开宗

贞观十九年(646)，道绰法师坐化。三十三岁的善导便从玄中寺返回终南山悟真寺，继续研学、修行。

善导发现，虽然《观经》普遍受到佛教界的注目，然而，很少有人真正领会《观经》要髓。各家站在自宗的角度、立场上注解这部经，曲解意趣，善导大师说："自失误他，为害兹甚。"①为了纠正对《观经》的误解，善导决心撰写《观经疏》，"今以一一出文显证。欲使今时善恶凡夫同沾九品，生信无疑，乘佛愿力，悉得生也。"②。撰写前，善导在佛前至诚发愿："我现在想出此《观经》要义，楷定古今。"善导大师以如此自信豪迈的口吻向诸佛申明，接着又说："若称三世诸佛、释迦佛、阿弥陀佛等大悲愿意，愿于梦中得见如上之所愿一切境界诸相。"据说，果然，善导在发愿的当夜，即见西方种种庄严景象。

传说，此后每夜有一位圣僧入善导梦中，指导他理解《观经》玄义。此疏完成后，圣僧便不再出现了。待整部书完成后，善导大师再度祈请灵

① (唐)释善导：《观无量寿佛经疏》，《大正藏》第37册，第249页上。
② (唐)释善导：《观无量寿佛经疏》，《大正藏》第37册，第249页上。

境现前，连续三夜又见种种圣境。在《观经疏》的末尾，善导写道："此义已请证定竟，一句一字不可加减，欲写者一如经法。"[①]申明本疏已经得到了诸佛的证明和确定，后世若有人书写此疏者，如同抄写佛经一般，一字一句也不可随意加减。这本《观经四帖疏》，就成为了善导大师开宗立教的根本元典，后世皆谓此书为"弥陀传说"，珍重如经，古德因此赞言："善导独明佛正意。"

2. 较量法门高下

善导大师住持悟真寺，往返于京师长安的光明寺、慈恩寺、实际寺等诸寺院，大弘佛法。传说，有一次大师路过长安东郊浐河时，陷入深深的思考。唐朝长安城是世界上最有名的国际性大都市，人口在百万以上，更有外国的商人、使者、留学生、留学僧等总数不下三万人，当时来长安与唐通使的国家多达三百个，而且佛教在长安遍地开花，俨然有佛教第二故乡之风貌，可谓人杰地灵。善导大师在想，这样一个重要和广袤的地区，如何才能让他们信受佛法，脱离生死呢？就在这时出现了一个神奇的感应，正在大师思索问题时，浐河水面突然扬起一个声音："可教念佛！可教念佛！可教念佛……"大师闻此声音，心中豁然，此后在长安不遗余力地大弘净土法门。

善导建立净土宗，名声愈来愈隆，遭到了一些僧人的嫉妒与反对。唐代《念佛镜》中记载，有一次，善导在长安城西京寺内和一位金刚法师较量念佛法门的胜劣。对方坚执己见，认为只靠念一句名号不能往生西方。善导观其根性，觉得不以特殊方式，难以让他信服，于是当即在座上庄严发愿道："依照佛经，世尊所说之念佛往生西方的法门，善恶众生但能上到一辈子念佛，下到七天、一天，乃至十念、一念念佛，必定得以往生西方净土。如果这是真实不虚的，佛没有打妄语欺诳众生的话，那么请佛令殿堂里的两尊佛像放出光明，为我证明。但如果这个法门是虚妄的，众生念

---

① （唐）释善导：《观无量寿佛经疏》，《大正藏》第37册，第278页中。

佛不生净土，佛打妄语欺诳众生的话，那请佛叫我善导从此高座之上，直接堕入阿鼻地狱，长时受苦，永不出离！"大师说完，将手中的如意杖指向堂中佛像，佛像顿时大放光明。金刚法师目睹此景，惊得慌忙从高坐上跌落下来，匍匐于地，惭愧地向大师谢罪。自此金刚法师臣服于大师净土之教，专修念佛，求愿往生。

3. 一生勤苦念佛

善导一生精进勤苦专修净土。《新修往生传》和《龙舒净土文》等文献中对此有详细描述。善导每入佛堂，就合掌礼拜，一心念佛，非到精疲力竭不停止。即使在寒冬腊月天念佛，他照样念到汗流浃背为止。只要从佛堂出来，他就为众人演说净土法门。三十余年的时间里，他不设别房卧室，从不上床卧睡，除洗浴之外，没有脱过衣服。他以般舟、行道、方等礼佛为己任，佛前明灯常年不熄。护持戒品，律己峻严，丝毫不犯，三十余年他从不曾抬眼而见女人。他对一切人，不管对方是在家、出家，是善恶、智愚，都尊敬如佛，自心却谦卑至极，从不以和尚、大师自居，哪怕是刚出家的沙弥向他顶礼，也绝不接受。平日里自己的衣服和碗钵都自己洗刷，从不让人代劳。他从不和人谈笑游戏、说无意义的话、做无意义之事，外出时也不与众人同行，都是一个人独行，以免谈论世事，妨碍念佛。善导大师对净业修持，特重专精，认为能否做到专精，是决定能否往生的关键。

善导自利成就，同时悲心不舍众生。几十年来，他孜孜不倦地弘扬净土法门，但是于名利从不起心动念。他所到之处，净身供养，饮食衣服，都不自己享用，全部充作布施。凡好吃的东西他全部送往斋堂供养大众，粗粝饭食则留给自己。所接受的布施，他就用来刻写经卷。善导还常常外出乞食，每每自责："释迦如来，还挨家挨户去乞食，我善导岂敢端坐寺院让别人供养。"遇到毁坏的寺院、塔庙，他营造维修，经常挑灯夜战长年不断。莲池大师深心感伏于大师的巍巍高德，极口赞言："善导和尚，世传弥陀化身。观其自行之精严，利生之广博，万代而下，犹能感发人之信心。

设非弥陀，必观音、普贤之俦也，猗欤大哉！"①

据说，善导念佛功深，成就殊胜，每念佛一声，便一道光明从口中出，念十百千声，便有十百千道光明从其口出，声声佛号，声声光明。唐高宗就是因为善导念佛"口出光明，神异无比"，所以才将他所住的寺院赐额为"光明寺"，后人亦称他为"光明和尚"。高宗为母亲作功德，便在帝都长安兴建慈恩寺。在落成法会上，朝廷下诏邀请全国五十位高僧前往，善导便是被敕选的其中一人。在慈恩寺他也盛弘净土法门，带僧俗修行念佛。

4. 长安满城断肉

善导入长安三年，化得满城归信，信众无数，长安城中甚至出现了满城断肉、屠夫失业的景象。此时，大街小巷，到处都能听见念"南无阿弥陀佛"的声音，百姓们口里哼唱的小调，清一色都是"南无阿弥陀佛"。这都赖以善导之功，善导以写经、讲说、著述、壁画、音乐、雕塑等形式，广泛地劝人深信因果、改恶向善，卓有成效。

"放下屠刀，立地成佛"这个妇孺皆知的成语也与善导大师有关。如前所述，长安城当时家家户户断肉食素，所以屠夫宰杀动物的行业异常凋敝。长安城有个姓京的卖肉屠夫，见摊上的肉卖不出去，心里莫名其妙。经过详细了解，才知道城里来了一位名叫善导的僧人，劝人们吃素，于是他怀恨在心。传说，一天，他提着刀气势汹汹地闯进了善导所在的寺院，叫骂要杀死断他财路的人。善导大师从后院出来，走到屠夫跟前。屠夫猛一抬眼，一道光明直射内心，他心头猛然一震，凶戾愤恨之心顿时全无，反觉内心惭愧，手中的刀也不觉落地，扑通一下，跪在地上，顶礼合掌忏悔。善导大师心知对方得度之缘已经成熟，慈悲地为屠户开示善恶、因果、轮回受报等理论，并劝其念佛往生西方净土。为截断他的心疑，使之信知极乐世界，大师以其道力遥指西方天空，空中立现极乐净土庄严景象。闻大师开示，又得睹极乐胜境的京姓屠户惭愧欢喜至极，惭愧自己居然对如

---

① （明）释袾宏：《往生集》，《大正藏》第51册，第130页下。

此慈悲高德的善导大师起杀害之心，惭愧自己多年米卖肉杀生无数，造罪无穷，欢喜他今日恶缘竟转成佛缘，确信自己只要念佛就能够往生西方净土。于是他爬上寺院旁的一棵柳树，合掌高声唱佛，横身倒下。据说，不及他堕地，便已然往生。当时围观的众人都看见阿弥陀佛亲来接引，屠户的神识从顶门而出随佛西去。

由于善导净土信念诚挚，德业隆盛，所以受他的感化而归心净土的四众弟子和发生的感应故事不胜枚举，不可尽述。

（三）佛号满长安善巧方便

1. 写经绘图

善导大师为弘扬净土、普度众生不遗余力。善导少时，偶见西方净土变相图而引起愿生之心。推己及人，他深知艺术的感染力与渗透力之大，所以致力于通过艺术手段弘扬佛法。

他一生绘西方净土变相图三百余壁，每一幅变相图淋漓尽致地在一定层面展现了极乐世界的美妙景象。而且善导大师有观佛三昧的功夫，据说可以定中神游极乐，所以他描绘的西方净土并不全是从经文中演变得来，更多的是他亲眼所见，亲身体会。善导画的变相图显得更加生动丰富，观者借大师之眼、大师之笔得以间接地畅游极乐世界，也不失为一种奇妙体验。很多人因为看了大师所绘的净土变相图而对净土法门和极乐世界生起强烈的信心和希求之心。善导纸笔不辍，往生前几天还在指导画工画变相图，相传敦煌千佛洞的《观无量寿佛经》曼荼罗就是善导大师亲手所画。善导大师还创作了大量的地狱变相图，凡是观者，莫不畏惧因果轮回，止恶修善。

善导大师一生节俭朴素，他用信众们供养的钱财购置材料，曾书写《阿弥陀经》十万余卷，这是一个相当惊人的数目，可见大师救生之悲心和弘法之热忱。1909 年，日本学者橘瑞超等，于东土耳其斯坦吐峪沟附近，发现《往生礼赞偈》及《阿弥陀经》之断片，卷末写有"愿生比丘善导愿写"的字样，这应是大师所写之《阿弥陀经》十万卷之一，大师手迹居然会远传至如此遥远西部，可见教化之广。

善导所著《往生礼赞》《般舟赞》，为净土诗偈，诗文朴实恳切，简洁优美，其力万钧，读之令人感彻五内。

善导还具有卓越的音乐才能，五部九卷中《法事赞》，即为大师所著之净土诗偈唱咏。据说，善导悉心策划指导下的悟真寺水陆法会，一年一度，声势浩大，情景壮观，参加的僧人、仕宦、民众数以万计。斋会历时七天七夜，引磬、木鱼、鼓钹、经忏的声音不绝于耳，抑扬顿挫、宛转悠扬，人来人往，引人入胜，使人闻之心情舒畅，细品内容则能开启智慧，增长信愿。

善导的艺术影响力，还远及他国。七世纪末，善导大师的继承弟子怀恽法师任实际寺住持，建净土堂，堂内供奉的净土变相图，完全依据善导大师的《观经四帖疏》而绘制。怀恽圆寂六年后，年轻的鉴真来到实际寺，目睹净土堂内的西方三圣像及净土变相图。日本天平胜宝六年(754)，鉴真和尚东渡日本，抵达奈良，将此净土变相图完整地复制到日本，这就是日本"当麻曼陀罗"的由来。目前，"当麻曼陀罗"在日本已经是国宝级文物，不仅最古老，影响也最大。后来，从中国福建到日本参访的独湛禅师，见到此图后大为感动，深以莲池大师未及亲睹此幅曼陀罗为憾，故而将"当麻曼陀罗"的摹刻本供奉于莲池大师墓塔前。①

2. 开龙门大佛

伊河波光潋滟，岸边杨柳青青。河畔两岸山峰耸立，西面崖壁上雕凿的石窟佛龛如蜂窝状分布其上。捶斧凿击山石的叮当声不绝于耳，山下数不清的人头攒动不息，人们正紧张有序地完成一场很大的工程。有一位上

---

① 参见悟真寺编辑组编著：《善导大师的故事》，安徽弘愿寺印行。

了年纪的老僧，静静地站在山崖上渐露佛容的石窟前，目光坚毅而深远，神情清静而慈悲。他就是整个工程的总设计者、监造者，古代称其职为检校僧的善导大师。此时他正领导着庞大的工程人员雕凿着史上凤毛麟角的杰作——龙门卢舍那大佛。

咸亨四年(672)，唐高宗发心在龙门修福造佛，皇后武则天以其脂粉钱二万贯作为资助。因善导深谙佛教艺术，他住持西京实际寺时，被征召入宫。于是皇帝下诏命他为检校僧，负责主持监造。大佛前后耗时三年，是龙门石窟中艺术水平最高，整体设计最严密，规模最大的一处。主像卢舍那大佛端坐于莲花座上，身披袈裟，衣纹简洁清晰而流畅；发髻呈波纹状，面部丰满圆润，眉如弯月般修长而舒展，目光文静而含蓄、恬淡凝神，充满了雍容睿智的神情与崇高不凡的气宇；嘴边微露笑意，显示出内心的平和与安详。其严整周密的几何尺度和精致微妙的刀工技巧将佛陀的面相刻画得庄严肃穆。驰名中外的河南洛阳龙门大佛，是善导大师留给后人的宏伟巨制、佛艺绝品。

3. 大师圆寂

永隆二年(681)三月许，善导大师正在长安城实际寺内指导画净土变相图。有一天，他忽然催促画工加快速度，尽快完工。有弟子知道后，心生诧异，因为大师素无催人赶工的习惯，于是请问大师，大师答道："我很快就要往生了，最多再住两三晚而已。"几天后，大师忽然略显憔悴，示现轻微的病容，弟子们知道时间到了，于是集在大师周围共同念佛，与大师诀别。永隆二年三月十四日，在大众念佛声中，一代高僧、万世宗祖善导大师怡然长逝，"身体柔软，容色如常，异香音乐，久而方歇。"世寿六十九。

素来崇仰善导大师德行的唐高宗，听到消息后，万分伤心，连续五日都没有上朝。其后弟子们为大师举行葬礼，各自涕泗交颐，甚而闷绝于地，长安城中万人空巷，百姓倾城哭送，天地为之悲戚，鸟兽为之哀鸣。由于善导大师的德化，"信奉者其数无量，念佛声盈满长安"，送葬者倾城，场面盛极一时。由僧义法师撰《唐慈恩寺善导禅师塔碑》树立于慈恩寺，彰显善导的伟德，长存景仰。据马祖道一禅师的传记，有"华严归真于嵩阳，善导瘗塔于秦岭，礼视斋斩，人倾国城，哀送之盛，今则三之"①的记载。由此可知，善导大师的葬礼，是唐朝时代的三大葬礼之一，此是善导大师的盛德所感召。少康大师在《瑞应删传》为大师作传记而言："佛法东行，未有禅师之盛德矣。"

善导大师圆寂后，弟子怀恽等日夜怀师心切，"想遗烈而崩心，顾余恩而雨面"。同时唐高宗和武则天为纪念大师的伟业，乃敕门下弟子将他的遗骸葬于长安终南山麓的凤城之南神禾原，塔名崇灵，共十三层。塔由青砖砌成，壁厚2米，周回200步，平面正方形，为仿木结构，原塔周围十三级，现高33米。这座高塔，几乎是历代祖师中灵塔最高的。塔身周围有12尊古佛，雕工精巧，均为佛门不可多见的珍品。同时建造香积寺，殿堂峥嵘，雄伟壮观。唐高宗呈佛舍利"计千余粒"予香积寺，并以"七珍函

香积寺善导塔

　① （宋）释赞宁：《宋高僧传》，《大正藏》第50册，第766页上。

筩"为装饰，同时以"百宝幡花"供养道场。武则天皇后登上皇位之后，仍然怀念香积寺，因而"频临净刹，屡访炎凉"，每次都"倾海国之名珍，舍河宫之秘宝"，大兴供养。一时，瞻仰礼拜善导大师灵塔的信徒络绎不绝，香积寺的规模也越来越大，建有 11 个院落，有"骑马关山门"之说。①

（四）善导的净土思想

善导的著作皆宣说净土教义，现存主要有五部：一是《观念阿弥陀佛相海三昧功德法门》一卷，简称《观念法门》，主要说明各种念佛、忏悔、发愿往生的方法；二是《转经行道愿生净土法事赞》二卷，简称《净土法事赞》，讲设立念佛净土道场的方法及在法会念诵的赞词和偈颂，还有忏罪发愿之文；三是《往生礼赞偈》一卷，讲解在六时礼赞阿弥陀佛，发愿往生净土的偈颂；四是《依观经等明般舟三昧行道往生赞》一卷，简称《般舟赞》，劝人专修念佛，发愿往生的赞颂，说明修学般舟三昧行道的方法；五是《观无量寿佛经疏》，简称《观经疏》，因有四卷，也称《四帖疏》，内容主要是论证《观经》要义，尤其是详细解释净土十六观，反映了善导净土思想的基本内容。以上善导大师的著作世称"五部九卷"。

值得惋惜的是，善导大师的大部分著作在中国传世不到两百年，便随着"会昌法难"、五代十国战乱渐渐佚失。直到一百年前，昙鸾大师《往生论注》、善导大师《观经四帖疏》等典籍在杨仁山等人的努力下，才从日本回流中国。

清末民初的印光大师，有缘拜读善导大师五部九卷，对大师教法拳拳服膺，深心仰服。印光大师在《文钞》中，字里行间充满了对善导大师的无上赞叹：善导和尚，系弥陀化身。有大神通，有大智慧。其宏阐净土，不尚玄妙，唯在真切平实处，教人修持。至于所示专杂二修，其利无穷。又赞大师专修念佛的主张为"金口诚言，千古不易之铁案"，所以，大家公

---

① 参见悟真寺编辑组编著：《善导大师的故事》，安徽弘愿寺印行。

认善导大师阐释净土宗的"五部九卷"乃楷定古今之作。

关于善导著作及其思想的研究已有很多成果，论文和书籍不断推出，春兰秋菊各有千秋，陈扬炯先生《中国净土宗通史》一书中相关阐释，提纲挈领，深刻专业。净宗法师所著《善导大师的净土思想》一书，详尽全面，深入浅出。本书依据善导大师著疏，参考各种成果，总结、梳理概述善导大师"五部九卷"中的净土思想如下。

1. 要门与弘愿二门

善导对净土宗的判教，是建立在道绰总判圣净二门的基础之上的，于净土门内又进一步细判。他细判为两种不同的教门，一种是"要门"，一种是"弘愿"，目的是要引导信众由要门进入弘愿。

要门，就是重要的意思，是指各种善行回向求生西方极乐世界。这样对于各宗各派的人，有一个摄受的门径，就原来所学所修导入净土门。弘愿，"弘"是弘广、弘大，"愿"就是四十八愿，阿弥陀佛的本愿。善导大师说"一切善恶凡夫得生者，莫不皆乘阿弥陀佛的大愿业力为增上缘也"。无论善人恶人，无论是上品上生，还是下品下生，都是凭着阿弥陀佛的愿力加持往生的，悉由弘愿所摄受。

善导大师判教的目的，在于从两者中间做出抉择，称之为"要弘废立"，他借用天台教相，以"为实施权"、"开权显实"、"废权立实"三个步骤来进行"废立"。最后善导总结："上来虽说定散两门之益，望佛本愿，意在众生一向专称弥陀佛名。"[1]意思是释迦牟尼佛从《观经》一开始，一直到最后结尾，虽然讲说了"定散两门之益"，无论讲观想念佛、观像念佛，还是实相念佛等等，但是最后还是要归结到持名念佛上，其原因善导说："乃由众生障重。境细心麁。识颺神飞。观难成就也。是以大圣悲怜。直劝专称名字。正由称名易故相续即生。"[2]

---

① （唐）释善导：《观无量寿佛经疏》，《大正藏》第37册，第278页上。
② （唐）释善导：《往生礼赞偈》，《大正藏》第47册，第439页上。

善导大师细判要门和弘愿，有双重引导作用。第一重，导圣道入净土要门。圣道门的修行者，如果他们修行成就了，解脱了，则不在此列；如果修行疲软乏力，解脱遥遥无期，那么，可以把他们原来修行的定善、散善的功德回向求生极乐，这样就进入净土要门。第二重，导要门入弘愿。引导要门定散二善的行者，也就是杂行的人，进入专修念佛正定之业。

2. 净土三心与机法二信

前面已明善导对净土宗的判教二门，其目的都是导入净土，而导入净土之后的修行实践落实在何处，以什么方式安身立命便是紧要话题。善导大师楷定古今，也包括对净土宗行人身心修行的要求，而佛教尤重发心，所以如何安心，是净土宗修行的重中之重。在《观经》第十四观叙述"上品上生"时，佛告阿难及韦提希说："若有众生愿生彼国者，发三种心，即便往生。何等为三?一者至诚心，二者深心，三者回向发愿心。具三心者，必生彼国。"[①]善导大师在《观经散善义》等著作中对此多有发挥。

首先，关于至诚心。《观经疏》言："至者真，诚者实。"至诚心，也就是真实心。接着又说，一切众生身口意业，必须要于真实心中作。不得外现贤善精进之相，而内怀虚假，甚至贪瞋邪伪，奸诈百端，恶性难调，事同蛇蝎。真实又有两种，净土宗称之为"二利真实"。一者自利真实，又有舍与修两种。第一，要以真实心断除诸恶；第二，要以真实心勤修众善。二者利他真实，共有身口意三类六种：于真实心中，口业赞叹阿弥陀佛；以真实心口业厌离娑婆。于真实心中，身业合掌礼敬四事供养阿弥陀佛；身业厌离娑婆。又真实心中，意业思想观察忆念阿弥陀佛，意业厌离娑婆生死三界。

其次，关于深心，也就是"机"、"法"二信。善导特别重视信心，昙鸾把信心归结为醇心、一心、相续心，善导则把信心的内容分为"信机"和"信法"。就净土宗而言，"机"就是众生，"法"特指阿弥陀佛的救度。

① 《佛说观无量寿佛经》，《大正藏》，第12册，第344页下。

善导大师解释《观经》上品上生章当中的"深心"言:"深心者,即是深信之心也,亦有二种。一者决定深信:自身现是罪恶生死凡夫,旷劫以来常没常流转,无有出离之缘。二者决定深信:彼阿弥陀佛四十八愿,摄受众生;无疑无虑,乘彼愿力,定得往生。"①第一,也就是信机,观察自己过去、现在、未来,发现自己的处境和无力。第二,就是信法,相信念佛必定往生。又在《往生礼赞》里也有此说。同时善导强调机法两种深信缺一不可。

最后,关于回向发愿心。善导大师在《观经疏》中解释,即是将自己过去生以及现在生,所有身口意业,所修积世出世间一切善根,都以真实心深信心,回向愿生阿弥陀佛极乐国土。后面大师还劝净土宗行人,回向发愿愿生彼国,必须于决定真实心中回向,必须于决定深信心中回向求生。善导大师还言:"所谓回向者,生彼国已,还起大悲,回入生死教化众生。"②可见回向有两种含义:一者回向西方;二者生彼国已,复回入生死,度化众生。

这三种至诚心、深心、回向发愿心,三心既具,就成为往生极乐世界的内因,也是其必要条件。所以,净土宗非常重视这三心,后世不断阐释、提倡。

3. 二行、二业、四修

前文探讨了净土三心,尤其信心视为关键,心即已安,当起现行,净土宗的修行到底在行为中如何落实,善导大师有杂行与正行、正定业与助业之分。

《观经四帖疏》"深心释"说:"就行立信"者,然行有两种:一者"正行",二者"杂行"。正有纯正、正直两种意思,正行即纯而不杂之行、直达目标之行。反之,杂行即不纯粹之行,绕弯迂回之行。《观经疏》中说:

---

① (唐)释善导:《观无量寿佛经疏》,《大正藏》第37册,第271页上。
② (唐)释善导:《观无量寿佛经疏》,《大正藏》第37册,第273页中。

"言正行者，专依往生经行行者，是名正行。"就是说专门依往生经所讲的行持方法来修行，这叫正行。

善导大师分别列了五种正行："读""观""礼""称""赞"。第一，读。一心专读诵此《观经》《阿弥陀经》《无量寿经》等。第二，观。一心专注思想、观察、忆念彼国正依二报的庄严，即是极乐世界外在环境和所住众生的具体情况。第三，礼。一心专礼阿弥陀佛。第四，称。一心专念阿弥陀佛名号。第五，赞。一心专赞叹供养阿弥陀佛。与上述五点不符合，反之则成为五种杂行。接下来善导比较了正行和杂行的功过得失。善导大师言："若修前正助二行，心常亲近，忆念不断，名为无间也。若行后杂行，即心常间断，虽可回向得生，众名疏杂之行也。"①他还表明了五种得失对比：一亲一疏、一近一远、一无间一有间、一不回向一回向、一纯一杂。

修行正和杂，导致的最后结果也是不同的，专修正行，"若能如上，念念相续，毕命为期者，十即十生，百即百生"。即所有修正行的人都保证能往生，因为"无外杂缘得正念故；与佛本愿得相应故；不违教故；随顺佛语故"。但是如果修杂行，善导大师说："若欲舍专修杂业者，百时稀得一二，千时稀得三五。"因为"乃由杂缘乱动失正念故；与佛本愿不相应故；与教相违故；不顺佛语故；系念不相续故；忆想间断故；回愿不殷重真实故；贪瞋诸见烦恼来间断故；无有惭愧忏悔心故；又不相续念报彼佛恩故；心生轻慢，虽作业行，常与名利相应故；人我自覆，不亲近同行善知识故；乐近杂缘，自障障他往生正行故。"②

另外，善导还把五种正行再次进行了细分。正行有五种，但是，这五种并不是等量齐观，也不是缺一不可，而是有主有次，有止有助。以其中的第四称名正行最为主要，必不可少，称为"正定业"。正定业就要求"一心专念弥陀名号，行住坐卧，不问时节久近，念念不舍者，是名正定之业，

---

① (唐)释善导：《观无量寿佛经疏》，《大正藏》第 37 册，第 272 页上。
② (唐)释善导：《往生礼赞偈》，《大正藏》第 47 册，第 439 页中。

顺彼佛愿故"。①其他读诵、观察、礼拜、赞供四种正行，称为"助业"，各依根机，根据需要。即使修行助业，也是为了辅助进入"专称佛号"的正定业。

另外，善导还提出四修，即四种修行方式：恭敬修、无余修、无间修、长时修。用这四种修行的方式来策励上面的正行和正定业。

4. 称名念佛必得往生

在净土宗所有修行方式中，正行中的正定业"一心专念弥陀名号，行住坐卧，不问时节久近，念念不舍"的念佛法门是净土宗最重要的修行方式，也极其受善导大师重视，《观经疏》讲"佛光普照唯摄念佛"；《往生礼赞》讲"唯观念佛众生摄取不舍"、"唯有念佛蒙光摄"；《观念法门》讲"总不论照摄余杂业行者"；《般舟赞》讲"唯觅念佛往生人"、"照觅念佛往生人"。而在念佛方法中，善导大师偏重称名念佛，强调称名念佛的必要性，这是善导大师净土思想的核心思想之一。净宗法师把善导大师这一思想总结为八条：本愿不虚，称名必生；名号本义，称名必生；不择根机，称名必生；不问时节，称名必生；不问罪福，称名必生；不虑妄念，称名必生；不顾贪瞋，称名必生；诸佛作证，称名必生。②

善导对称名念佛之重视是其净土思想的特色，这种说法在他的各种著述中比比皆是。

5. 善恶凡夫能生极乐报土

有了前面的引入、安心、立行，往生既定。那往生的极乐世界到底是个什么样的世界？善导大师斩钉截铁地指出往生的极乐国土是阿弥陀佛的报土，而且五逆谤法的罪恶凡夫都能往生。

极乐世界虽说五乘齐入，但有人认为圣者优先，上根利智优先，甚至认为凡夫是不能往生的，比如净影慧远等人认为极乐世界只有登地以上的

---

① （唐）释善导：《观无量寿佛经疏》，《大正藏》第 37 册，第 272 页上。
② 释净宗：《善导大师的净土思想》，安徽弘愿寺印行。

菩萨才能往生。而善导大师在《观经疏》中说："诸佛大悲于苦者，心偏愍念常没众生，是以劝归净土。亦如溺水之人，急须偏救；岸上之者，何用济为。"所以可见，善导认为在阿弥陀佛的救度中，业深障重之苦者优先，罪业深，烦恼重，妄想多，在圣道门修行是障碍，在净土门这样的人反而优先。

善导认为九品往生者全是凡夫，《观经》所讲往生九品都是凡夫，九品的差别是因为所遇的因缘不一样。《观经疏》中对九品总结说："又看此《观经》定善及三辈上下文意，总是佛去世后五浊凡夫。但以遇缘有异。致令九品差别。何者？上品三人是遇大凡夫。中品三人是遇小凡夫。下品三人是遇恶凡夫。以恶业故临终藉善。乘佛愿力。乃得往生。到彼华开方始发心。何得言是始学大乘人也。若作此见。自失误他。为害兹甚。今以一一出文显证。欲使今时善恶凡夫同沾九品。生信无疑。乘佛愿力悉得生也。"①按善导的意思遇见大乘佛法叫遇大凡夫，遇见小乘佛法叫遇小凡夫，遇见恶缘叫遇恶凡夫，每个人本质上都是凡夫。弥陀净土就是为凡夫而设的，善恶凡夫欲往生，靠自己的力量当然不能解脱，只要"生信无疑"，乘佛的愿力皆可往生，所以，九品之人都要念佛，方能乘佛的愿力"悉得生"。②

善导不但认为凡夫能往生，而且五逆谤法者都能往生。《无量寿经》中四十八愿之第十八愿不允许这类众生往生，说"唯除五逆，诽谤正法"；《观经》下品下生却说五逆罪人称名得生，但谤法者仍然不许往生。昙鸾和道绰都赞成《观经》，认为五逆罪人可以下品下生，但是谤法者仍然不得生。但善导大师对《观经》的释文当中就去掉了"唯除五逆，诽谤正法"。在《法事赞》里又说："以佛愿力，五逆十恶，罪灭得生；谤法阐提，回心皆往。"即使是五逆十恶之人、谤法阐提之辈，若回心念佛，也都罪消，通通可以往生极乐世界。善导解释，经中之所以提出"唯除五逆，诽谤正法"，是因

① （唐）释善导：《观无量寿佛经疏》，《大正藏》第 37 册，第 249 页上。
② 卞希东：《论善导在净土宗发展中的贡献》，新疆师范大学硕士学位论文，2008 年。

善导集其大成　长安尽赞莲邦

为"如来恐其造斯二过。方便止言不得往生。亦不是不摄也"。

另外，善导还提出西方净土是报土而非化土。阿弥陀佛的净土是报土还是化土，这个问题到善导大师时已经争论了近百年了。报土是圣人实修实证的净土，又分为自受用土和他受用土。化土，就是为二乘行人和凡夫所建的净土。进一步说，还有法性净土。一般佛教认为，一定是破无明的法身大士才有资格到实报庄严土。与善导同时代的窥基大师认为极乐世界既是报土，又是化土，对等地菩萨是报土，但对初发心菩萨和二乘、凡夫则是化土。唐代迦才也是相似观点。智者大师对极乐世界则划分为四土，后世蕅益大师也采用四土，分别是"凡圣同居土"、"方便有余土"、"实报庄严土"、"常寂光土"。四土是依据往生者断惑的程度，修行功夫的浅深，由往生者自己业识所变现的，但是总的来看极乐世界是阿弥陀佛的愿心所流现的一个净土，可以说实际上也就是一土，是实报庄严土，它是报土。善导大师针对当时各派注经家略有贬低净土体性的趋向，而将其作为化土的背景，高扬极乐世界是报土的说法。

善导大师提出五逆谤法众生也能往生极乐，而且极乐世界是报土，这是一个石破天惊的说法，对当时的佛教和后来的净土宗发展有极大的影响。

6. 净土仪轨的建立

仪轨是佛教活动中规范化的一套念诵程序和事相规则，仪则规范是宗教必不可少的重要组成部分。净土宗至善导时已基本完成理论创造，在教理方面已经成熟，同时需要制定出相应的仪轨，这个任务也是善导大师完成的。

善导大师的五部九卷除了《观无量寿佛经疏》四卷主要阐述净土教义，其余四部五卷称为"具疏"，附属于《观经疏》，主要讲实践和仪轨，因这四部五卷由赞颂组成，为转经行道而作，所以又称为"行仪卷"。陈扬炯先生的《中国净土宗通史》中将善导大师的净土仪轨分为以下四部分。

第一，转经行道的仪轨。《法事赞》具名《转经行道愿往生净土法事赞》，记弥陀三昧之行业及偈颂。所谓转经有两种含义：其一是寻常之读经，每行阅过，谓之真读。其二，转经与读经有别，只是一种仪式，转读之法，唯读每卷之初中后数行，而转翻经卷，作读经的样子而已。行道，指排列成行，绕佛礼拜或念佛，或者一边撒花，一边诵经绕行。《法事赞》上卷，首先列举奉请偈、启白、召请、三礼、表白、赞文等，其次说明行道赞梵偈、赞文、七周行道、披心忏悔，乃至发愿等行事之次第。下卷将《阿弥陀经》全文分成十七段，每段各加赞文，其次记载十恶忏悔、后赞、七周行道、叹佛咒愿、七敬礼及随意等轨式。其中还引用了《贤愚经》《华严经》《观佛三昧经》《地狱经》等所叙述的地狱相，以启发行者厌离秽土之心，又转读赞扬《阿弥陀经》以鼓舞行者欣羡净土之心。

第二，六时礼忏之法。善导主张昼夜六时必须拜佛礼忏，为此制定每个时间段唱诵的赞文和礼拜之法，称为《往生礼赞偈》。昼夜六时礼赞佛德，是净土信仰者的日课，于昼夜六时（晨朝、日中、日没、初夜、中夜、后夜）礼拜赞叹佛德，以及唱诵偈文等，并付于曲调，在法会之时使用，成为净土宗法会时所必用之重要法仪。善导大师在篇首指明写作目的："谨依《大经》及龙树、天亲、此土沙门等所造往生礼赞。集在一处分作六时。唯欲相续系心助成往益。亦愿晓悟未闻，远沾遐代耳。"文中总体概括了六时礼忏：

第一，谨依《大经》释迦及十方诸佛赞叹弥陀十二光名。劝称礼念定生彼国。十九拜，当日没时礼。

第二，谨依《大经》采集要文。以为礼赞偈。二十四拜，当初夜时礼。

第三，谨依龙树菩萨愿往生礼赞偈。十六拜，当中夜时礼。

第四，谨依天亲菩萨愿往生礼赞偈。二十拜，当后夜时礼。

第五，谨依彦琮法师愿往生礼赞偈。二十一拜，当晨朝时礼。

第六，沙门善导愿往生礼赞偈。谨依十六观作。二十拜，当午时礼。[①]

在下面的偈颂后，善导还指出，忏悔法有要、略、广三种。又把忏悔

① （唐）释善导：《往生礼赞偈》，《大正藏》第47册，第438页中。

善导集其大成　长安尽赞莲邦

之相分为上品忏悔、中品忏悔、下品忏悔。

第三，般舟三昧行道往生之法。善导作《般舟赞》，又称《般舟三昧往生赞》，全称《依观经等明般舟三昧行道往生赞》。依《观无量寿经》《弥陀经》《无量寿经》《般舟三昧经》等，作净土赞文，明示般舟三昧行道往生之法，分序文、正赞、结劝三科。序文以自劝劝他为往生净土之正因，并广赞净土之种种庄严。又讲"三业无间"，强调行此三昧，身口意三业相应。正赞有七言偈赞三十七篇二百八十一行半，各上句附"愿往生"，下句附"无量乐"，等相唱和，赞叹极乐净土的依正二报庄严及三辈九品往生等相，以及地狱的苦难景象。最后的结劝终偈云："行者等努力努力，勤而行之，常怀惭愧，仰谢佛恩，应知。"

第四，观念法门。善导大师撰《观念法门》，又称《观念阿弥陀集》，全称《观念阿弥陀佛相海三昧功德法门》。观念法门整个思想就是令众生专修念佛，不修余行是名念佛三昧。其主要有"观佛法门"和"念佛法门"两部分。观佛法门依照《观无量寿经》《观佛三昧海经》，观阿弥陀佛真金色身圆光彻照端正无比，行者等一切时处昼夜常作此想，行住坐卧亦作此想，每常住意向西，及彼圣众一切杂宝庄严等相，如对目前。其中对坐姿和观想的具体方法都作了规定。念佛法门的主要内容有，第一，入三昧道场之行相，主要讲念佛法门的种种仪轨，内容相当复杂；第二，无缘聚德，阐释念佛有五种增上缘，即灭罪增上缘、护念增上缘、见佛增上缘、摄生增上缘、证生增上缘；第三，劝人修行。[①]

在这些仪轨当中也表现出善导大师重视地狱思想，而且善导对后世净土宗重视宣扬地狱之苦有很大影响。《般舟赞》中以偈颂的形式对地狱的情形作了详细的描述：

> 七重铁城门门外，铁蟒举头城上出。
> 火炎刀轮从口出，亦皆流注罪人上。

① 参见陈扬炯：《中国净土宗通史》，江苏古籍出版社，2002年。

四角铁狗身毛孔，亦雨烟火人身上。

罗刹擎叉刺心眼，皆由心眼堕泥犁。

热铁地上无穷苦，罪人或卧或行走。

大劫尽时眼中见，东门城外清林泉。

罪人一时向东走，临临欲到门还闭。

如是四门遥半劫，铁网钩身如棘林。

上有鹰鸟啄人肉，地有铜狗争来食。

地上虚空无避处，动即苦具转弥多。①

在《净土法事赞》中也大谈地狱之苦，而且指出面对将来有可能堕入地狱这种可能性的应对方法。文中言："弟子众等今闻地狱。心惊毛竖。怖惧无量。恐畏残殃不尽复还流浪。今生已来纵暴三业。造众重罪。若不忏悔定招此苦。无有出期。今对三宝道场大众前。发露忏悔。即安乐。知而不敢覆藏。唯愿十方三宝法界众生。发大慈悲。广大慈悲不计我恶。如草覆地。布施欢喜。受我忏悔。忆我清净。唯愿不舍慈悲摄变我等。已作之罪愿除灭。未起之罪愿不生。已作之善愿增长。未作之善方便令生。愿从今日乃至不起忍已来。誓共众生舍邪归正。发菩提心。慈心相向。佛眼相看。菩提眷属。真善知识同生净土。乃至成佛。如是等罪永断相续。更不敢覆藏。发愿已。至心归命阿弥陀佛。"②也就是说，防止堕入地狱的出路就在于诚心忏悔，求生极乐。

善导继承慧远、昙鸾、道绰三大师以来的净土思想，经过唐高祖、唐太宗、唐高宗三朝，在长安正式创立净土宗，弘传净土宗念佛法门，并进一步丰富和发展净土宗理论体系，澄清了许多当时对净土法门理解的偏差。同时身体力行、大力弘扬念佛法门，影响极其广泛，为净土宗在中国的流布提供了良好的民众基础，对中国佛教发展有很重要的影响。

---

① (唐)释善导：《依观经等明般舟三昧行道往生赞》，《大正藏》第47册，第448页上。
② (唐)释善导：《转经行道愿往生净土法事赞》，《大正藏》第47册，第430页中。

善导大师在长安弘扬净土法门时，正处于唐朝的贞观盛世，来自周边国家的留学生络绎不绝，这些学问僧也把净土法门传回了日本。据日本大正大学大野法道在其所著《中日佛教关系研究善导大师与日本》中记载，善导大师的著作在日本天平时代就已传入日本，而且善导大师的这些佛学著作传入日本后，广为日本天台宗、三论宗和法相宗诸大师引用与弘扬。[①]

日本净土宗的宗祖源空（谥号法然上人，1133—1212），读善导大师《观经四帖疏》有感，遂开创了日本佛教的净土宗，善导大师的净土思想被奉为正宗，善导大师被日本净土宗尊为高祖。为感念祖德、追仰祖恩，仅日本净土宗一派，至少有十家寺院冠名为"悟真寺"，四十家寺院名"善导寺"，而以大师别号命名的"光明寺""光明院"竟多达近百所，可见善导大师的净土思想在历经千余年后，仍在异国推崇备至。[②]

---

① 转引自崔玉卿：《善导思想研究》，载《五台山研究》，2010年第1期，第21页。
② 朱凤岚：《善导大师及其净土思想特色》，《佛学研究》，2012年第1期。

四、流风余韵相续　诸祖应时出新

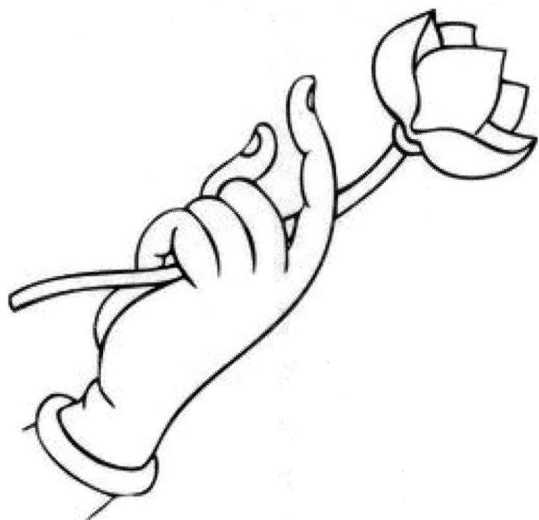

（一）蓬头垢面褴褛裹神僧——五祖唐代承远

般舟仆隶帝王遥礼，粝食草土委掷钱米。

勤诱专念教魁普济，恶衣侍佛宏域先启。①

明末四大高僧之一憨山德清在《八十八祖道影传赞》中为承远所做的赞诗中，非常准确地总结了承远的特征，概括了他的清贫修行、弘扬净土宗的特殊方式，以及德行感化。

1. 结庐清贫念佛

承远（712—802），生于四川。承远从小深受儒家思想的熏陶，并常常考虑生死的问题，但是始终没有寻找到自己认同的答案。一次偶然的机会，他听闻一位佛教徒谈佛家尊胜真言的利益，忽然感觉到自己好像听过这个真言的律动和节奏，就生起了探索佛教的想法。随着承远对佛教经典的了解不断深入，他发现佛教对于宇宙人生的一些观点可

唐般舟承远大师

承远大师像

以解决自己心里的种种谜团，而且会把自己带入一个新的世界和视角，承远不禁为之震撼。就这样，二十四岁时，承远到荆州玉泉寺惠真法师座下剃度。一次，惠真法师告诉年轻的承远："南岳衡山有一位大德律教法师，名为通相，你可去亲近他。"于是承远遵从师命前去拜谒，并在通相法师处受具足戒，在其座下学习经教和律法。

一天，他听说钦仰已久的净土宗大德慧日法师离京去往广州，承远求法若渴，当下便开始跋山涉水，满怀恭敬地前往跟随。慧日大师对净土宗的研究造诣颇深，见解独到，在修行上更有切身的体会，提倡持名念佛就

① （明）释德清：《八十八祖道影传赞》，《卍续藏》第 86 册，第 627 页中。

是具足了往生西方极乐世界的正因。在慧日三藏座下，承远很少说多余的话，一心一意把该做的每一项任务都处处落实，老实地听从师父的悉心教导，依《无量寿经》修念佛三昧。承远跟随慧日大师多年，在佛法义理和念佛修行上都突飞猛进。慧日法师看到承远已经具足弘法利生的条件，就教示他需要有大乘的精神，不可独善自身，应当以度众生为己任。后来承远毅然决然地回到衡山，决心精进修行念佛法门，度脱众生。

天宝元年(742)承远归于衡山，在山的西南一角建立了一个简陋的茅草屋，房内供奉了阿弥陀佛的经像。就这样，承远大师开始了安贫乐道、精进念佛的日子。《净土圣贤录》中描述，承远每次在路上看到人们丢弃的食物，不忍浪费，就当做宝贝一样捡起来，拍打两下上面粘的泥土，然后满心欢喜地开始食用。有时捡不到食物，他就吃着山林间的野果，喝着山涧的泉水，一样心地清净欢喜。即使这样的生活，承远也不求供养，穿衣服也只求可以遮住身体和基本保暖。

就这样承远坚持清苦修道，时间一长，周围地区便传开了。随即慕大师之名前来求道的人不绝于路，但他们常见一人身形羸弱，躬负薪樵，尘垢满面，都以为是承远大师的侍者而瞧不起，甚至慢待，后来才知道这位让人印象深刻的衣衫褴褛、蓬头垢面的僧人，正是承远大师本人，不得不更生敬重，也不免为自己的以貌取人而心生惭愧。据说，承远大师砥砺德行，万缘放下，一心念佛，深得念佛三昧，常常见到极乐世界阿弥陀佛与诸圣众，自得其乐，逍遥自在。

2. 权巧度众生

承远大师除了自己勤行三昧，享受法乐，同时他也时常挂念师父慧日大师的叮嘱和自己度生救世的悲愿，他以热忱的心力投身到弘教济生的事业当中。凡有求道问法者，皆立中道而教之权巧，体现了大师在教义方面的通达。但是，更多时候，承远大师悲悯众生，深知念佛法门之殊胜，所以，为使信众在修行上能速得成就，经常特示专念法门，教导念佛求生净土。一时间，南及海裔，北白幽都，来求道者摩肩接踵。《净上圣贤录》云："人从而化者万记。"可谓法缘鼎盛，群萌普荫。

此外，为了方便度化一切有缘众生，承远突发奇想，将阿弥陀佛名号及净土经典中的精要章句等，书写在人群来往较多的巷道里，或是刻在溪谷山崖的岩石上，使人们耳濡目染，互相传诵，以达到更好的弘法效果。承远以此为助缘，精勤不懈地诱导激励众生信愿念佛，契理契机，良苦用尽。

后来，大师的德行名闻遐迩，跟随学道者或前来拜谒者不断增多。当时许多善信见承远大师的生活过于清苦朴素，实在不忍心，于是发心"负布帛，斩木石，委之岩户"，用以庄严道场供养法师。承远对于发生的一切随缘而化，泰然处之，不去攀求，也并不刻意地去阻拒，任其自然发展。不久以后寺宇已具规模，遂改名为"弥陀台"。多余的物资，布施给饥馑与疾病的人们，承远则仍然一如既往地坚持俭朴的生活习惯和刻苦的修行作风，于道场中用功办道，弘教济生。此后数十年如一日，始终不改苦行僧风范。

3. 法照拜谒承远

承远大师与莲宗六祖法照大师的相识有一段让后人称叹的殊胜因缘。据柳宗元的《南岳弥陀和尚碑并序》和吕温的《南岳弥陀寺承远和尚碑》以及《新修往生传》中记载，法照大师在庐山修习禅定，一日，于禅定中神游极乐世界，见一褴褛僧人侍立在佛侧，法照见此人与极乐世界众生大不相同，非常诧异，询问后，阿弥陀佛告诉他，此恶衣侍佛者便是南岳的承远大师。出定后，永泰元年(765)法照大师即往衡山面谒承远大师，悲喜流涕而受其教诲，转修净土，一心念佛。

大师德业昭昭，悲心深重，自然德风远被，甚至连远在长安的唐代宗也对大师深表敬仰。一次，唐代宗问法照国师："敢问大师的老师是谁？"法照大师说："大德衡山承远大师。"进而向代宗介绍了承远大师的仪行。

唐代宗听后，大为感叹，于是起身向南礼拜承远大师。另有时任永州司马的柳宗元也为大师制碑撰文，可见大师感召力之广泛。

4. 临终教令念佛

唐德宗贞元十八年(802)七月十九日，承远预知时至，与徒弟说："国土空旷，各宜努力。"就说了这么一句话，之后恬然面西，在阵阵念佛声中，寂然端坐而逝，香气四溢，经久不止，在场大众殷勤赞叹，并发深切之愿念佛求生极乐净土。大师享年九十一岁，僧腊六十五年。其遗骸葬于寺之南岗，安置灵塔以志千古。

从现有的史料中，没有见到承远大师的著作。这和他专注实修有关，大师所行乃不言之教。承远大师一生唯有两件事在意：其一，专心念佛；其二，教化众生。大师以自己毕生不可思议的清苦行迹和契理契机的弘法方式教导众生，取得了卓著的成效，对净土宗的发扬光大做出了表率和贡献。

（二）钵中观景竹林问二圣——六祖唐代法照

五会缘兴感五云，佛声遥使帝宫闻。

当年不受文殊教，历劫何由获妙熏。[①]

法照大师像

从这首明代道衍法师所作的赞诗中，可以看到一些关于法照非常关键的信息，比如五会念佛的建立，帝王对他的青睐，以及多次蒙文殊菩萨指导或感召祥云应瑞等传说。

1. 少年参学

法照(747—821)，俗姓张，兴势县大傆里

---

① (明)释道衍：《诸上善人咏》，《卍续藏》第78册，第170页中。

释子山人(今洋县洋州镇孤魂庙村)。法照出生在一个贫寒之家,小时候做放牛娃给附近的朱员外家放牛。当地民众代代口耳相传,至今还流传着关于法照大师小时候的传奇故事。据说,放牛娃常在漤水河边放牛,经常整天不回员外家吃饭,老员外担心他把牛丢了,就去查看。结果员外到漤水河边看到牛在吃草,却不见人,但是牛周围火光四射,员外大惊,正要叫人,放牛娃突然来了,火光也不见了。后来老员外才知道,放牛娃常到附近的积庆寺和住持和尚来往,偶尔也有官道上来的外地和尚给放牛娃教念佛。放牛娃宿具善根,功夫了得,他放牛时,就在地上画个圆圈,牛在里面吃草,既跑不掉又没有人能拉走。后来放牛娃随积庆寺的僧人出家。

少年法照曾游庐山、衡山,参访学习。据柳宗元的《南岳弥陀和尚碑并序》和吕温的《南岳弥陀寺承远和尚碑》记载,永泰元年(765),法照因为曾在庐山修行时在定中游极乐世界看到承远,便往衡山面谒承远大师,精进不懈,著书立说,创五会念佛。同年四月法照于南岳弥陀台广发弘愿,尽此形寿,每夏九旬,常入般舟念佛道场,决定毕生修持净土法门。

2. 启建五会道场

法照大师专修念佛法门,经常开示五会念佛。五会念佛是法照对净土宗的最重要贡献。根据文献记载,大历元年(766),也就是法照拜访承远不久之后,便在弥陀台作《净土五会念佛略法事仪赞》和《净土五会念佛诵经观行仪》,在理论上完成了五会念佛的创造。法照还在文中自述:"自己曾经精进念佛,到了第十四天晚上,忽然感觉身处极乐世界,看见阿弥陀佛,并恳切询问道:'祈请阿弥陀佛慈悲开示,有什么妙法可以修行?'阿弥陀佛回答:'我有一种无价的清净声音的念佛法门正好适用于五浊恶世的修行。'话刚说完,极乐世界的诸上善人还有水木丛林花鸟,都开始以五会的方式念佛。"法照大师当时就记下了这样的念佛方法。阿弥陀佛还告诉法照:"如果你依照这样的念佛方法念佛,会有极乐世界的国土、行树、众鸟,所有的菩萨大众,无量的音乐在虚空中,与你共同演畅这样的念佛之声。"

所以，净土宗认为五会念佛就是阿弥陀佛亲自传授给法照的念佛方法。可惜，此五会念佛现在已经成为绝响。

《广清凉传》记载，公元769年夏天，法照大师在衡州湖东寺启五会念佛道场。据记载，在这次引领大众五会念佛时，感得五色彩云驻于寺院上空，祥云之中又涌现了宫殿楼阁，阿弥陀佛与观音菩萨、大势至菩萨庄严而立，下心含笑。在场的所有人都清楚地见到这般场景，无不至心信乐，稽首顶礼。据说，这样的神奇景象持续了大约四个小时才散去。

此五会念佛方法正是法照大师净土法门的主要特色，以《无量寿经》作为根本引导。经云："清风时发，出五音声，微妙宫商，自然相合……闻其音者，得深法忍，住不退转，至成佛道。"法照依照经中指示，提出五会念佛法：第一会，平声缓念南无阿弥陀佛。第二会，平上声缓念南无阿弥陀佛。第三会，非缓非急念南无阿弥陀佛。第四会，渐急念南无阿弥陀佛。第五会，转急念阿弥陀佛四字。

法照又总结赞叹："凡是这样念佛的人，在当今一生之中就可以脱离五浊恶世的烦恼，去除五苦的煎逼和贪嗔痴慢疑的覆盖，横截六道轮回，具足肉眼、天眼、法眼、慧眼、佛眼的能力，拥有圆满的信根、精进根、念根、定根、慧根，以及信力、精进力、念力、定力和慧力。"

3. 游学五台山

大历二年(767)，法照来到衡州(今湖南衡阳市)云峰寺。《庐山莲宗宝鉴》和《净土往生传》等文献记载，同年二月十三日，法照在云峰寺斋堂正在用餐时，突然从钵盂中看见五色祥云光耀绚丽，彩云之中有一寺院，寺院的东北处有座秀美的高山，山下清流激湍，在此山涧之北有一石门，门内又有一寺院题曰"大圣竹林寺"五个金字。钵中的场景让法照宛如身临其境，真实而又清晰，然而内心却怀疑是自己的幻觉。过了几天，大师又在钵中看见五色云彩、亭台楼阁等皆微妙无比，没有此界所见之土石秽恶，而是纯金色界，众宝交错，万千菩萨杂处其中，种种妙相宛若诸佛严净国土。法照心里很疑惑，就以这样的情况咨询了其他大德，其中有嘉延、昙晖二僧告诉他："圣神变化，不可情测。若论山川势面，乃五台也。"这时候，法照大师就有了朝拜五台山的想法，然而有很多阻碍，一直未能前去。

《广清凉传》等文献中说，有天晚上，法照遇到一位老人对自己说："法师曾经发愿朝拜五台山，为何迟迟不行呢？"法照惭愧地回答道："障难甚多，路途遥远，怎么去得了呢？"老人说："只要肯下定决心，道路遥远困难又怎么能挡住呢？"话音落毕，老人旋即不现。法照甚感惊异，思索再三，认识到自己志向未坚，所以马上进道场在佛像前重发诚愿："愿以此身，奉觐大圣，准夏满前往，任是火聚冰河，终无退堕。"

767 年八月十三日，法照跟同道数人，从南岳出发，远诣五台。一路上顺风顺水，大历五年(770)四月五日，大师众人到达五台县佛光寺。据记载，法照晚上看见远远地照过来金色光明，他循着光明的所在之处行走了五十里，看到一座峻美的山峰，山下有涧，涧北有一石门，随即见到两位童子，分别自称善财和难陀。两位童子带着法照走到一个寺院门口，他抬头一看，硕大的牌匾上写着"大圣竹林寺"。回想起当年在钵中所见到的场景，果然分毫不差。传说，大师走进寺院后，忽然看见文殊菩萨在西面，普贤菩萨在东面，各据狮子座而为大众讲法，巍巍之音，声声入耳。大师先向两位菩萨恭敬作礼，问道："末法时代，凡夫垢障深重，知识隘劣，佛性没有办法显现。佛法浩瀚，不知道修哪个法门最为其要？"文殊菩萨告曰："你现在修念佛法门，专念南无阿弥陀佛，正是最契合时代的法门。修行的方法有很多，没有比念佛法门更好的了。供养三宝，福慧双修，这两种法门是行善最为重要的了。我就是因为无量劫前忆佛念佛的缘故，得一切种智。所以一切诸法，般若波罗蜜，甚深的禅定，乃至诸佛，皆从念佛而生。念佛法门，是诸法之王。"大师又问："那应该怎样念佛呢？"文殊菩萨说："在这个娑婆世界西方，有一尊名为阿弥陀佛的佛，他的愿力不可思议，你应当相续继念，不要有间断。命终之时，决定往生，得不退转。"

说是语已，文殊、普贤两位大菩萨舒金色臂，为法照大师摩顶授记："汝以念佛故，不久当证无上正等菩提，若善男子等，愿疾成佛者，无过念佛，则能速证无上菩提。"法照听到菩萨亲口对他这样讲，所有的疑惑全部消散，法喜充满，欢喜信受，作礼而退。须臾之间，刚刚所见景象全部消失。法照心中若有所失，怅然悲感，于是在原地立了石碑，来纪念此次圣遇。

同年四月初八释迦佛诞日，法照大师于华严寺般若院西楼下安止。到了四月十三日，法照与五十余位僧众，同往金刚窟，至心顶礼三十五佛。法照礼拜第十遍时，忽然发现所在之处广大严净，七宝宫殿，文殊普贤俱会一处。法照看到这样的境界，唯自欣喜，没有告诉其他人，默然随众归寺。其夜三更时分，在华严寺般若院西楼，又看见有很多灯在寺东岩壑之畔，变化无穷，甚为奇妙。于是，法照乘夜独自一人前往金刚窟所，举身自扑，祈愿得见文殊大圣。突然见到梵僧佛陀波利。佛陀波利带他到一个内院，门额写着：金刚般若寺，光明遍照，寂静庄严，四处皆异宝庄严，光明闪烁，殿堂之中文殊大圣，处位尊严，无与伦比。大师得见此景，信念倍增，念佛修行更加勇猛精进。这些故事多种文献中都有或详或略的记录，颇为神奇。

法照大师屡屡见到圣境，从未跟别人谈过。唐代宗大历五年(770)十二月，法照于华严寺入念佛道场，下定决心，断绝饮食，给自己订好时间，以求克期取证，誓愿求生西方净土。据说，到了第七日的初夜，念佛之中忽然见到佛陀波利，进入道场问自己："你在五台山见到这么多圣境，为什么不对世人宣说？"话音刚落，僧人就隐没不见。大师心里非常疑惑，但还没有决定把看见圣境的事情告诉大家。于是，第二天，这个僧人又来询问法照，神色严峻地对法照言："法师于五台所见到的灵异境相，请普示众生，以令闻道生信，使发无上菩提心，而获大利乐，为什么你不这样做呢？"法照答言："实无心隐瞒圣道，惟恐闻者信念不坚，反而生疑心招致诽谤！"老僧开导说："大圣文殊，现在此山，尚招人谤，你又有什么可惜的呢？你就这样去做，使见闻者发菩提心！"于是法照大师便回忆自己所见到的境界，记录成册，这就是法照大师传世的另外一部著作《大圣竹林寺记》。后来，法照在五台山中台麓菩萨变化而有的竹林寺处，凭记忆中的印象，仿建了一所宏伟庄严的寺院，仍号竹林寺，以为永久纪念。翌年正月，大师与江东释慧从和华严寺僧众崇晖、明谦等三十余人再往金刚窟所，在立石标记处，瞻仰礼拜。这时又出现奇异景象，亲见的大众方知法照所见实为不虚。他们都感叹宿缘多幸，才得与同游，因而将这件事书写记录在金刚窟的屋壁上，普令见闻者，同发胜愿心，共修无上道。

大历十二年(777)九月十三日，传说，法照与弟子八人又在东台见有白光四道，紧接着便有五色奇云和红色圆光，文殊菩萨乘青毛狮王，涌现光中，在场大众全都清楚目睹这一殊胜景象。与此同时，天雨雪花，与五色毫光相和，遍布整个山谷。

4. 帝王敕封国师

大历十二年(777)以后，法照大师回到故乡洋县，在念佛岩庵居泉饮，日夜专念阿弥陀佛。民国《续陕西通志稿·金石》记载明·弘治二年(1489)乡贡进士城固孙让撰《重修念佛岩记》云唐代宗时："(法照)楼于此山岩石之下，专念阿弥陀佛，其声闻于长安，天子遣使以礼迎至京师，亲承其教。"代宗李豫赐号"供奉大德念佛和尚"、"五会念佛法事般若道场主国师"。"厥后，德宗御制赞词且有问焉，法照以竭答之豁然有悟。经赞流行，化人甚众，敕赐'大悟禅师'。"德宗赞法照曰："性入圆妙，得念正真，悟常罕测，诸佛了因。"敕赐"大悟禅师"。晚年法照居长安章敬寺。

法照大师笃志念佛，夜不倒单。《净土往生传》等记载，一天在念佛时突然再次看见梵僧佛陀波利进入道场。这次，佛陀波利对法照说："你在西方佛国的莲花已经长成，三年后花开。那时候你也就该往生了！"公元821年，三年时间到了，法照大师召集弟子们做最后开示："佛陀波利三年前告诉我，我在西方极乐世界的莲花已经盛开，如今往生期至。你们要各自精

107

进念佛，求生净土，我要走了！"就这样端坐向西，诸根悦豫，正念分明，安然往生。

法照一生专修念佛法门，以灵瑞之圣迹垂引众生，令当念佛，提倡五会念佛之法。赞叹念佛三昧于诸三昧中为最上之王，呵斥禅徒以念佛为执心着相的误解。法照开示：声音语言与第一义谛无二无别，念佛之法是诸佛共所印定的如来禅。法照大师弘扬净土，创立五会念佛，被封国师，德业为世人所共赞，后世公推为净宗祖师。

（三）别出心裁金钱度群儿——七祖唐代少康

自是弥陀大导师，一钱一念诱群儿。

化行新定如杏益，多少迷流上宝池。①

《诸上善人咏》的这首诗中，描写的这位以金钱诱劝小儿念佛，化行新定的僧人就是净土宗少康大师。他这种别出心裁而卓有成效的弘法方式，后世传为佳话，备受赞扬。

1. 拜服善导

少康大师像

少康（约 736—805），俗姓周，浙江省缙云县人。传说，少康的母亲罗氏有一次在梦中游玩鼎湖峰，见到一位玉女给她一支青莲花并告诉她："这支青莲花非常吉祥，现在把它交给你，你将会生下一个吉祥富贵的孩子，你一定要好生爱护。"之后降诞少康，那一天，房间里充满了芙蓉的香味，众人莫不称叹。

幼年少康，眉眼疏朗，朱唇皓齿，相貌

① （明）释道衍：《诸上善人咏》，《卍续藏》第 78 册，第 170 页下。

庄严端正，而且常常面带微笑地安静端坐着，同乡的人都认为少康不同寻常，很有将相的姿态。但是少康在七岁之前从未说过话，父母也不知缘由。一天，母亲带他到灵山寺拜佛，问道："你认识这位是什么佛吗？"少康忽然开口答道："释迦牟尼佛！"这是少康七年来第一次说话，母亲听了之后感觉十分诧异，深感儿子与佛有缘，就让他出家修行。少康十五岁受戒，年少有为，通晓《法华经》《楞严经》等五部大经的奥义。后来到会稽嘉祥寺，学究律部。五年后，少康又前往上元龙兴寺听讲《华严经》《瑜伽论》，朝夕不懈地深研佛学义理。此后数年，少康游历四方，参学善知识，大有进益。

《乐邦文类》等记载，唐朝贞元初年(785)，少康游学白马寺，忽然看见大殿之内有一本书屡屡放光，不可思议而心生好奇，所以走上前去一看，原来是善导大师的《西方化导文》。少康喜不自胜，又说道："要是我与净土宗有缘，那就再放更大的光明。"话音刚落，又见到光明闪耀，倍余上次。少康看到这样的情形欢欣鼓舞，当下发愿："劫石可磨，我愿无易矣！"后来，少康去往长安光明寺，专门拜谒善导大师影像，恭敬瞻礼，忽然看见善导大师画像化为佛身，并告诉他："你依从我的言教，广化有情众生，等到他日功成，必定往生西方极乐世界。"少康再次在内心生起无限欢喜，感佩自己有如此殊胜缘分，亲蒙善导大师教诲，故而坚定地一心投入净土法门，发愿广大法门。

2. 金钱戏小儿

少康亲蒙善导大师示现指示，一门心思研修净业，广征净土经典，勤苦念佛，潜心修习，念佛功夫突飞猛进。少康心中一直不忘善导大师让他"广化有情众生"的嘱托。于是，少康决定南下至湖北省江陵地区宣扬净土教义。传说，后来他在果愿寺偶遇一僧，对他说："你欲教化众生，应当去新定，你的化缘在于彼处。"说完，这位僧人倏然不见其影，唯见香光往西方而去。少康认定此乃神僧的指引，便决定去新定(今浙江省遂安县境)，阐扬净土圣教。

少康大师来到新定，这里的人们未曾得到教化，不懂得念佛，所以大师别出心裁地想了一个新的弘法方式。少康每日在城中托钵化缘，乞得钱后，就用奖励金钱的方式教小儿念佛。少康常找到孩子们玩耍的地方，对小孩子们说："阿弥陀佛是你真实的导师，你念一声南无阿弥陀佛，就给你一文钱。"孩子们为了得到钱，都跃跃欲试，争先恐后地念着南无阿弥陀佛，南无阿弥陀佛……几个月后，城中念佛的孩子们越来越多，大师又接着告诉孩子们："你们做得真好，现在你们念十句南无阿弥陀佛，再给一文钱。"就这样，少康大师坚持不懈地经过了一年的教化，新定地区的人们不管老幼贵贱都会念佛，大街小巷总是回响着佛号。

3. 示现念佛功夫

贞元十年(795)，少康见时机已经成熟，可以建大法幢了，就在乌龙山启建念佛道场，让大众有了一个正式的共修场地。少康与信众高筑坛场三级，规模宏大，聚集大众午夜行道念佛。每当到了斋日，四众云集，有三千人聚集到此地，大师登高而坐，随即高声念道："南无阿弥陀佛，南无阿弥陀佛，……"《宋高僧传》等记载，少康大师每念一声佛号，便有一尊佛从口中出，连念十声佛，就有十尊佛从口中出，状若连珠，四众见者啧啧称奇，叹未曾有。大师还对在场大众说："在场各位，刚才凡是看到佛像的人，必定往生西方极乐。"在场弟子们听到大师这样开示，无不欢喜踊跃，更加信愿念佛，在场也有少数人没有看到佛像，则懊悔自责，因而更加努力地修行念佛。

唐贞元二十一年(806)十月，少康大师预知时至，召集四众弟子，做最后的开示："对于西方极乐国土，应该发起欣然乐往的心，而对于我们所在的娑婆世界，应该生起厌离心。"大师又说道："你们此时能见到光明，就是真正修行办道，真是我的弟子。"据《新修科分六学僧传》等说，少康当时举身放出数道光明之后，安然坐化。就在这个时候，天气忽然变化，狂风骤起，百鸟悲鸣，乌龙山一时全部被白色笼罩。弟子们恳切地为大师助念佛号。大师圆寂后，起建灵塔于州东台子岩，后来天台德韶国师又重建该塔。

4. 被尊"后善导"

少康大师是一位净土的实践者，主要以身弘法，注重以实修教化学人，著述甚少。世传大师与沙门文谂共编集有一卷《往生西方净土瑞应删传》传世。该书记载慧远、昙鸾等四十八位修学净业者往生的事迹，据考证为唐代唯一的往生传记。但是日本学者望月信亨所著的《中国净土教理史》中认为此为讹传，不足为信。另有《净土论》三卷，为少康所著，流传于世。

少康大师教导徒众修学净土教法，富有鲜明的厌离娑婆、欣求极乐的净宗感情色彩。他经常说：对娑婆世界起厌离心，对极乐世界起欣求心，是修学净土法门成就与否的关键所在，同时也是能否得生净土的先决条件。少康以身作则，用各种神变境界来感化徒众，增长念佛求生之信愿。

细观少康一生的修学弘法历程，不难看出其佛学思想以善导的思想为指南，少康对善导大师的崇敬之心从他把乌龙山新建的念佛堂取名为"善导和尚弥陀道场"就可以看出。他在教理与实修诸多方面都深受善导影响，故被人们赞为"后善导"。扬次公有诗曰："后善导依前善导，今弥陀是古弥陀。"

少康大师毕生自行化他，都是以净土教法为主，自行可谓志高行苦，化他可谓不遗余力，匠心独运，用心良苦，为弘阐净土法门立下了汗马功劳。

（四）万善同归净宗旺南屏——八祖五代延寿

化旺南屏孰与伦，诵经万善妙严身。

径登上品莲台去，直得阎王敬礼勤。[1]

① （明）释道衍：《诸上善人咏》，《卍续藏》第78册，第173页上。

流风余韵相续　诸祖应时出新

明代道衍法师的《诸上善人咏》中，对永明延寿有上面这样一首赞诗。"化旺南屏"是赞叹南屏晚钟所在的永明寺(今净慈寺)当年弘化之盛，"诵经万善"是延寿的宗教思想特征，"径登上品"表明其最终以净土为归的宗教追求，"阎王礼勤"则是佛教中一段传奇。

1. 悲心救众生

永明智觉禅师(904—975)，讳延寿，又称永明延寿，俗姓王，出生于丹阳，后来迁居到余杭。在大师弘法利生的一生中，作为禅师，他是法眼宗第三代祖师。作为净土高僧，他是净宗第八代祖师。延寿大师是中国佛教历史上真正开启了禅净合一局面的大德高僧。

延寿从小受到儒家思想的教育，天资过人。据说，他小时候读诵《法华经》一目七行，六个月就可以背诵全经。一次在专心诵经之

延寿大师像

中，竟然吸引了一群羊跪下听他诵经，被大家公认为神童。延寿在十六岁时候就写了一篇《齐天赋》献给吴越王钱镠，被称叹才华超众，气宇不凡。不久，延寿就开始了从仕之路，从主管余杭库吏到二十八岁当上华亭镇将，督纳军需，一路青云直上。但是延寿信奉佛教，在他加冠之年，就开始日中一食，不吃众生肉。他经常走在路上，看到市井商贩卖鱼虾虫鸟，尤其遇到将要被宰杀的生灵时，就立刻上前买下，带去野外放生。然而，面对这么多商贩和不计其数要被宰杀的生灵，一个人的力量总是显得杯水车薪，但是他依然坚持，直到花光了自己所有的积蓄。而延寿看见动物垂死的挣扎，实在不忍于心，只好动用国库的钱去买生放生。终于有一天，延寿动用国库的钱被文穆王知道了，按当时的法律，私自盗取国家的钱是要斩首的，而文穆王知道延寿并非是贪图钱财，就告诉典刑官："处斩的时候，你看他的神情，若是大呼求饶，则当场杀之，若无惧色，就放了他。"

延寿被压赴刑场，坦然镇定，不仅无丝毫惧怕，反而威风凛凛，自言："我以自己一条命换取数万生命的存活，死了又有什么遗憾。今日舍生，径直前往西方极乐净土，不亦乐乎！"文穆王闻而钦佩其胆识，便将延寿免刑释放。

2. 抓阄归净土

此时的佛教，经过唐武宗会昌灭佛运动的大浩劫，原本百花齐放的佛教各大宗门一蹶不振，只剩下不立文字、教外别传的禅宗和简单易行且容易成就的念佛法门冲出重围，也正是禅宗和净土宗各自具有的特点才使其广传于民间并得以保存和发扬。

在这个特殊的时期，延寿礼拜翠言法师出家，潜心学习，"衣不缯纩，食不重味，野蔬布襦，以遣朝夕"。后延寿又各处参学游历，在台领天柱峰修习禅定，据说他当时一入定就有九个月长的时间。还有一次延寿打坐出定后，惊奇地发现鸟儿已经在自己的衣襟中搭建了巢穴，可见入定之久。

之后延寿前往天台山德韶禅师处修学禅法。德韶是禅门法眼宗创始人文益大师的弟子，禅学功夫甚深，吴越王曾礼为国师。永明有一次在德韶会中坐禅，突然闻坠薪有声，大彻大悟，乃云："扑落非他物，纵横不是尘。山河并大地，全露法王身。"延寿在禅学上的功大得到德韶禅师的认可，因此得传法成为禅门法眼宗的第三代传人。

后来，延寿大师来到国清寺，结坛修行法华忏。传说，一天夜里，延寿在禅堂打坐，看见有个神人手执铁戟走了进来，大师当即喝道："你怎么自作主张，私闯禅堂。"神人回答："我因为修习净业才能进来。"说完即隐没不见。《乐邦文类》还记载，又有一天，永明大师在修行当中，突然看见供在普贤菩萨面前的一朵莲花，突然到了自己手里。种种迹象使延寿想起自己原来的夙愿未决。所以延寿决定让佛菩萨来帮他做出决策，确定自己最终的修行法门。延寿上智者岩，做了两个阄，一个写着"一心禅观"，另一个写着"万善庄严净土"，抓阄之前，洁手净衣，焚香而请，诚心祷告。第一次大师抓到"万善庄严净土"，但是大师为了谨慎起见，决定再抓一次，结果还是"万善庄严净土"，延寿毕竟在禅观上已经有惊人的成就，并得到了认同，所以延寿大师想再次确定，可是令人惊讶的是，永明大师一连七次竟然都抓到"万善庄严净土"。延寿确信佛意如此，就这样，他从此断除疑虑，专修净土。

3. 复兴古道场

《净土全书》中记载，有一天，延寿大师看到虚空之中观音菩萨手持甘露瓶，以甘露撒灌延寿口中，从此他辩才无碍，文思敏捷犹如泉涌。延寿洞悉当时部分禅宗学人，狂妄空疏、不通教理的弊病，所以决心痛砭时弊，提倡研究教理。不久延寿便开始著作，陆续完成《万善同归集》《宗镜录》《神栖安养赋》《唯心诀》等著述，提倡禅教合一、禅净合一，影响广泛。高丽国王抄读了《宗镜录》后，深受触动，以各种珍宝供养大师，又派三十六人前来学习，这也是法眼宗传于海外的原因。

宋太祖建隆元年（960），灵隐寺年久失修，一片荒芜。吴越国忠懿王钱弘俶不忍古刹破落，特请延寿大师前来主持复兴工作。在延寿的努力下，几年后的灵隐寺便有了九楼、七十二殿、十八阁等，壮丽恢弘，僧众庄严，梵音婉转，一片中兴之象。

建隆二年，忠懿王又请延寿大师住持刚建不久的永明寺，从各地慕名前来拜访大师的人络绎不绝，不计其数。忠懿王特赐法号"智觉禅师"，延寿在永明寺大力弘扬佛法，常为七众弟子授菩萨戒，日定一百零八件佛事为常课，主要是受持神咒、礼佛忏悔、诵经、坐禅、放生、说法等，每夜则于旷野施食予鬼神等类。学者前来访问，大师总以"心宗"一一答示，让所来之人，以心解教，以悟为则。到了夜里，延寿大师又去往另外一个山峰精进念佛，随从者常达数百，山底下的人们总会听到如螺贝的天乐之音，那正是他们念佛的声音。

延寿弘扬禅宗和净土宗，有很多修禅之人前来问他："但得见性悟道，就可以脱离生死轮回，为什么还要念佛求生他方？"延寿回答："修行人应该省自审查，每个人所修行的境界如人饮水冷暖自知。诸位仁者行解见性悟道的境界比起马鸣菩萨、龙树菩萨怎么样？得辩才无碍，证得法华三昧比起智者大师怎么样？宗门教相皆能通达，比起慧忠国师又怎么样？上述诸位大师尚且都发愿往生西方极乐世界，何况我们。大家自己思忖，你们各自临命终时，生死可以自在吗？大家切莫贡高我慢，避免空口玄谈、狂悖忘本，自己失去大力，那真是可惜到了极点。"

延寿又在《万善同归集》中调和唯心净土和西方净土的分歧，"佛法不离真俗二谛，唯心净土为真谛，西方极乐国土为俗谛，二者处于因果之中，西方净土之"真空"，即本体，是唯心净土，唯心净土之"假有"就是西方极乐净土，即表现。延寿提出"真空假有"的因果分析，他说："内有本体外有显现是基本因果规律，只承认本体而否定显现就是否定因果。同样，无本体却有显现也是背离因果。"关于修行中如何处理禅净关系，延寿说："念佛有助于修禅，更是成佛之正因。"《禅净四料简》还论述："有禅有净土，犹如戴角虎。现世为人师，来生作佛祖。无禅有净土，万修万人去。若得见弥陀，何愁不开悟。有禅无净土，十人九蹉路。阴境若现前，瞥尔随他去。无禅无净土，铁床并铜柱。万劫与千生，没个人依怙。"《四料简》被印光大师称为"大藏之纲宗，修持之龟鉴"，极为赞叹。近代圆瑛大师也是因为延寿大师的《四料简》发愿求生净土，专修念佛的。

4. 弥陀饶舌

佛教中还流传着关于延寿的这样一则传说。延寿大师深受吴越王钱俶的礼敬并拜为国师。一天，吴越王想开个无遮大会，也就是打千僧斋。会中，所有僧人受的供养是一样的，但所坐的位次却不一样，在场的僧人当然推举延寿大师上座，大师却谦卑不肯落座。这时，来了一位蓬头垢面，穿着破烂的大耳朵和尚径直走上原本留给永明延寿的座位。延寿默然退而坐之，在场大众也不好说什么，但心里看不惯这个僧人没有礼节，也包括吴越王。千僧斋后，吴越王走到延寿大师身边问道："大师，今天有没有圣人前来应供？"永明大师回答："有啊。"钱俶惊喜地问："是谁啊？""定光古佛今天来了""是哪一位？""就是穿着破烂衣服，耳朵特别大的那位！"吴越王听后赶紧派人去追，最后跟到了一个山洞，士兵就请大耳朵和尚去皇宫，和尚没有回答只是说了句："弥陀饶舌。"然后就安然圆寂了。弥陀饶舌意思是说，这个阿弥陀佛真是多嘴啊，说破了我的身份。士兵们听罢赶紧回去复命，吴越王大惊，得知延寿原是弥陀化身，亲自快步去见永明延寿大师，刚要出宫殿门，一位士兵跟他差点撞到一起，着急地说道："永明延寿大师已经圆寂了！"佛教认为这就是佛、菩萨示现人间的自在和风趣。而延寿大师因这段公案也被认定为阿弥陀佛的化身，后世便将延寿的生日即农历十一月十七日定为阿弥陀佛的圣诞纪念日。

史料记载，北宋开宝八年(975)十二月二十六日，永明延寿大师预知时日，跏坐而化，世寿七十二岁，僧腊四十有二。荼毗后舍利鳞彻全身。太平兴国元年(976)，信众又在余杭大慈山修造了一座墓塔，表示纪念。《宗镜录》序文赞延寿大师："实为震旦第一导师。"宋太宗赐额"寿宁禅院"。大师圆寂后二十五年，宋真宗还下诏敕赐延寿所居永明寺为"资圣寺"以表缅怀圣德之意。宋崇宁五年(1106)，徽宗下诏追谥延寿为"宗照禅师"。至清代世宗雍正皇帝在御制《万善同归集》序文中赞叹延寿的著述，"如日月经天，江河行地"，又加封名号为"圆妙正修智觉禅师"。

在净土宗历史上，永明延寿大师被视为一位划时代的人物，他以法眼宗第三祖的身份倒归净土，成为净土宗祖师。有学者认为，净土宗粗略地可以分为两个阶段：永明延寿大师之前的净土宗和永明延寿大师之后的净土宗。前一段是发展成熟时期，到了永明延寿，又提倡禅教禅净的合一，最终倒归净土。永明延寿之后的净土宗基本也沿着这一路线发展。

（五）结社念佛领百廿公卿——九祖宋代省常

> 心比西湖水更清，造修慕远悟无生。
>
> 缙绅贤士同成社，千古犹存净行名。①

释道衍的《诸上善人咏》中这首诗对省常所做的净土宗贡献给予了高度评价，贤士结社、千古存名正是省常对净土宗发展最大的功劳。一句"心比西湖水更清"，优美雅致，彰显了省常的德行熠熠，其实这也是他之所以能感召众人，结净行社的原因之一。

1. 四众仰归

省常大师像

省常（959—1020），字造微，俗姓颜，钱塘人，七岁出家，十七岁受具足戒。省常大师严持戒律，一心念佛，辩才无碍，刺血书写《华严经·净行品》。大师最为人们称颂的就是在西湖之畔启建莲社，领僧俗大众念佛求生西方。

宋初净土结社风行，尤以江浙为盛。天台宗遵式于至道二年（996）在四明宝云寺，结集僧俗修念佛法门；大中祥符六年（1015）知礼和尚于四明延庆寺，发起组织念佛施戒会；祥符八年（1017）本如法师于承天寺，与丞相章郇公等诸贤达结社专修净业；此外还有灵照法师、道深法师、惟监和尚、净严大师等，都各自率领僧俗同道结莲社精修念佛，由此中国大地上结社念佛蔚然成风，净土教法大行其道。而这与当时较早些的省常大师与众多公卿名士结社念佛，普遍宣扬净土宗教理有直接的关系。

---

① （明）释道衍：《诸上善人咏》，《卍续藏》第78册，第173页下。

宋淳化年间(991—994),省常住浙江杭州西湖昭庆寺,归心净土,开始专修净业,他远慕净宗初祖慧远大师结社念佛之举,又常常心怀重振当年莲社念佛行道的志向,所以集合有识有德之士,结社念佛。以当朝相国王旦为社中居士之首,"贵有位者,闻师之请,愿入社者十八九",朝中众多士大夫皆来与会,竞相作诗写颂,齐赞集会因缘殊胜。同时又有很多平民参与和加入,所谓"八十高僧,一千大众",能有如此规模,实在是难能可贵。他们以旃檀香木,雕造阿弥陀佛像,省常大师率大众在像前跪地合掌,发誓愿云:"我与一千大众,八十比丘,始从今日,发菩提心,穷未来际,行菩萨行。愿尽此报身,以生安养。"表达了修净业求生极乐安养世界的愿望。翰林承旨宋白为此事撰碑,状元孙何题社客于碑阴,立其石碑于社址以永为志。

省常大师还自刺指血,然后和墨,书写《华严经·净行品》,每书一字,躬身三拜三围绕,并三称佛名。写成之后,时为翰林学士的苏易简为作序言,刊板印行成千册,分施千人。因省常以《华严经·净行品》为结社念佛的行持依归,所以这些集会众等全都自称净行弟子,该社则称"净行社"。

省常于净土法门,从最初的兼修到专修,进而转为自修与弘传并行,数十年如一日地发扬净土教义,实践念佛行道,为净土宗在宋代的盛行奠定了基础。

2. 公卿云集

关于公卿文士入社的盛况,《乐邦文类》卷三载释智园《钱塘白莲社主碑》中说:"由是宰衡名卿,邦伯软长,又闻公之风而悦之,或寻幽而问道,或睹相而知真,或考经而得意。三十余年,为莫逆之交,预白莲之侣者,凡一百二十三人,其化成也如此。"仅就《相国向公诸贤入社诗》残本所收入社的九十人的官衔来看,尚书以上者就有八人,平章向敏中,参政李至、王化基、王旦、苏易简,副枢陈尧叟、钱若水,工部尚书李至,礼部尚书宋白。这些人中,尤以王旦为尊,且被推为社首。

作为一个民间宗教组织，获得了士大夫如此广泛的热情参与，实属罕见。究其原因主要有以下几点：第一，省常德行熠熠，以常人难以做到的大愿大行，尤其刺血书写《华严经·净行品》，感召着士大夫们加入到西湖莲社中来。以苏易简的入社为例，其于淳化二年（991）九月，接到了郑生从会稽带来的《净行品》，并得知省常于西湖结莲社的事后，"即摄衣稽颡而报之曰：彼上人者果能立是见解，成是功德，予当布发以承其足，剜身以请其法"。淳化四年（993），苏易简以"净行弟子"的身份，寄上了自己的入社诗，以为"香火皈依会有缘"的凭证。第二，因为《华严经·净行品》的内容是文殊菩萨应智首菩萨之问，开示在在处处应该清净身、口、意三业从而"获一切胜妙功德"的一品经文。尤其提到"孝养父母"、"妻子集会"等特别对红尘世人所开示的净业修行，使浸润于儒家文化、追求雅致生活的士大夫们产生共鸣。第三，省常莲社的所在地，可以说占尽"东南第一州"的好风光，从现存的文献资料可以看到很多当时入社的士大夫对此颇为重视。西湖莲社的幽美环境，引得那些终日身居庙堂、尘网牵缠的士大夫们歆羡不已。他们纷纷投诗入社，结社修心的同时，也能饱览余杭的佳山胜水。第四，省常大师的莲社在一定程度上是当时社会上一个上流精英人士的集聚地，所以吸引了一些图附权贵者也投身其中。当时莲社中较早就成为成员的达官贵人很多，所以也就意味着其他士大夫只要入社，就挤进了一个清贵尊荣的圈子，得以有机会与朝廷达官结伴同行，这是官员、士人们所乐意为之的事。这些人物大多数相互之间有着各种不同的人际关系，而在政治上，也往往可以相互帮助。[①]

3. 泊然而化

《净土圣贤录》等记载，宋真宗天禧四年正月十二日（1020），省常大师像往常一样，于寺中端坐念佛，过了一会，突然众人听到大师厉声唱言：

---

① 黄文翰、陈元锋：《试论释省常西湖莲社之特色——以〈杭州西湖昭庆寺结莲社集〉为中心》，《江苏第二师范学院学报（社会科学）》，2016年1月，第32卷第1期。

"佛来也！"还没等大众反应过来，只看到大殿的地面忽然全部变成紫磨真金色，在场大众惊呼奇哉！寺院中一片金灿灿的光芒照得众人法喜充满，这样的景象过了许久才渐渐隐去，而当大众再反过来看省常大师时，大师已泊然而化，大家才知刚才那样的殊胜景象原来是大师往生的瑞相。是年省常世寿六十二，僧腊五十五，戒腊四十有五。其弟子等奉全身建塔于鸟窠禅师之侧，尊为"圆净法师"。

考诸史料，有关省常大师生平事迹的记载，少之又少，但这并不影响后世净业学者对他的景仰之情和他在信众心目中的崇高地位。历代诸宗大德很多都盛赞其功。《往生集》赞曰："始远公，次善导，既而南岳五会，永明台岩，终于法师，号莲社七祖。劝化之盛，盖耀古弥今矣。"

（六）降服恶虎七笔勾红尘——十祖明代莲池

> 幼闻念佛意颇快，末诚门徒莫惶怪。
> 行为世则言世法，注重净土及规戒。
> 砥柱狂澜契理机，阐明佛心祛蜂蛋。
> 普令具缚诸凡夫，仗佛慈力登莲界。①

明雲棲蓮池大師

莲池大师像

这首诗是印光法师所作的"杭州云栖袾宏大师颂"，概括了莲池的修行历程和宗教主张，同时也突出了莲池中流砥柱的地位和力挽狂澜的气势。

1. 往事七笔勾销

莲池（1535—1615），名袾宏，字佛慧，别号莲池，俗姓沈，杭州人。这个时代正值明代

---

① 印光法师所作赞偈，摘自《净土宗十三祖师传》，东林寺印经处印行。

末期。在明末四大高僧——莲池袾宏、紫柏真可、憨山清德、蕅益智旭当中，莲池、蕅益均为净土宗祖师，紫柏、憨山也都倾心于念佛法门，由此可见当时天下归净的整体风气和佛教局面。

　　莲池出生于世代望族，从小学习儒家思想，以学识和孝道被乡里称赞。十七岁进县学，补诸生。莲池本来安常履顺的一生却慢慢被生活的无常打得支离破碎。二十七岁父亲离世，又遭受丧妻丧子之痛，三十二岁慈母见背。屋漏偏逢连夜雨，船迟又遇打头风，一连串的不幸，让莲池一直沉浸在无尽的悲伤之中。一天，莲池想到小时候邻家有一老妪，日日念着南无阿弥陀佛，他就问老人家："您为何老念这六个字？"老太太笑着对莲池说："我的丈夫生前老念这六个字，他去世的时候身体丝毫没有病痛，和大家拱手告别就安然离世了，跟其他人逝世时的场景截然不同，我就认定这六个字一定有非常强大的力量！"莲池回忆起这段往事和对话，深受启发，从此常常反思人生无常，开示钻研佛法，并最终以净土念佛法门为归。莲池为了鞭策警醒自己，他墨书"生死事大"四个大字贴于案头，记于心头。经历的悲痛，世事的无常，在莲池心头挥之不去，时时警醒着莲池。而他对这个红尘俗世的出离心也逐渐与日俱增。莲池思索了很久之后，有一天下定决心，挥毫作了历史上著名的《七笔勾词》：

　　"恩重山丘，五鼎三牲未足酬。亲得离尘垢，子道方成就。嗏，出世大因由，凡情怎剖，孝子贤孙，好向真空究，因此把五色封章一笔勾。

　　凤侣鸾俦，恩爱牵缠何日休？活鬼两相守，缘尽还分手，嗏，为你两绸缪，披枷带杻，觑破冤家，各自寻门走，因此把鱼水夫妻一笔勾。

　　身似疮疣，莫为儿孙作远忧。忆昔燕山窦，今日还在否？嗏，毕竟有时休，总归无后，谁识当人，万古常如旧，因此把桂子兰孙一笔勾。

　　独占鳌头，漫说男儿得意秋，金印悬如斗，声势非常久。嗏，多少枉驰求，童颜皓首，梦觉黄粱，一笑无何有。因此把富贵功名一笔勾。

　　富比王侯，你道欢时我道愁，求者多生受，得者忧倾覆。嗏，淡饭胜珍馐，衲衣如绣，天地吾庐，大厦何须构。因此把家舍田园一笔勾。

学海长流，文阵光芒射斗牛。百艺丛中走，斗酒诗千首，嗓，锦绣满胸头，何须夸口，生死跟前，半时难相救。因此把盖世文章一笔勾。

夏赏春游，歌舞场中乐事稠。烟雨迷花柳，棋酒娱亲友，嗓，眼底逞风流，苦归身后。可惜光阴，蓦然空回首，因此把风月情怀一笔勾。"①

他将《七笔勾》赠与后续妻子汤氏，并说："恩爱不常，生死莫代，我将出家，你当保重。"于是，在嘉靖四十五年(1566)投西山性天和尚落发出家。妻子汤氏洞晓佛法，通情达理，深受莲池感化，也随后削发为尼。

莲池受具足戒后，遍参知识。一日，阅读《慧灯录》，失手打破茶杯，杯落茶撒，咔擦一声若有所省。传说，莲池北游五台时，神奇地感应到文殊菩萨大放光明。拜访遍融禅师时，禅师教导："你要守本分，不要贪图名闻利养，不要去攀缘，要因果分明，一心念佛。"后来入京师参访笑岩德宝禅师，亦有所省悟。一天在向东昌的归途中，忽然听见远处樵楼击鼓的声音，顿时彻悟，随即做了一首偈子："二十年前事可疑，三千里外遇何奇？焚香掷戟浑如梦，魔佛空争是与非。"后来憨山大师看到此偈便说这是莲池大师开悟的证明。

2. 云栖制定规约

莲池大师特别喜欢杭州云栖这个地方，相传古代有五色彩云，飞栖其中，便留下了"云栖"的美名。云栖自古多虎，传说，吴越时志逢禅师为云栖寺主，每日去市集乞钱，然后买肉饲喂老虎。后来老虎渐渐驯服，每到志逢禅师日暮回山时，老虎即来迎接，用虎背驮着志逢禅师归寺，人称伏虎禅师。隆庆五年(1571)莲池回到云栖山，结茅庐专修念佛三昧。莲池到云栖的时候，这里老虎依然众多，环山四十里内，每年伤人不下数十，当地居民深惧虎患。莲池悲心萌发，为之诵经，并放瑜伽焰口。不可思议的是，渐渐地老虎竟然不再伤人，村人都很感激莲池大师。

《净土晨钟》中讲述，有一年，当地大旱，人们找到莲池大师，让他

① (清)释观如辑：《莲修必读》，《卍新续藏》，第 62 册，第 858 页中。

想想办法，大师说道："我并没有求雨的本领。我只能以至诚之心，求上天普降甘霖。"于是就手持木鱼，顺着田埂，一句一句地念着："南无阿弥陀佛，南无阿弥陀佛……"不一会，神奇的事发生了，竟然莲池大师走到哪里，雨就下到哪里，而且雨下如注，在场乡亲无不啧啧称奇，信奉更虔。此后，各地信徒闻讯风从，或跟随修行，或请教法意，或供养资具，或建造寺院，一派兴盛。

后来，在莲池大师的教导下，此地佛法大兴，僧影幢幢。莲池大师便效仿百丈禅师的清规，创造了一套新的丛林制度，三十四大项规约，可谓堂堂有规约，事事有所依，执事明其职，修学各有式，误事罚银钱，赏罚甚分明。为使寺院住众和谐清净，精进道业，更订《僧约》十条，如有违犯，立即出院。莲池对出家的要求也极严，进入寺院之前就要严格考核其德行、文化程度等，而在剃发之前还专门制定了数十本需要依次学习的佛教典籍，没有完成不得剃发。经过整顿，云栖道场气象焕然一新。云栖寺由于"严净毗尼，尊崇讲诵，明因果，识罪福，整饬清规，真修实行"，故能历数百年而不衰，莲池所订之各项规制，今人当引以为鉴。[1]

3. 发誓再振莲风

在理论上，对于唯心净土和西方极乐净土两者的关系问题，历来是诸家关于净土宗讨论的热点问题之一。唐代禅宗六祖慧能大师强调了二者的矛盾，主张提倡唯心净土，而警醒念佛求生西方的修行人。自宋代以后，在三教融合的整个中国文化大氛围下，佛教内部主张禅教合一、禅净合一也成为一种主要趋势，净土宗诸祖也为此付出了不懈努力。尤其永明延寿的言传身教，践行禅净合一，强调二者的共同之处。理论层面，以真俗二谛和真空假有从根本和因果上融合了禅宗和净土宗两大宗门。到了莲池大师，他继续发挥禅净不二的思想，所谓"归元无二性，方便有多门，晓得此中意，禅净即同归"。同时，莲池强调，殊途同归并不是从两边着手，而

---

① 参见王堃：《莲池袾宏大师的净土思想》，《阳明学刊》，2004年1期。

是提倡以念佛为主，这样能够更好地契入修行。

莲池在华严宗也备受崇奉。他的《阿弥陀经疏钞》以华严为框架，将西方净土与唯心净土融为一体，从理事圆融来说"往生净土，愿见弥陀，不碍唯心，何妨自性"。据说，莲池在弘扬净土宗的过程中，有一个名叫曹鲁川的人诘难莲池大师，说大师把净土宗凌驾于华严宗之上，非常不妥。大师耐心解答，书信往来中说道："华严具足无量法门，求生净土是无量法门中的一种，华严圆极，而净土宗圆少分，是华严眷属，而非并列的法门。龙树菩萨带出《华严经》而自己发愿求生极乐，《华严经》中普贤菩萨为佛长子，但十大愿王导归极乐。咸有明据，皎如日星。"莲池大师论述精辟，措辞客气，笔力千钧。后世华严宗弟子也把他列为圭峰以下第二十二世。

莲池大师在净土实践上，要求万行归于净土一行，而且认为念佛一行具足万行，说念佛一门契五宗(临济、曹洞、云门、沩仰、法眼)。在《净土疑辨》中说，六字名号，字字显示西来密意。又在《弥陀经疏钞》中说："而今一心念佛。万缘自舍。即布施波罗蜜。一心念佛。诸恶自止。即持戒波罗蜜。一心念佛。心自柔软。即忍辱波罗蜜。一心念佛。永不退堕。即精进波罗蜜。一心念佛。余想不生。即禅定波罗蜜。一心念佛。正念分明。即般若波罗蜜。推而极之。不出一心。万行具足。"[①]相对参禅而言，莲池认为，还是念佛最为究竟，因为参禅是为开悟，而开悟不等于成佛，自力修行的次第须三大阿僧祇劫，曲折艰辛，而净土一门可仗佛慈力，往生净土，快速成佛。大师还呵斥当时修禅之人都变成狂禅，呵佛骂祖谈玄说妙，并没有真正修持，只是逞口舌之快，而贻误了各自的往生大业。所以莲池做"正好念佛"的偈颂劝所有人，无论现在处于何种状态都正好念佛，文中囊括男女老少、贫富贵贱社会各个阶层，很有感召力。

关于念佛方法，莲池大师主张持名念佛之功最为往生净土之要，在《普示持名念佛三昧》中开示，一心专念"南无阿弥陀佛"六个字，这就是往

① (明)袾宏：《阿弥陀经疏钞》，《卍新续藏》第22册，第609页中。

生净土之要。莲池认为，观想念佛，众生心里很难真正平静，总是嘈杂不已，杂心观修，难以成就。释迦牟尼佛慈悲劝言，专持名号，因为称名念佛十分简易，容易达到念念相续，如此念来，必定会往生。但无论采用什么方法念佛，共同的要求是专心致志。他说："念从心，心思忆而不忘，故名曰念。"

袾宏还撰写了《戒杀放生文》《杀罪》《医戒杀生》《杀生人世大恶》等文，用许多栩栩如生的故事、事例和通俗的语言，论述了为什么要戒杀和放生。这些书多次印行，传播颇广，影响很大。莲池大师道风日播，名声遍满朝野和民间，慈圣皇太后召见莲池大师并赐予紫衣袈裟，询问佛法精要，大师以偈子回答，后收录在《答慈圣皇太后问法》中。

4. 诚弟子莫换题目

明万历四十六年(1618)六月，大师下云栖山去拜访以前认识的老友和诸弟子，告诉他们："我将要去别的地方。"大家听后都不知所措，莫名其妙。到七月初的一个晚上，莲池大师略显病态地告诉众弟子："我明天就要跟各位道别了。"城里的弟子们于是都赶来看大师。第二天晚上，莲池大师进入方丈室，向西跏趺而坐，口里只是念着："南无阿弥陀佛，南无阿弥陀佛……"过了好长时间，莲池大师突然睁开眼睛告诉大众："你们老实念佛，切记不要换了念佛这个题目。"最后莲池大师停止了绵绵密密的念佛，安然地坐化往生，世寿八十一。据说，过了很久，莲池大师面色如黄金，头顶暖气就像活着时候一样温热，房间里香气盈充，很久没有散去。

袾宏坐道场四十余年，"其及门、授戒、得度者，不下数千计，而在家无与焉。缙绅士君子及门者，亦以千计，而私淑者无与焉"。修行、讲法之外，袾宏一生勤于笔耕，著述丰富，共30余种，由其弟子僧人大贤、居士李守一等人汇集成为《云栖法汇》，共34册。《戒疏发隐》《弥陀疏钞》《遗教节要》等释经类共 3 种；《诸经日诵》《尼戒录要》《禅关策进》《淄门崇行录》《往生集》《水陆仪文》《放生仪》等辑古类共 16 种；《楞严摸象记》

《竹窗随笔》《正讹集》《山房杂录》《遗稿》等手著类共 11 种，可谓宏丰。

莲池德高望重，功丰绩伟，深受世人敬仰。同时代的憨山大师赞誉莲池为"法门之周孔"，并道："惟师之才足以经世，悟足以传心，教足以契机，戒足以护法，操足以励世，规足以就弊。"如此高的评价，观莲池一生行止，名副其实。智旭评价说："云栖袾宏大师，极力主张净土、赞戒、赞教、赞禅，痛斥口头三昧"，乃"真救世菩萨"。近代名僧太虚大师说："云栖法汇百余卷，皆教宗贤首，行专净土，而融通禅律及各家教义之至文，不惟明季以来，净土宗风之畅盛得力于师，亦为净土宗上下千古最圆纯的一人。"

（七）竹窗回头融三教八宗——十一祖明代蕅益

宗乘教义两融通，所悟与佛无异同。

惑业未断犹坯器，经雨则化弃前功。

由此力修念佛行，决欲现生出樊笼。

苦口切劝学道者，生西方可继大雄。[①]

清灵峰蕅益大师

蕅益大师像

印光法师所作这首赞偈中，"惑业未断犹坯器，经雨则化弃前功"所述这位迷途知返的少年便是当年的蕅益大师，而印光对蕅益后来的贡献则给予了"与佛无异"、"可继大雄"这样极高的赞誉。

1. 莲池惊醒梦中人

蕅益（1599—1655），讳智旭，号西有，俗姓钟，江苏吴县人。父亲钟歧仲是佛教

---

① 印光法师所作赞偈，摘自《净土宗十三祖师传》，东林寺印经处印行。

居士，修持十年《大悲咒》祈求与妻子金氏生一个孩子。据说，明神宗万历二十七年(1599)的一天，金氏梦中见到观世音菩萨送来一个孩子。梦醒后怀有身孕，后来生下一子，取名际明，字蕅益。蕅益七岁就开始吃素，十二岁就已经通看诸子百家，尤其崇尚儒家的思想，他认为自己应该传承古圣先贤的教诲，且发誓要扫除释迦佛教和老庄道家之学，并开始饮食酒肉。蕅益曾作《辟佛论》数十篇，抨击佛教，传其曾在梦中与孔子、颜回等儒家先贤会面共语。

十七岁时，蕅益看到两本莲池大师写的书，一本《竹窗随笔》，一本《自知录序》，犹如醍醐灌顶，一时间竟爱不释手，他不仅被莲池大师的妙语连珠迷住，更因明白了莲池大师所讲述的佛教思想而扼腕唱叹，想起自己曾经的著述感觉惭愧不已，遂将所著的《辟佛论》付之一炬。

到了弱冠之年，蕅益注释《论语》，至"天下归人"四字，便苦苦思索，不能下笔，废寝忘食三个昼夜，大悟孔颜心法。当年冬天，蕅益丧父，他诵读《地藏菩萨本愿经》，以读经的功德回向给亡故的父亲。《地藏菩萨本愿经》中讲述地藏菩萨累世以来舍生救亲的故事，以及所述六道轮回，尤其地狱之苦，让蕅益萌生出家之心，发愿脱离轮回之苦。二十二岁时，蕅益在莲池大师的影响下，开始专心念佛，并焚毁书稿两千余篇。后来又因为听闻《大佛顶首楞严经》，经文中"世界在空，空生大觉"让少年蕅益疑惑不已，怀疑何故有大觉？何以生起虚空和世界？很多天几乎都茶饭不用，苦心思索，但终究昏沉散乱，闷绝无措。于是决心出家探其究竟，故在佛前发了四十八愿，决意出世。

2. 明律挽救时弊

二十四岁时，蕅益梦中见到憨山大师，梦中憨山为他讲说法义，蕅益哭恨缘悭，相见太晚。此后一月间竟三次梦见憨山。所以他想在憨山大师座下剃度出家，但是憨山当时前往曹溪，不能远从，于是就从憨山的弟子雪岭剃度，命名智旭。蕅益在决意出家时，先发三愿：第一，未证无生法忍，不收徒众；第二，不登高座；第三，宁冻饿死，不为长养色身，而诵经礼忏及化缘。

此年夏秋蕅益在云栖寺听讲《成唯识论》，听了之后反而生起疑惑，感觉与《大佛顶首楞严经》的宗旨并不相同，于是向法师请教，法师却说："性相二宗不许和会。"蕅益深不以为然，佛法怎么还会有二歧呢？甚以为疑。后来蕅益往径山(杭州西北)坐禅，至次年夏，突然感觉自己身心世界不复存在，了知这个色身从无始劫来，所处灭尽，只是执着于妄想的影子，这时一切经论、一切公案无不现前，自觉性相二宗的义理一齐透彻。腊月八日，蕅益在祩宏塔前受四分戒。二十六岁时他又在祩宏塔前受菩萨戒。二十七岁起，他遍阅律藏。他认为当时的佛教界虚浮不实，都是因为律学久废的缘故。后来到金陵待了很长时间，见当时禅宗流弊，痛心疾首，唯知高谈禅理，放浪形骸，而忽视戒律，所以蕅益决意弘律，来挽救当时禅林之弊病。

3. 孝子割臂救母

明万历己未(1619)，蕅益曾经向一位相士询问母亲的寿命如何，得知母亲大限将到，心中伤感。于是他在佛前立深誓愿："愿减己寿，薄己功名，必冀母臻上寿。"又于明天启四年(1624)正月，在佛殿佛像前燃香刺血，为母求寿。他经常劝母亲不要为其他事操心，只要一心念佛就好。后来他的母亲病势沉笃，蕅益为了治疗母亲，曾四次用利刀割开自己的手臂，效法先贤，以血和药，希望能挽救母亲性命。可是天不遂人愿，如此孝行也最终没有起效，最后他母亲因病重不治而去世。蕅益悲恸不已，痛断肝肠，葬礼期间涕泗横流悲伤无尽。此后，每逢周年忌日，蕅益必为父母诵经、回向、发愿、超度。

蕅益自丧母后，即焚弃笔砚，矢志深山，闭关修行。闭关期间突患大病，乃以参禅工夫，求生净土。出关后，又在龙居阅览藏经，遇到惺谷和交归两位法师，深得同参道友共修之益，并共同结冬修行。

和之前的延寿一样，蕅益大师也遇到了确定自己主依何宗的问题，他打算注释《梵网经》，但不确定应以何宗为依止，所以他来到佛前做了四个阄，以定取舍。四个阄分别写着：宗华严、宗天台、宗法相、自立宗。数次抓阄都抓到"宗天台"，于是决定究心天台。但是蕅益对当时佛教中的门户之见、派别之争非常不满，所以又不肯自居天台子孙，以免徒滋纷扰。蕅益发扬延寿、袾宏等诸宗调和的思想，在理论上融会性相，在实践上调和禅净，主张禅教律三学统一。《宗论》中说："禅者佛心，教者佛语，律者佛行。"

4. 万善同归净土

蕅益大师的佛学思想淹贯宏富，著述不辍，留有十卷《灵峰宗论》，更有《楞伽经义疏》《般若心经略解》《法华经会义》《梵网经合注》等经注、律注、论注 47 种，共 191 卷，可谓浩瀚。

当时，他最推重禅教合一摄归净土的延寿和梵琦。蕅益的净土思想，是将禅宗的参究归纳于天台教观，又以天台教观应用于念佛法门。他作念佛即禅观论，在《宗论》中说："究此现前一念心性名为参禅，达此现前一念心性名为止观，思惟忆持现前一念心性名为念佛。"他认为天台既圆摄一切佛教，念佛也就圆摄一切佛教，持名一法就能统摄一切宗、教、事、理，故蕅益晚年的持名是"以般若为导，以净土为归"，"以悟道为先锋，念佛为后劲"。

关于净土宗，蕅益还编撰了《净土十要》，气势磅礴，影响深远。《净土十要》中的净土思想，以台净著述为主，禅净为辅，蕅益认为，虽然修行法门非常广泛，但是最为圆纯的法门，莫过于念佛求生净土，这个念佛法门极为简易而且十分稳当。《净土十要》一书是直到康熙七年(1668)，蕅益大师的弟子成时才将散落的书稿整理起来，正式刊行。印光大师称此书为"末法之津梁，莲宗之宝鉴"。尤其《净土十要》中第一要——《弥陀要解》更是独步千古，印光大师极口赞言："纵令古佛再于出世，重注此经，

流风余韵相续　诸祖应时出新

129

亦不能高于其上矣。"蕅益大师亲传弟子成时为此书作序时，高度评价第一要，他说："读《十要》者，要以《弥陀要解》为主，以余九为伴，能令邪解莫入，能令意见不容，能令心宗圆彰，能令美善双尽。"

蕅益大师于五十七岁时示现疾病，告诉弟子们自己将离开娑婆世界往生西方极乐国土，将自己身体火化，骨灰撒入江河之中与有情众生结下念佛的缘分。不久，蕅益大师预知时至，向西跏趺而坐，在念佛中看到阿弥陀佛与诸圣众前来接引，举起了手，就像孩子去抓父母的手一样，安然而逝。三年后，顺治十四年（1657）冬天，弟子们依据蕅益大师的吩咐准备荼毗，开龛之后，发现蕅益大师安然巍坐，头发长得遮住了耳朵，面貌如生，牙齿不坏。弟子们不忍遵从师之遗命，以免亵渎。于是奉灵骨，建塔于灵峰大殿之右。

蕅益大师一生的言传身教，扭转了狂禅一派对净土宗念佛的蔑视，得以大振莲风。而他将禅、教、律三学摄归于一念，以念佛总摄释迦一代时教，为智旭思想一大总结。清以后台家讲教大多依据他的经论经疏，形成了合教、观、律归入净土的灵峰派，一直延续至今。

（八）拔除贪爱酬憨山夙愿——十二祖清代截流

> 憨山宿愿尚未酬，故复示生作截流。
> 呵斥修人天福者，直是阐提旃陀俦。
> 佛我心性原不异，佛是已成我未修。
> 欲得心佛两无差，当向忆佛念佛求。[1]

这首诗是印光法师对截流行策大师的赞颂，开篇首句介绍了截流与憨山之间的一段神奇因缘，佛教传为佳话。呵斥狂禅、心佛不异、忆佛念佛则是截流的宗教思想特征。

---

[1] 印光法师所作赞偈，摘自《净土宗十三祖师传》，东林寺印经处印行。

1. 憨山入梦

截流(1626—1682)，俗姓蒋，讳行策，
生于宜兴(今江苏省宜兴市)。父亲蒋全昌
是宜兴老儒，与憨山、莲池、真可、蕅益
等明末四大高僧是好友。传说，一天夜里，
他梦见与自己交情颇深但已经示寂三年的
憨山大师进入家里卧室。随后，妻子就怀
有身孕并生下了截流，以此缘故，父亲就
为自己儿子起名为梦憨。梦憨年少时就饱
览佛教和儒家典籍，并且喜欢独处思考，

清普仁截流大師

截流大师像

表现出过人的资质。梦憨年岁稍长，父母相继去世，这样的打击让他不得
不考虑生死问题。因为父亲生前笃信佛教，时常给梦憨讲佛教的生命观和
修行方法，这时候，他就萌发了出家修行的想法。二十三岁时，梦憨投武
林理安寺箬庵问公落发出家。

截流出家后，精进修行，甚至到了胁不至席的地步。问公圆寂之后，
截流就前往报恩寺，遇到了同参道友息庵瑛师，他劝导截流修念佛法门，
并讲解净土宗的教义及殊胜之处，截流听后深以为然，从此便与净土结下
了深深的缘分。后来截流又遇到钱塘的樵石法师，教他修习天台教观，他
们共同修行法华三昧。据说，突然有一天，截流证得诸法圆融，虚空遍尽，
顿时豁然开朗，穷彻了佛法的精髓。从此，他对于天台教义体悟无遗，达
到了理事圆融、通达无碍的深妙境地。

康熙二年(1663)，截流三十八岁，他开始反思佛教各个宗派的归属问
题，他觉得宗门教下的修法理论皆有深意，然而探其本源，还是没有能超
乎净土教法之上的。所以截流决定修行净业，归心西方。遂发愿求生极乐
世界，并结茅屋于杭州法华山西溪河渚间，号之为"莲庵"，专心修持净业，
精勤念佛，晨昏礼诵净土经典，精勤称念弥陀佛号。如是精进修行，历经

六载，终得念佛三昧，深悟净土要义。

康熙九年(1670)，截流居住在虞山普仁院，提倡并且亲自组织莲社，信者从者日益渐多，其中不乏文人墨客。

2. 结社办佛七

截流在组织莲社念佛期间，曾经举办过精进念佛七，长达三年之久。佛七以七日为限，专门持一句"南无阿弥陀佛"，唯专唯精，坚持不懈。截流作有《起一心精进念佛七期规式》，详细阐述了佛七活动的各种仪轨和设置，订立规矩。另外，截流还说明了一心不乱的境界。他指出，七日持名念佛，贵在一心不乱，不要有间断和杂乱，但并非以快念多念为胜，而需要不缓不急，绵绵密密持念佛号，历历分明。进而着衣喫饭，行住坐卧就是这一句，如呼吸一般，既不散乱，亦不沉没。像这样的持名方法，事上能一心精进者，则往生必然有份，如果能进一步体究体悟念佛之理，以达理一心精进念佛，是则事理圆融，往生无碍，且品位自高。

3. 终偿宿志

截流的佛学著作不多，但以净土论述为主，诸如《净土警语》《势至圆通章解》《莲藏集》等。其中《净土警语》一书最能彰显其佛学思想，书中有许多关于修学净土法门的经验之谈，标示念佛往生净土之要旨。

当时有很多人都来问净土法门的修行方法，截流特别指明修净土教法，在信、愿、行三资粮中以真信为首要。他在《劝发真信》一文中，将真信的内涵和益处与没有真信的修行做了对比。他提出，修净土宗念佛法门的人，要是没有真信，虽然吃素放生念佛，只能算是世间善人，后世也只是去到善处享乐。但享乐的同时，必定造下新的恶业，有了恶业，必定后世堕入苦趣，这样几乎与一阐提旃陀罗辈一样。截流关于信心阐释道："第一，要相信心、佛、众生三位一体，没有区别，我们只是没有成就的佛，而阿弥陀佛是已经成就了的佛，佛性是一样的，只要一念回光，便同本得。第二，相信自己是理性的佛、名字佛，而阿弥陀佛是已经证得圆满究竟的佛，本体虽然无二，但是在相和用上不可同日而语，如果不念阿弥陀佛，求生西方净土，必定随着自己所造的业力流转，受无量的苦。第三，相信自身虽然是垢障凡夫，但是早已经是阿弥陀佛将要救度的众生。同样，阿弥陀佛虽然万德庄严，极乐世界去此有十万亿刹土的距离，但是阿弥陀佛本来安住众生心中。既然心性无二，必定感应道交，如磁吸铁。截流大师对信心的阐述精辟入微，独具慧眼，使很多净土宗行人豁然开朗，深受其益。

为了让众生发起往生西方极乐世界的心，截流又激扬行人的厌欣心。他强调，对于往生西方极乐世界，念佛人需要注意贪和爱。爱桩未拔，情缆犹牢，则难生净土。情爱疏淡一分，净业则成熟一分，终将解脱生死轮回。他劝勉世人应该具足真信切愿，发起出离心，视三界如牢狱，视家园如桎梏，视声色如鸩毒，视名利如缰锁，视数十年穷通际遇如同昨日之梦，视娑婆世界一期报命如在逆旅，只有念佛往生西方极乐世界才是重中之重。截流大师谆谆教导，直指要害，犹如当头棒喝。

截流大师居住普仁院十三年，于康熙二十一年(1682)七月九日示现圆寂。据说他提前预知时至，见佛来迎，时年五十七岁。截流大师的往生还伴随着一些神奇的有趣故事。据文献记载，远乡有一童子，到了午餐时间，忽然投箸仆地。过了很久才起来，父母惊奇地询问。孩子告诉父母："此刻有截流和尚往生，土地命我擎旛送。所以去了　会。"据说当时还有一名叫孙翰的人病死，一夜之后又复活了，醒来之后告诉别人："我被冥界的狱卒勾摄，到了阎罗殿下，在黑暗中突然见到冥界一片光明，香花布满虚空，阎王赶忙俯首顶礼，迎接'西归大师'，我问'西归大师'是谁，阎王回答是截流大师。我幸蒙截流大师的光明照触得以生还。"同日病死的还有吴氏子，经过了一晚上也活了过来，陈述自己在阎罗殿所见到的情形，与孙翰竟然一模一样。

截流大师用自己的一生言传身教，劝勉众生倒归净土，契理契机，真修实干，结社念佛举办佛七，对净土弘扬可谓德高功深，所以被印光大师推为净宗祖师。

（九）痛斥狂禅劝发菩提心——十三祖清代省庵

> 深入经藏难亲证，彻悟心源力弘净。
>
> 欲使世人知所以，作文作诗示佛令。
>
> 发菩提心为前导，真信愿行为后劲。
>
> 若能具此殊胜法，即生超凡而入圣。①

印光为省庵所作的这首赞颂中提到"作文作诗示佛令"，这是省庵度生的一种方便，他著有《净土诗集》，留有《省庵大师语录》《省庵法师遗书》等，都是后世了解其净土思想的津梁。而"发菩提心为前导，真信愿行为后劲"这种宗教主张，也正是省庵净土思想的特色和贡献。

1. 深入经藏

省庵大师像

省庵（1686—1734），讳实贤，字思齐，江苏常熟人，出身于世代书香之家，精通儒家思想。省庵从小不吃肉，少年时就聪慧异常，而且常有出离尘世的想法。在他很小时候父亲就离世，母亲看他很有善根和佛缘，就让他出家修行。七岁时，省庵礼清凉痷荣选为师，据说，省庵聪慧爽朗，对经典几乎过目不忘。康熙三十九年（1700），十五岁的省庵正式剃度受戒，这时的他已经精通佛典，兼明儒家，并且对吟诗作画书法样样擅长。

省庵虽然才高八斗、学富五车，但是并不执着书画诗词等，始终在心里牵挂着生死大事。而且他知书达理，忠厚孝顺，在母亲逝世后，曾跪于

---

① 印光法师所作赞偈，摘自《净土宗十三祖师传》，东林寺印经处印行。

佛前诵《大方便报恩经》四十九日，并于每年母亡忌日，设像修供，诵经济度。

一天，省庵到普仁寺参访，突然看见一位僧人扑地而死，顿时感觉生命无常，呼吸之间已是隔世，于是警策自己应当发奋精进。从此他更加严于律己，日止一食，胁不沾席。庚寅年(1710)，二十五岁的省庵依渠成法师和绍昙法师听《成唯识论》《楞严经》《摩诃止观》等经教，昼夜不歇地研究经典。这样过了三年，融通了三观十乘之旨和性相之学。绍昙法师为其传法，嗣灵峰派四世天台正宗。

2. 燃指供佛

甲午年(1714)，省庵二十八岁，叩灵鹫和尚于崇福，参悟"念佛是谁"这个话头，禅修精进，操持严密，历时一百二十日，豁然开悟。突然有一天省庵大呼："我梦醒矣！"从此辩才无碍，彻宗彻教。灵鹫和尚已然知道省庵的修行境界，要把衣钵传授给他，省庵却婉言拒绝并辞师离去。

之后，省庵到真寂寺闭关。白天阅览三藏，晚上专心持念佛号，并拔冗注解莲池大师的《西方发愿文》。就在闭关期间，省庵成就了念佛三昧。闭关三年之后大师出关，省庵应寺众祈求讲说《法华经》，开演经义犹如河悬泉涌，沛然莫御，听法之人皆深受法益。后又应绍昙法师之命，于杭州隆兴寺代为宣讲经律，与会人等无不称善。从此之后，省庵之名扬于天下，慕名前来拜访的人不绝于道。

乙亥春(1719)，省庵大师到阿育王寺朝拜释迦牟尼佛佛骨舍利，曾先后五次燃指供佛。传说，因为大师一心求生极乐世界，所以在舍利前发四十八大愿，舍利竟然感应放光。此后，每年佛涅槃日，省庵大师都会广集僧俗大众，讽诵经典，礼佛上供，宣讲《遗教经》和《佛说阿弥陀经》。

3. 终以净土为归

清雍正二年(1724)，已近不惑之年的省庵大师，移锡杭州梵天寺，著《西方发愿文注》《劝发菩提心文》等文。《劝发菩提心文》一文，不仅理事圆融，别开生面，而且至诚恳切，感人至深。文章提出："入道要门。发心为首。修行急务。立愿居先。愿立则众生可度。心发则佛道堪成。苟不发广大心。立坚固愿。则纵经尘劫。依然还在轮回。虽有修行。总是徒劳辛苦。"①所以他极力推荐定要先发菩提心。省庵还总结了得以发起菩提心的十种因缘：一者念佛重恩故，二者念父母恩故，三者念师长恩故，四者念施主恩故，五者念众生恩故，六者念死生苦故，七者尊重己灵故，八者忏悔业障故，九者求生净土故，十者令正法得久住故。以这样的十种因缘，发菩提心。

其后省庵大师转居多所丛林，跟随左右的弟子为数众多，如是盛景历时近十年，他应永福寺、普庆寺、海业寺、仙林寺等禅宇之邀，主持寺务，劳苦功高。他以清规戒律规范道场，安定僧俗，又宣讲天台禅净诸宗经教以利群机，参方求学者云集，每到一处都能使道场兴旺。

省庵大师晚年，隐居于杭州仙林寺，足不出户，力修净业。同时也领众修行，策励大家生真信心，发坚固愿，专志念佛，以期得以往生西方净土。雍正七年(1729)，省庵大师受信众之请回到杭州凤山的梵天寺居住，为能更广泛地弘传净土法门，他结莲社，领众念佛，为文立誓，以尽形寿为期限，将每日的功课定为二十分，十分持名念佛，九分作观想，一分礼拜忏悔，如是夜以继日，精进不已。他还针对一些疑心不除者修禅者专做开示："一句弥陀，头则公案。无别商量，直下便判。如大火聚，触之则烧。如太阿剑，撄之则烂。八万四千法藏，六字全收。千七百只葛藤，一刀齐断。任他佛不喜闻，我自心心忆念。请君不必多言，只要一心不乱。"②

大师又写了《净土诗》来劝大众修行念佛法门：

闲人念佛正优游，莫把光阴空里投。老有音书头渐白，死无官帖命难留。身前预把资粮办，眼底休为儿女愁。家在乐邦归去好，自然衣食不须谋。

---

① (清)彭际清集：《省菴法师语录·劝发菩提心文》，《卍新续藏》第62册，第234页中。
② (清)彭际清集：《省菴法师语录·示禅者念佛偈》，《卍新续藏》第62册，第239页中。

劝君念佛未能闲，等得闲来病现前。心到乱时须着眼，念从忙处要加鞭。千军队里单刀入，百沸汤中勺水传。佛不碍忙忙自碍，便从今日奉金仙。[①]

4. 劝众净心念佛

后来省庵主持凤山梵天讲寺，屏绝诸缘，清规肃穆，只提念佛，人们都称省庵是永明延寿再来。据说，清雍正十一年(1733)腊八佛陀成道日，省庵大师对弟子们说："到了明年的四月十四日，我就要永远离开这个娑婆世界了。"从此之后，闭关念佛。大师每天规定自己念佛十万声，昼夜忆佛念佛。次年(1734)四月二日出关，到了四月十二，省庵大师告诉大众："我十天之前见到西方三圣遍满虚空，今天又见到了，我将要往生西方极乐世界！"说完又交代寺里面的事务，再去城里与很多居士护法告别。在大师身边侍奉的僧徒请大师书写一个偈子，大师写道："身在华中佛现前，佛光来照紫金莲。心随诸佛往生去，无去来中事宛然。"写完后，大师说道："我必定在十四日往生西方净土，你们准备为我集体念佛。"到了十三日，省庵不再饮食，敛目正坐，五更时分沐浴更衣，向西跏趺而坐。到了巳时，远近道俗弟子都已经聚集在寺院，涕泪膜拜："希望大师住世度人。"省庵大师听到后慢慢睁开眼睛，缓缓说道："我离去跟再来是一样的，生死这样的大事，你们各自净心念佛就可以了。"说完，省庵合掌闭目继续念佛。过了一会儿，大师鼻筋下垂，面色明润，安详往生，住世四十九年，僧腊二十五载。传说，直到封龛时，大师依然面容如生，后起灵骨塔于琴川拂水岩西侧。于乾隆七年(1742)二月十五日，杭州一带弟子等奉迎遗骨重建塔于阿育王寺之右，其旧塔则改为衣钵塔。

省庵大师住世时间虽然不长，但是他通宗通教，振兴道场，对当时的佛教发展做出了很大贡献。他在净土法门中的功夫和境界得到历代大师的一致推崇，而且省庵大师力弘净土宗，一生不遗余力地劝大众修行念佛法门，作文作诗指示佛令，实为后世净土行人之司南。

---

① (清)彭际清集：《省菴法师语录·劝修净土诗》，《卍新续藏》第62册，第254页中。

（十）摄禅归净十六字为纲——十四祖清代彻悟

示众法语利益多，念佛伽陀悉包罗。

全真成妄只此心，全妄成真亦非陀。

不变随缘宜随净，随缘不变莫随讹。

人若依此义修行，光寿当同阿弥陀。①

在这首诗中，印光法师突出了净土宗祖师际醒彻悟大师的思想主张，全真成妄、全妄成真、不变随缘、随缘不变等词，也彰显了彻悟的禅师身份。最后以禅修导归净土，成就其祖师地位。

清红螺徹悟大師

彻悟大师像

1. 悟色身无常

彻悟（1741—1810），讳际醒，字彻悟，一字讷堂，号梦东，京东丰润（今河北丰润县）人，俗姓马。彻悟在小的时候就聪慧颖异，在同伴中脱颖而出。年纪稍长，专志读书，经史群籍，四书五经，无不遍览。

彻悟在二十二岁时候因为大病一场，深切感受到这个虚幻的色身是无常的，于是就有了出家修行、脱离生死的志向。等到病痊愈之后，彻悟便到房山县，投三圣痷荣池老和尚剃发，第二年往诣岫云寺恒实律师处受具足戒。之后在各地游历学习佛法，曾于香界寺听隆一法师讲《圆觉经》，每天夜以继日地研习经典，参悟其中的奥义，直到《圆觉经》全经大旨完全契悟。后来又依从增寿寺的慧岸法师听讲法相唯识宗，深得其中精髓。后又在心华寺遍空法师座下听讲《法华经》《楞严经》《金

① 印光法师所作赞偈，摘自《净土宗十三祖师传》，东林寺印经处印行。

刚经》等大乘经典，对于性相二宗以及三观十乘的奥义无不通贯，了无滞碍。

2. 大振禅门宗风

乾隆三十三年(1768)的冬季，彻悟参访了广通寺粹如纯翁，当时，粹如认定彻悟乃上根利智者，修证境界极深，被视为禅门法器，之后予以印可，嗣法为临济三十六世，磐山七世。后来，彻悟继席广通寺，率众参禅，谆谆教诲徒众，从乾隆三十八年(1773)至乾隆五十七年(1792)，前后二十四年如一日，声名远播四方，使宗风大振。

之后彻悟因诸多生病的机缘，经过念佛治愈，又常常想起文殊、普贤二位大菩萨劝众往生西方，马鸣、龙树二位尊者自己也发愿往生极乐，永明延寿与云栖莲池悉乃禅门宗匠尚且舍禅归净求生净土。何况今时世道，众生根钝。于是，他决定效法古德，转禅为净，誓以求生净土为归宿，专修专弘念佛法门。此后，彻悟大师放下参禅，只提念佛，把数十年对禅宗的所有积稿付之一炬，弟子们看到大师这样的所作所为，纷纷舍弃参禅随着彻悟大师念佛求生西方。

3. 禅净双融

彻悟大师主修念佛法门，专弘净土，凡是对念佛修净有障碍者，悉皆摒弃不顾。为此尽量杜绝外缘，时有学者慕名来访，则每日限定一支香的时间会客，其他时间专修净业。他曾作尺香斋词云："生死事大，来日无多，道业未成，实深惭惧。尊客相看，午后炷香，非取轻疏，幸垂监恕。"

后来，彻悟大师前往觉生寺任住持，历时八年之久，与大众一道精进念佛，以自身禅净造诣，行方便法，教化众生，广设念佛殿堂，以便学者用功办道，远近学人，闻风而至，受师影响，归心净宗者难以计数，莲风随之盛行。世人称彻悟大师为当时净土法门第一人。

彻悟大师对禅净二宗明晓精奥，曾开示道，禅宗属于般若门，是"即缘起而明性空，虽性空而不坏缘起"的法门。而净土法门则是"即性空而明缘起，虽缘起而不碍性空"的法门，两者交相辉映。彻悟认为"佛说种种净土门，亦无非显示此本源心性，从本源心性，流出种种般若净土法门"，同时又说"夫禅者净土之禅，净土者禅之净土，本非两物，用融通作么"。

彻悟大师融通禅净，但仍以净土为重，在《彻悟禅师文集·示众》中开篇点题："一切法门以明心为要，一切行门以静心为要。然则明心之要，无如念佛。静心之要，亦无如念佛。一念相应一念佛，念念相应念念佛。"彻悟又强调净土宗十六字纲宗，即"真为生死，发菩提心，以深信愿，持佛名号"。随后又提出十种真信：一信生必有死，二信人命无常，三信轮回路险，四信苦趣时长，五信佛语不虚，六信实有净土，七信愿生即生，八信生即不退，九信一生成佛，十信法本唯心。彻悟认为，修习净业之人，具备以上十种信心，求生西方极乐世界就是胜券在握。

4. 百年如寄

嘉庆五年(1800)，已经年届花甲的彻悟大师退隐红螺山资福寺，本想避迹深山、静心念佛，然而弟子们依恋追随，所以不得不为法忘躯，不舍弟子，再开法门。随着来山人数的增加，大家一起同甘共苦，泥壁补屋，此处逐渐形成一所丛林，成为有名的念佛道场。

到了嘉庆十五年(1810)二月，彻悟大师辞别山外护法大众："幻缘不久，人世非常，虚度一生太过于可惜，各自努力念佛，我们在净土才能相见。"三月回到红螺山，命弟子预办荼毗等事，交接了住持之位，告诫众人："念佛法门，三根普被，无机不收。我这么多年跟着大家苦心建造这个道场，为了迎接到来的人，一同修行念佛法门，凡是我规定的规模，一直遵守下去，不能改弦易辙，才不辜负我这位老僧和大众的一片苦心。"据说，彻悟大师圆寂前半个月，身体示现病症，命告大众助念佛号，随即看到虚空中幢幡无数，从西方飘来。大师告诉众人："我经过念佛，现在西方净土已经出现在身前，我马上就要回到西方极乐世界了。"弟子们恳求彻悟大师继续住世弘法，大师回答："百年如寄，终究是要归去的，我已经臻临西方圣境，你们应该为我感到高兴才是，何苦让我留下呢？"

《净土圣贤录》等记载，十二月十六日，彻悟大师指令设下涅槃斋。十七日申刻，大师告诉弟子们："我昨天已经见到文殊菩萨、观音菩萨、大势至菩萨，今天就要蒙阿弥陀佛亲自接引，我要走了！"大众称念佛号更加明历和响亮。大师面向西方合掌端坐说道："称念一声六字洪名，就会见得一分相好。"于是手结了弥陀手印，安详而逝。时年七十，僧腊四十九。据说，在场大众都闻到有妙香充盈整个房间，遗体供养七天之后，面貌如生，慈和丰满，头发竟然也从白色变成黑色，光泽异常。荼毗之后留下舍利百余粒，门徒弟子们把大师灵骨葬于普同塔内。

彻悟大师一生的修行保持着纯净的禅风，又有归心净土的切愿，有《彻悟禅师语录》《示禅教律》《念佛伽陀》等著作流通于世。大师解行并重，自化化他，瑞应超卓，鲜明的净土理论和真挚的净宗情操，应契时机，使人观之顿有耳目一新之感。近代净土法门的复兴，彻悟大师奠定了不拔之基，不愧是净土之祖师，万世之法炬。

（十一）苦口婆心法雨润群生——十五祖民国印光

> 貌古心慈，性直口快，训诲往来，精神不懈。
> 舍物施财，欣然慷慨，凌泊资身，离世贪爱。
> 法语流布，遍布中外，普化群生，同归莲界。
> 净宗导师，十方皈拜，临终见佛，安详自在。
> 五色舍利，坚固不坏，愿此尊容，垂范永代。[①]

这首诗是近代著名居士周孟由所作，他与印光同时代，而且亲蒙大师指导，《文钞》中有印光法师专门回复周孟由的书信。诗中用通俗直白的语句，赞述了周孟由眼中印光法师的特征和行迹，并致以高度的颂扬。

---

① 周孟由所作赞偈，摘自《净土宗十三祖师传》，东林寺印经处印行。

印光大师像

1. 出家受戒

印光(1861—1940)，俗姓赵，名绍伊，出家后法名圣量，字印光，别署常惭愧僧。他是陕西省合阳县人，自小从长兄读儒书，刚开始时他尊奉儒家排佛的言论，以辟佛为事。后来眼睛得了病，几乎要失明。据说，在得病的日子里，他重新审定佛教，态度开始转变，眼睛也慢慢好了起来。从此，他开始览阅佛教典籍，有所感悟。

光绪七年(1881)，二十一岁的印光投终南山南五台莲华洞寺出家，礼道纯和尚剃染。据印光法师后来写给邵慧圆居士的信中说，他出家还不到三个月，他的长兄就找到寺中，以母亲病重为理由，要他回家看看。印光知道兄长在骗他回家，但是也没有什么借口推辞。他的兄长回家后就逼他换下僧装，不准外出。后来他趁两个兄长不在，再一次逃出家乡，回到莲花洞寺。他怕兄长再来找他，就去了湖北竹溪莲花寺挂单，为寺中打煤炭烧水，供四十多个人日常所用。

光绪八年(1882)四月，印光到陕西安康县的双溪寺，从印海律师受具足戒。受戒时，因为印光擅长书法，所以凡戒期中所有书写事宜，都交给印光处理。写字过多，眼睛充血发红。所幸，他于受戒前任湖北莲花寺照客，在晒经时得《龙舒净土文》残本，便常于暇时专念佛号。所以印光就在夜晚众人入睡后，起坐念佛，写字时也心不离佛，故虽忙于书写，亦能勉强支持。据称，受戒事宜结束之后，印光的目疾痊愈，由是深解念佛功德不可思议，确信这是即生了生脱死之要道。其后自行化他，皆以净土为归，即造端于此。

之后印光法师到终南山太乙峰结茅潜修。在终南山一住五年。光绪十二年(1886)十月，听说红螺山资福寺是修净土的道场，于是到北京红螺山资福寺挂单念佛。翌年，向资福寺告假朝五台山，然后仍回到资福寺。他在寺三年，曾充任上客堂、香灯、寮元等职，工作之余，研读大乘经典。到了光绪十六年(1890)，他又到北京龙泉寺，任行堂职，翌年又住北京圆广寺，继续专修念佛。

2. 闭关法雨寺

印光三十三岁这年，有普陀山法雨寺化闻和尚入京请藏，南归前来拜访印光法师，并邀请他一同护藏南下。以此因缘，印光于光绪十九年(1893)至法雨寺，住在寺院的藏经楼，随即开始闭关，一共两期相续六载。出关后曾与谛闲法师先后居莲蓬。光绪三十年(1904)，印光年四十四岁，为温州头陀寺请藏，结束之后，仍住法雨寺藏经楼。

光绪二十四年(1899)，高鹤年居士到法雨寺吊唁化闻老和尚，和印光法师相识，以后就常到普陀山看望印光法师。1912年，上海的狄楚青居士创办《佛学丛报》，高鹤年向印光法师要了几篇文稿，署名"常惭"刊登发行。后来在北京政府任职的徐蔚如居士，读到《佛学丛报》上的文章，打听到印光法师，便两度到普陀山求见印光法师，要到几件信稿，带到北京印行，题名曰《印光法师信稿》。到了 1918 年，徐蔚如搜集了二十多篇信稿，重为印行，题曰《印光法师文钞》。此后一再增益，后来在商务印书馆印行铅印版，在扬州藏经院印出了木刻版，又在中华书局、上海佛学书局、苏州弘化社，一印再印，早期的《印光法师文钞》从此公之于世。

1919 年以前，印光法师在普陀山从不收皈依弟子。1916 年，徐蔚如陪着母亲上山求皈依，印光介绍他母子去皈依谛闲法师。1917 年此事才有了转机。当时，北京、天津水灾，上海居士组成"佛教慈悲义赈会"，并推请高鹤年到各地劝设分会，他来到普陀山办理救灾事宜，顺便恳切祈劝印光法师说："如果是真正发心请求的，说方便皈依，普度众生，也是释尊的遗制。如果说这样做有违常住的规矩，我去向法雨寺的老当家和方丈请求通过。"印光法师这时才点头说可以考虑。到了 1919 年，徐蔚如的朋友周孟由兄弟陪着他们的庶祖母到普陀山，再三恳求印光大师为老太太及周氏兄弟授三皈依，各赐法名，大师首肯。这是印光法师受人皈依之始，以后二十余年，他的皈依弟子遍布天下，数目惊人。

3. 大振净土宗风

印光法师于光绪十九年(1893)到普陀山，一住二十五年，直到1918年他五十八岁的时候才出山。他在高鹤年的陪同下，经扬州到上海。高鹤年要带他到海潮寺或玉佛寺挂单，印光法师没有同意，他说："你的熟人太多，你陪我去，人家一定要客气办斋。你我都是苦人，何必苦中作乐，既花钱，又耗时。"高鹤年只得带他找了一所最冷落的小庙，住了下来。印光法师与沪上名流狄楚青、程雪楼、王一亭、陈子修、邓心安诸居士广谈孔孟学理、净土因果等。分别时，这些人欲送香仪礼物，法师都婉拒了。

印光法师在衣食住行上对自己很严苛，食则唯求充饥，不求适口，衣则唯求御寒，厌弃华丽。他虽薄以待己，却厚以待人，凡善信供养的香敬，都拿来印经书流通。对于赈灾济贫的事，权衡轻重，先其所急。如1926年，刘镇华兵围西安，饿死数万人。解围之后，印光法师立即以印书之款，汇去三千元办赈济。1935年陕西大旱，大师立刻拿出存折，令人提款一千元汇去，提汇之后，存折余额仅剩百元，而报国寺的一切费用全赖存折款维持，他认为赈灾事急，余事均可从缓。

1919年，大师为印经事，再次同高鹤年居士到上海，为简玉阶兄弟并诸居士详说净土法门，简氏兄弟由是信仰净土，捐南园住宅创办佛教净业社。1922年，印光法师再因印经事到上海，真达和尚请大师暂住太平寺，施省之、王一亭、黄涵之、关絅之等居士，经常前往问法，大师谆谆以净土为劝，各地闻名来函要求皈依或于信中问法者颇多，太平寺也逐渐以净土道场出名。世界佛教居士林成立，请大师为导师，据印光法师之宗旨组织莲社，倡导念佛法门。上海佛教净业社成立，印光也常加指导。居士林及净业社随后分别发行《世界佛教居士林林刊》和《净业月刊》，经常发表大师弘扬净土的书信和文章，不久净土宗风行于上海。1923年，在大师倡导下，南京成立放生念佛道场，创立佛教慈幼院，推广佛教慈善事业，弘扬净业思想。1924年夏，弘一大师从温州广福寺出关，至普陀山参礼印光大师，侍关七日，受益良多。

1930年2月，印光移居苏州报国寺闭关，于关中佛课余暇，以文字弘法。同时将前所印佛教经书数万册，交明道师在上海成立"弘化社"流通。1931年春，弘化社在上海正式成立，后迁至苏州报国寺。

1936年，东北日军挑起事端，上海的佛教人士在上海觉园佛教净业社启建"护国息灾"法会，大师应邀，破关前往说法，一时轰动全上海，皈依者千余人。大师时闻绥远灾情严重，即以所得香敬2900余元尽数捐去，再自拨原存印书款1000元为倡，筹资再助。返回苏州，众人在车站迎接，请大师上灵岩山一睹近年复兴景象，大师仍然先急往报国寺，取折汇钱，然后才伴众登山，可见大师之悲心。苏州灵岩山寺也是真达法师请示于印光大师所立的十方专修净业道场，寺院一切规约、章程，悉秉大师之志而定。

1937年冬，苏州沦陷，大师顺妙真法师等请，移锡灵岩。

4.《文抄》风行天下

1939年，印光法师已七十九岁，他似乎预知时至。是年十二月，在一封致德森法师的信上说："光大约不久了，故将已了者了之，不能了者亦了之。光死，决不与现在僧相同，瞎张罗、送讣文、开吊、求题跋，敛些大粪堆在头上以为荣。"到了1940年十月二十七日，印光大师身体不适，略示微疾。二十八日午后，他召集在山全体职事及居士等，到关房会谈，对众人说："灵岩住持，不可久悬。"他命妙真任之，众人都表示赞同。三月初一举办完妙真的升座典礼后，到初三晚间，大师吃了一碗粥，然后对真达等说："净土法门，别无奇特，但要恳切至诚，无不蒙佛接引，带业往生。"此后就精神逐渐疲惫，体温降低。到了初四早晨一点半钟，他坐起来说：

"念佛见佛，决定生西。"说完，就大声念佛。到两点十五分，索水洗手，洗手毕，站起来说："蒙阿弥陀佛接引，我要去了。大家要念佛，要发愿，要往西方。"说过，移坐在椅子上，面西端身正坐。三点多，妙真法师到场，他嘱咐妙真："你要维持道场，弘扬净土，不要学大派头。"之后就不再说话，只嘴唇微动念佛。到了将近五点钟，在大众念佛声中，安详坐逝。世寿八十，僧腊六十。太虚在重庆长安寺领导缁素数百人开追荐会，并作诗悼念。1942 年陕西各界在终南山圣寿寺隆重起塔纪念。

印光法师一生，由儒入释，主张儒佛融会，学佛由做人学起。故平日以儒家伦理及念佛法门教人。大师的著作有《净土决疑论》《宗教不宜混滥论》《印光法师嘉言录》《印光法师文钞》正续篇等。自 1912 年以来，在佛教的缁素两众间，印光大名无人不知。一部《印光法师文钞》风行天下，教化几遍及于全国。法师的文字言言见谛，字字归宗，妙契时机，同时身体力行，鞠躬尽瘁，众所钦敬，皈依弟子十余万人。梁启超赞曰："古德弘法，皆觑破时节因缘，应机调伏众生。印光大师，文字三昧，真今日群盲之眼也。"弘一大师评说："法师之本，吾人宁可测度，且约迹论，永嘉周孟由尝云，法雨老人，禀善导专修之旨，阐永明料简之微。中正似莲池，善巧如云谷，宪章灵峰，步武资福，弘扬净土，密护诸宗。明昌佛法，潜挽世风，折摄皆具慈悲，语默无非教化，三百年来一人而已，诚不刊之定论也。"印光被尊为民国四大高僧之一，又被誉为民国以来净土第一尊宿，后世公推为净土宗祖师。

五、祖庭遍布四方　成就家家弥陀

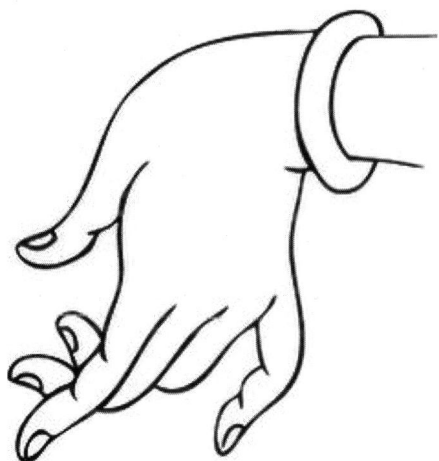

（一）庐山东林寺慧远结社

据《徐霞客游记》所述，东林寺"南面庐山，北倚东林山，山不甚高，为庐之外廓，中有大溪，自南而西，驿路界其间，为九江之建昌孔道。寺前临溪，入门为虎溪桥"。净土宗初祖慧远大师始建该寺，又与贤达123人共结社念佛，成为中国佛教史和净土宗发展史上的重大事件，对后世净土宗颇有影响，故东林寺被尊为净土宗祖庭。

1. 东晋寺院初建

东林寺始建于东晋慧远大师。据文献记载，建寺之初，木材匮缺，慧远为此忧心不已，夜间熟睡梦中山神现身相告："此山足可栖神，愿毋他往。"就在当夜，电闪雷鸣，风雨交加，殿前的水池中，突然涌出许多上好的木材，慧远眉开眼笑，大众莫不称奇，刺史桓伊也大为惊讶，更加相信远公是神僧，所以招呼百姓出工出力，建寺速度加快。至今东林寺仍有出木池遗址，因为这个典故，东林寺大殿被称作神运宝殿。

庐山东林寺

传说，陶侃在广州做刺史时，一位渔民某日突然在海上看见有神光显现，并迅速在放光的地方撒网，结果打捞上来一尊文殊像，上有"阿育王造"的字样，陶侃把这尊金像送到武昌寒溪寺供养。后来，寒溪寺遭火灾，殿寺全部化为灰烬，只有这尊金文殊像及其供像的殿堂得以幸存。陶侃移任江州做官后，派人迎请金文殊像，谁知金像抬上舟船便沉到水底，多次打捞，了无踪迹。当时有民谣传唱："可以诚至，难以力招。"东林寺建成后，慧远又亲自至江上虔诚祈祷，忽然，金像自己浮出水面，慧远与大众遂恭迎金像至神运殿，另造重阁以供奉，并制文殊瑞像赞。

慧远在授徒弘法的同时，还大力营构寺宇。当时庐山西北麓的许多寺院，诸如龙池寺、清泉寺、龙泉寺、圆觉寺、中大林寺、上崇福寺、上化成寺等都是慧远营建的。慧远德高望重，声名远播，东林寺也很快成为规模恢宏、殿堂巍峨的大型道场，连西域僧人"咸称汉地有大乘道士，每至烧香礼拜，辄东向稽首，献心庐岳。"可见其影响力。

2. 唐代法宇天开

慧远之后，东林寺修缮不断，南朝梁孝元构造重阁，庄严寺宇。晋王杨广不吝捐施。进入唐代后，东林寺得到了朝廷宫府和文人雅士更多的关心和扶持。元和年间(806—820)，江州刺史韦丹捐资在寺内修建修多罗藏，极尽华美。又为寺院用其妻萧氏"钗梳佩服之资"买良田数顷。随后，江州司马白居易赠送绢十余匹增修藏经西廊，并将文集七十卷和画像一帧捐藏于寺。

此时，东林寺殿厢塔室、亭台楼阁多达三百十余间，藏书一万多卷，僧侣常数百人。其建筑之恢宏，规模之巨大，地位之崇高，非一般道场所能比拟。天宝七年(748)冬，鉴真在第五次东渡日本失败，折返扬州途中，特地慕名到东林寺作短暂休息，五年后他第六次东渡日本时，东林寺僧人智恩随同前往。

在唐代，东林寺拥有一大批德高望重、禅学精深、才识俱佳的高僧。熙怡大师"体识深静、风度端敏"，四方学者"差宵继踵"；景云大师为"行道者随，践迹者归"，威望极高；处默和尚能诗善文，被誉为诗僧；神凑参加过官办的"经律论三科"考试,"志在《楞严经》,行在《四分律》,其他诸教,余力则通",东林弘法三十多年,名声显赫。

3. 禅者继居之

自唐以来,禅宗独兴,东林寺成为禅宗重要阐扬基地。曾住持东林的上恒便是出自江西马祖道一的门下,上文所述神凑亦属禅宗法系。他们以东林寺为基地,与庐山禅宗门人法藏、道明等共同在庐山大力弘扬禅宗,有力地推动了庐山佛教的发展,东林寺也因此成为全国佛教八大道场之一。但会昌法难时,东林寺难逃厄运,遭受灭顶之灾,沦为"荒途马迹稀"的荒凉之所。

进入北宋后,东林寺在一段时间内再度不振,"垂七百年而远师之教极敝"。真宗即位后,重新重视东林寺,命崇文院写校白居易文集,"包以斑竹帙送寺"保存。元丰二年(1079),宋神宗又发诏"尽撤律为禅",升东林寺为禅寺,延请著名高僧禅宗南岳法系临济宗十三世常总为寺住持,开始重振东林寺。经数年努力,重新把东林寺变成了拥有"厦屋千楹",殿阁相重,回廊连绵的宏伟寺宇。自此,东林寺赫然大振,"衣冠流俗靡然信从"。

南宋建炎年间(1127—1130),李成、何世清二盗"以庐山为巢,宫屋焚荡无余",东林寺又一次陷入"白云流水两凄然"的境地。孝宗淳熙年间(1174—1189),随着南方政局的逐渐安定,庐山东林寺才次第兴葺。

元代至元二年(1336)在庆哲住持下,取巴蜀楠柏、豫章竹杉,近旁金铁瓦石,悉力经营,费十年之功,才使"千年之迹一撤而新之"。当时,东林寺"自佛殿、门庑、经楼藏室,说法之堂,鸣钟之阁及诸寮舍,乃至库庾仓溷垣途亭馆,大小毕备,结构庄严,有加于昔",恢弘壮丽,赫然重兴。

明洪武六年(1373),太祖曾对在元末兵乱中遭毁的东林寺进行重修。万历年间(1573—1620),僧大挪和徒弟寂融又兴造了神运殿、净业堂和禅房,并延请著名高僧三昧寂光律师来寺住持,宣扬净土宗,一时远近从风,"四方学者来归,不下二千指"。

入清之初，东林寺僧照忍、采善、宗微等在地方官吏的捐助下先后募修了五如来殿和远公影堂，东林寺得以恢复。到清咸丰年间（1851—1861），寺院屡遭浩劫，残垣断壁，难以再兴。之后虽有修茸，但总不及往日风光。

1938年，日军攻陷九江后，东林寺成为日军南进要冲，由于国民党军张发奎、成刚部不战退却，两军没有正面接触，东林寺免炮火摧残。随后日军在此设医务所，留驻七年，因而寺屋保存尚完好。

（二）石壁玄中寺三祖云集

山西交城玄中寺，亦称石壁玄中寺、永宁寺，位于山西交城县城西北十公里的石壁山中。作为中国佛教净土宗的祖庭，在净土法门的发展历史上起到过非常重要的作用。日本净土宗与净土真宗两大宗派，也都以玄中寺为祖庭。

玄中寺

1. 净宗三祖相继

玄中寺始创于北魏延兴二年（472），建成于承明元年（476）。孝文帝太和十八年（494），玄中寺举行崇修大会道场（可能是一项石窟雕凿工程的竣工典礼）。大会期间，石壁山中出现了甘露瑞应。第二年，朝廷赐玄中寺的寺庄为"夜饭庄子"。当时寺院僧侣过午不食，但这对从事农田耕作的人来说难以承受，而吃夜饭也要朝廷恩赐批准，以示嘉奖。

北魏时期，净土宗祖师昙鸾先住并州大寺，晚年移住玄中寺。他在寺院西北的石壁山岩下集众念佛弘法，信徒甚多，此处后被称为"鸾公岩"。隋炀帝大业五年(609)道绰来到玄中寺，在玄中寺弘法取得了很大的成果，并撰写《安乐集》二卷，道场再度兴盛。唐贞观九年(635)，太宗李世民以其天子之尊亲临瞻礼，施舍"众宝名珍"，重修寺宇，并赐名"石壁永宁寺"，为长孙皇后祈福消灾。后来玄中寺建起御书阁，保存皇帝墨宝。贞观十五年(641)冬，善导经过长途跋涉来到玄中寺，拜访道绰，居住四年。贞观十九年(645)，道淖在玄中寺圆寂后，善导才离开玄中寺回到长安。

此后玄中寺成为官寺，由政府封赐食禄并加以管理。约在唐开元二十三年(735)，诗人李白游览玄中寺，题写下酣畅淋漓的"壮观"二字。壮观二字后来被人们镌刻在寺东山崖上。

开元年间，玄中寺有较大规模的修建工程，欢润脱修伽蓝，毅本玄造山阁。后来交城县令张令孙亲自出马，继续未完之建设，完成了一个石窟寺向木构殿堂寺院的大转折。土建竣工后，又于开元二十六年(738)铸铁弥勒像一尊。开元二十九年(741)，上座普敬、寺主惠进等请前濮州鄄城县尉林谔撰文，太原府参军房璘妻渤海高氏书，镌刻出我国书法碑刻史上极为珍贵的由女书法家书写的著名碑记"高氏碑"。

2. 全国三大戒坛之一

中唐以后，玄中寺成为律宗寺院，前后持续近五百年。唐贞元九年(793)，玄中寺创建戒坛，至贞元十二年(796)秋竣工时，发生甘露之应，太原节度使李说接到报告后上表奏闻朝廷。为此，朝廷赐名为"甘露无碍义坛"，简称"甘露坛"。与当时京师长安灵感坛、东都洛阳会善坛，同为全国三大戒坛。唐宪宗元和七年(812年)又赐名"龙山石壁永宁寺"。

唐末会昌佛难，玄中寺亦列其中，殿堂、造像、文物等一并尽毁，唯独保存太宗墨宝的御书阁、记载太宗莅寺的高氏碑侥幸逃脱。

宋代庆历四年(1004)，文学家欧阳修出使河东，曾慕名来寺观赏、传拓《高氏碑》。宋哲宗赵煦元祐五年(1090)和金世宗大定二十六年(1186)，寺院遭两次大火，烧毁大半，分别由道珍、元钊主持修复。

金代，玄中寺仍是律宗丛林，但已受到禅净二宗的影响。当时，交城县三大佛刹之王山圆明寺、卦山天宁寺都改为禅宗道场。

金世宗大定二十一年(1181)，元钊法师担任玄中寺住持。他住持玄中寺后，修寺度僧，希图振作。然而，大定二十六年(1186)春天一场大火，御书阁、法堂、房廊、寮舍悉为大火尽焚。元钊带领弟子们募化重建寺院，到泰和初年(1201)，次第修复并依旧拓重刻《高氏碑》。元钊主寺多年，与卦山天宁寺德苑禅师来往密切。

3. 改为曹洞宗丛林

后来元钊的徒孙惠信住持寺院，当时他与佛教居士元中书右丞相耶律楚材交好。耶律楚材两次途经交城，受聘担当交城县三大佛刹的功德主。当时玄中寺的惠信由于各方原因，计划把玄中寺从律宗道场改为禅宗丛林，于是向耶律楚材提出申请，耶律楚材闻奏于朝，后来就革律为禅，赐额"十方护国永宁禅寺"。耶律楚材还说服中书左丞相粘合重山一起担当玄中寺的功德主。

蒙古乃马真后三年(1244)五月，鲁国公主唆儿哈罕与驸马纳合差、使臣赵国安向地方官宣布懿旨、钧旨，令玄中寺作水陆法会三昼夜，告天祈福。中统三年(1262)，帝师八思巴朝礼玄中寺，八思巴对惠信座下身高八尺壮貌魁伟的弟子广安影响深刻，赠给广安红锦缎匹。至元六年(1269)，八思巴带广安赴京朝见忽必烈，授广安为太原路都僧录。翌年，广安又奉旨赴都，敕赐大衣袈裟。至元十四年(1277)，朝廷又颁发给玄中寺一道用八思巴文书写的圣旨，大意是保护寺院财产，免除徭役税粮。元代末期，军阀混战，玄中寺因有充裕的资产及富户的避居而遭兵匪垂涎，频遭洗劫。

明代晚期，玄中寺出现了东西两院僧人各成体系的分裂局面，明末清初的数十年中，以交城山区为中心，农民军活动此起彼伏，玄中寺屡被侵扰。

清顺治十四年(1657)，玄中寺重建钟鼓楼，改为瞭敌楼式。直到乾隆三年(1738)心有余悸的西院僧侣又在寺院西北角建起一座砖碉高楼，模样与钟鼓楼相似，但更高、更宽大，可俯瞰全寺。乾嘉时期，玄中寺东院住持无虑募捐修葺寺院。此时，东西两院体系一直各自延续，但对中轴线上共用殿堂的修建，则在社会人士的参与下或合作或独资正常进行，未受影响。

清光绪二年(1876)、十七年(1891)玄中寺两度火灾，大雄宝殿、东西配殿、僧舍等被焚，玄中寺沦为废墟，僧众四散，文物流失。[①]

（三）蓝田悟真寺善导创宗

悟真寺位于西安以东蓝田县的王顺山，风景秀丽，环境怡人。据说，最早有东晋鸠摩罗什的高足道恒法师在悟真寺所在的蓝谷建立悟真山舍。隋唐时期，净影慧远的高徒净业法师来此开山建寺。善导大师曾于该寺隐修证得观佛三昧，后来又长期住持悟真寺，著述弘法，创立净土宗。因此，该寺成为名副其实的净土宗祖庭。

1. 隋代始建百鸟朝礼

悟真寺的真正建立者为隋代的净业法师，但净业法师所建的悟真寺规模不大。据《续高僧传》卷十二介绍，大隋开皇年间，净业法师来到蓝田，在信众的帮助下，"架险乘悬，制通山美"筑成山房。

隋朝时期的悟真寺，高僧普遍信奉《法华经》。悟真寺一建立就吸引了不少高僧入住，知名的有慧超和法诚，而真正将悟真寺扩建成大寺庙的是法诚。法诚主要研究与弘扬《法华经》，隋文帝曾请其出山，法诚坚辞不出，以至于因躲避朝廷的任命而负笈行脚。后与慧超隐居悟真寺，同研

祖庭遍布四方 成就家家弥陀

---

① 参见姜鹏：《交城玄中寺建筑形态研究》，太原理工大学硕士学位论文，2012年。

悟真寺

《法华经》。由于此时的悟真寺只是一个精舍，非常简陋，于是法诚便四方筹措，扩建悟真寺，悟真寺才由"山房"变成了真正的寺院。传说，法诚深得法华三昧，曾梦感普贤菩萨现身，希望他抄写经书，弘扬大教，于是法诚聘请匠人抄经，抄经完毕后，百鸟飞来徘徊不去，时人皆叹祥瑞。贞观初年，又在悟真寺造画千佛像，百鸟再次云集。他还出资维修山道，使行人免受颠簸。此时的悟真寺已经是一座殿堂宽阔、回廊精美、规模宏大的大寺院了。

隋唐时期悟真寺的高僧还有保恭法师。他先研习《成实论》《十地经论》，后用所学经论弘扬《法华经》。保恭法师曾执掌栖霞寺，后隋文帝为献后造禅定寺，征召保恭进京为禅定寺主持，杨广与萧后之子隋齐王杨暕奉其道德，礼以为师，后来入悟真寺隐居。武德二年(619)，唐高祖李渊召其回京，并改禅定寺为大庄严寺，保恭仍为寺主，并任命其为僧官"纲统"。

2. 唐代净土法门盛行

进入唐代早期，悟真寺还是以《法华经》信仰为主流。唐代早期悟真寺的高僧慧远法师，曾投三论祖师吉藏法师出家，博文多识，善讲《法华经》，晚年居住蓝谷悟真寺，乘闲乐道，十有余载。据传，其在悟真寺宣讲《法华经》，曾感得二龙前来听经，为时人降雨，非常灵验，悟真寺因而在寺内建立"画龙堂"，朝廷也拨出专款维修，悟真寺在唐代的发展，部分得益于此。

据《释门自镜录》，华严宗的实际创立人法藏曾担任过悟真寺的上座。《宋高僧传》记载的释清虚，归心般若，常有神异，长安二年(702)独游蓝田悟真寺。悟真寺原来没有水井，打井不出水，僧人只好远去山涧取水，十分辛苦。当时法藏大师听说清虚常有神异，于是请其为悟真寺请水。清虚法师即入弥勒阁内焚香，诵经三天三夜，忽心中似见三玉女在阁西北方向的山腹处，以刀子剜地，随即出水。清虚法师熟记其处，起来后去那里挖掘，果然有甘泉流出，用之不竭。另有一件关于当时悟真寺的僧人思礼的故事，他是蓝田本地人，出家仅仅只是混口饭吃，咸亨年间(670—674)，他趁着众僧夏安居，思礼将佛像内藏的丝绢偷走。众人不知是谁干的，纷纷议论，上座僧法藏认为，护法伽蓝菩萨肯定知道，窃贼必定会被神打。夜里，思礼果然被白衣神所打，几乎丧命。

之后，善导大师住持悟真寺时，创立净土宗，建立上下院，此地成为净土宗圣地，他倡导的净土法门，在悟真寺影响很大，悟真寺里有很多修净土的僧人。据《三宝感应要略》讲，悟真寺释惠镜，出家后颇有工巧，曾自造释迦牟尼佛像与阿弥陀佛像各一尊，常年供养礼拜，六十七岁那年正月十五日夜，忽然梦见有一沙门，引领他到了西方净土，并见到了阿弥陀佛，佛告诉他，释迦佛与弥陀佛的关系，正如人之父母。小儿掉到泥沼中，父亲将其抱上岸，母亲给予其温暖。故而释迦佛如父，教化娑婆世界受苦之众生，而弥陀佛则将已经领悟的众生引导至极乐世界，给予安乐。

唐代的悟真寺是长安地区乃至全国的名寺，寺内有弥勒阁、禅师院、经净屋、玉佛殿、观音堂、千佛殿等殿阁，还有龙池、多宝塔、定心石、谒仙祠、晒药台等著名景观，另有舍利子、吴道子所绘的壁画、褚遂良的书法等珍品。唐代的悟真寺的格局、规模，幸有白居易《游悟真寺》存世，

祖庭遍布四方 成就家家弥陀

我们还能大致了解当时的情况。

3. 宋以后几度更名

在唐会昌灭佛运动中，悟真寺被拆毁，僧人被驱散。五代时期后周世宗柴荣灭佛，悟真寺也大受影响。

进入宋代，悟真寺才有所恢复。宋初悟真寺改名为崇法寺，唐武宗灭法时被摧毁的多宝塔也被重建。北宋才子苏舜钦曾于景祐元年(1034)正月和八月两次来悟真寺朝拜，结果第二年高中进士。他的《蓝田悟真寺作》如实记叙了悟真寺在北宋仁宗时期的景况。

明正统十四年(1449)，朝廷曾经拨款对悟真寺进行了一次修复。当时悟真寺被称为南普陀，下院改名为北普陀，反映了明朝中期观音信仰非常突出。明孝宗弘治七年(1494)十二月，寺主政通、首座真实、提点义遏、徒弟正斌四位法师与信众等发心为下院造大钟一口，并委托泾阳金匠陈达与陈玺二兄弟铸成，当时的寺名是"敕置悟真禅寺"，可见当时悟真寺已经成为禅宗道场。

嘉靖三十四年(1555)十二月，关中大地震，悟真寺遭到严重破坏，蓝水因之分流，悟真寺下院所在地方成为蓝水怀抱中的小岛，称为蓝渚，悟真寺下院也因之改名为"蓝渚庵"。因为破坏严重，藩居长安的宣王奏请朝廷对下悟真寺进行了一次大修，并将下院改名为"诸圣水陆庵"。

清代悟真寺再次更名，上寺称竹林寺，下寺称华严堂。民国初年，蓝田县知事庞宗吉曾重修过悟真寺，并题写了"上悟真古寺"门额。1919年五月十五日，陕西督军陈树藩、省长刘镇华曾发布告，保护悟真寺古迹，住持觉灵与其弟子昌定将之立碑，保存至今。其中提及"远查竹林寺即古之上悟真寺也。……况竹林寺伊古号为名胜遗迹，尤当爱惜护持"。

（四）长安香积寺宝塔永志

香积寺位于西安市长安区终南山子午谷正北，神禾原西畔。其坐北朝南，地势高亢，南临滈河，西傍潏水，北接风景秀丽的樊川，东临贯通全城的子午大道。香积寺古为"樊川八大寺"之一，又因善导大师归葬此处，成为著名净土宗祖庭，在中日两国净土宗信众心目中有崇高地位。

1. 善导舍利归香积

唐高宗李治永隆二年(681)，净土宗实际创立者善导大师圆寂，其弟子怀恽等"想遗烈而崩心，顾余恩而雨面，爰思宅兆，式建坟茔，遂于凤城南神和原崇灵塔也"。怀恽怀念自己的师父善导，在朝廷的支持下，为其选择归葬地，建立舍利塔，名崇灵塔。舍利塔建成后，围绕塔院建立寺庙，即香积寺。

香积寺

文献记载，香积寺建成后，堂殿峥嵘，可以和帝释天的忉利天宫媲美，楼台亭阁，堪比印度的祇园精舍。寺内的树木，冬天仍然青翠，寺内的花草，经历严霜却不凋谢。风高气爽，既适合罗汉修行，也适合菩萨教化。又在寺院内建立大塔，上下大塔需要走二百步，上下十三级，既能凭栏望月，又能宣示教令，既有帝释天到访的踪迹，也有龙王降临的迹象，该塔简直就是印度鹫峰山的分身，种种庄严景象，尽昆仑山之珍宝。又因为宝塔屡有感应，能够通幽冥之事，故而皇帝下旨，送舍利子一千多粒，装于七珍宝函内，随此胜缘，还有种种宝物，供养善导大师。武则天也经常来这里布施外国进贡的珍宝以及各地的奇珍，可谓盛极一时。

2. 香积寺之战

安史之乱给香积寺带来了严重摧残。香积寺所在的神禾原，南面就是著名的子午谷，这正是从汉中到长安最近的一条通道，历来是兵家必争之地。唐玄宗天宝十四年(755)，安禄山占领关中，玄宗仓皇逃入四川。唐肃宗至德二年(757)，安禄山被其子安庆绪所杀，九月，唐军元帅广平王李俶率朔方、安西、回纥、南蛮、大食等联军二十万进攻长安，就在香积寺附近与叛军十万众决战。后敌军溃败，斩首六万，掉在沟壑里死去的十之二三。战况惨烈，寺院遭到极大的破坏。

唐德宗建中四年(783)，泾原兵变，乱军开进长安，拥护朱泚为皇帝。唐德宗逃走，驻守梁州，指挥唐军收复长安，双方鏖战九个月之久，才收复长安，击败叛军。但在收复长安的过程中，官军挖开了潏水上的龙首、香积两道堤坝，以断绝长安城中的水源。朱泚也派人到此维修水源，双方展开争斗，香积寺受到了第二次破坏。

3. 唐后逐渐消沉

会昌五年(845)，唐武宗在道士赵归真的鼓动下，发起了灭佛运动。香积寺也在拆毁之列，这是它的第三次遭难。宣宗即位后香积寺又有恢复，但五代时期后周世宗再次灭佛，香积寺第四次受难。

县志记载，北宋太平兴国三年(978)，香积寺改名为开利寺。

明嘉靖年间(1522—1566)，进士王鹤曾到访香积寺，从诗中可见明代晚期，香积寺崇灵塔仍在，僧人的法事活动仍在进行，寺庙周围建有村庄。

清代乾隆三十二年(1766)，香积寺住持续桂在信众王好敏、王谋、周养厥、王光秀等人的支持下，由匠人梁可烈、苗惠礼对寺庙进行了一次修整。事迹刻在崇灵塔上的一块写着"涅槃盛事"的横额上，保留至今。

民国时期，日本浪人偷走了不少寺内金石文物，1953年文物普查时，得到精刻文物119件。1957年，康寄遥居士去调查时，香积寺占地三亩多，有大殿三间，金刚殿三间，僧房三间，门楼一间。大殿供阿弥陀佛像，金刚殿为村小学借用。当时香积寺住寺僧人五人。

（五）南岳祝圣寺承远随缘

祝圣寺坐落在湖南南岳镇东街，距南岳庙半里许，是南岳六大佛教丛林之一。祝圣寺历史悠久，据《南岳总胜集》记载，夏朝大禹王曾在这里修建清冷宫，供奉舜帝。唐代因承远大师在此结庐念佛，后又有法照大师在这里师从承远，创立五会念佛，所以成为净土宗祖庭。

祝圣寺

1. 扬名于朝廷

净土宗五祖承远大师二十四岁剃度出家。后来惠真法师告诉承远，南岳衡山有一位名为通相的律教法师，于是承远第一次拜谒南岳，并在通相法师处受具足戒，学习经教和律法。天宝元年(742)承远大师又归于衡山，在山的西南一角建立简陋的茅草屋，开始了清苦念佛的岁月。后来，随着承远大师的德行远播，前来拜谒者络绎不绝，并且开始有人发心修建寺院，不久寺宇已具规模，遂改名为"弥陀台"。

承远的弟子法照为净土宗六祖，他初居庐山，结西方道场，定中见承远在极乐侍佛。大历二年(767)慕承远名来南岳，师事承远十二年，著书创建五会念佛。大历末年(779)奉诏至长安，入皇宫教五会念佛，唐代宗奉为国师，传教天下。法照向代宗极力称赞其师承远之德，代宗南向遥礼之，度不可征，乃名其居曰"般舟道场"，以尊其位。

承远另一著名弟子日晤，十三岁出家，随承远长期侍勤。唐肃宗乾元元年(758)，诏天下名山置大德七人，讲戒律，日晤获选首位。他在南岳登坛传戒37年，每年度僧千人，称盛一时。他在弥陀台旧址上建一精室命名为"般舟台"，专修念佛三昧，世称"般舟和尚"。唐德宗贞元年间(785—805)，诏为"弥陀寺"。自此，由弥陀台、般舟道场发展而来的弥陀寺，成为名登朝廷、声动公卿的天下名寺。

2. 成就祝圣十景

唐会昌五年(845)，毁佛之事大兴，弥陀寺也在此劫难中被毁废。

五代十国时(930—960)，马殷据湖南称楚王。适逢有掌诰夫人杨子莹施钱，在弥陀寺旧基上重建寺院，名曰"报国寺"。

至宋朝，太平兴国间(976—984)，太宗赵光义下诏，更寺名为"胜业寺"。宣和元年(1119)，宋徽宗崇信道教，诏天下建"神霄宫"，地方官多以巨刹充替，胜业寺被改为神霄宫，设官提举。后复为寺。宣和间(1119—1125)，天台宗僧人法忠，遍访名宿至衡湘，衡州给事官冯楫请住持胜业寺，并支持法忠全面维修寺宇，塑制佛像，清理寺产。朱熹和张式畅游南岳时，也曾游憩胜业寺。

元朝时，胜业寺也进行过多次维修，并在寺周培植树木。

到了明代，胜业寺又进行过多次修缮。崇祯八年(1635)，住持佛顶对寺宇、佛像又进行了一次大的修缮。

清朝初，寺院再经修缮、重建，成为盛极一时的大寺院。康熙四十四年（1705），湖南巡抚赵申乔拟请康熙帝南巡，便大兴土木，把这里改建成一座宏大而华丽的行宫，后来康熙帝南巡未果，行宫封闭近十年。至康熙五十一年（1712），三月逢康熙帝六十一岁大寿，大湖南北的诸宪台齐聚南岳建"万寿国醮"，湖广总督额伦特、湖南巡抚王之枢奏改行宫为"祝圣寺"，请颁《龙藏》，康熙帝遂颁赐《龙藏》。十六年后，雍正五年（1727），王国栋任湖南巡抚，又一次将行宫改祝圣寺的情况向朝廷呈送奏折。雍正帝胤禛作了"知道了"朱批，允肯"祝圣寺"名。

雍正以后，祝圣寺的住持先后有淡远、前参、佛格，将寺庙修缮得更加雄伟壮观，前来参访、拜佛的人络绎不绝。时人总结出"祝圣十景"流传于世：中亭测日、双阁凌霄、松涛泛月、翠柏撩云、猿知入定、鹅惯听经、炉霭天香、山钟自动、岳云光榴、瀑布流厨。

3. 积极入世

民国时期，僧人空也法师在祝圣寺举办"天台宗学校"。1929 年，湖南名僧灵涛法师又在这里开办了"南岳佛教讲习所"，培养了一批僧伽人才。

1937 年 5 月 7 日，南岳佛道教徒出于对祖国前途的关心，献身反对外来侵略的斗争，在当时任国共合办的南岳游击干部训练班副教育长叶剑英的启发下，全山僧道在祝圣寺成立了"南岳佛道救难协会"爱国组织。叶剑英在会上作了"普度众生，要向艰难的现实敲门"的讲演，佛道教人士备受鼓舞。该组织选派 3 名僧人参加游击干部训练班，又组织僧道训练班，学习军事常识和抢救护理伤员等技术。后组织了"佛教青年服务团"和"佛教流动工作团"两个宣传队性质的组织，奔赴长沙、湘潭等地开展抗日救亡宣传活动。郭沫若、邹韬奋、田汉等对南岳佛道教界人士的爱国行动给予热情的支持。邹韬奋把南岳佛道救难协会成立宣言和组织大纲，发表在他主编的《全民抗战》杂志上。田汉在诗中赞道：锦衣不着着缁衣，敢向人间惹是非。独惜潇湘春又暮，花前趺坐竟忘归。

1949 年中华人民共和国成立后,祝圣寺成为南岳佛教的活动中心。1956年成立的"南岳佛教协会"设在祝圣寺。僧人发扬农禅并重的传统,动员组织佛教徒从事劳动生产活动,实现自给自养。"文革"中,佛教活动停止,佛像、经书、法器荡然无存,幸运的是殿堂保存完整。1979 年起,随着宗教信仰自由政策的落实,僧人陆续返寺。1980 年,祝圣寺移交给南岳佛教协会管理,国家拨款对寺庙进行了全面修复,1985 年 5 月隆重举行了佛像开光典礼,成为南岳一大盛事。

(六) 洋县念佛岩法照念佛

《宋高僧传》《佛祖统记》《广清凉传》《净土往生传》均记载有法照事迹,但大都姓氏、籍贯不详,皆云"不知何许人也",使法照大师的出身等情况成为谜团。但根据明嘉靖《汉中府志》,清康熙、光绪《洋县志》,清雍正《陕西通志·人物》,民国《洋县志》《洋县志备考》《续陕西通志稿·金石》等地方志的记载,可以考察到法照大师的出生地、出家寺院以及修行念佛的地方。

念佛岩因净土宗六祖法照大师在此念佛而得名,位于陕西省洋县县城以北 7.5 公里的溢河水库西岸,与水库大坝隔水相望,分上、下岩,地属洋县戚氏镇潘湾村。释子山与念佛岩一水之隔,距离约 2.5 公里,是法照的诞生地。从念佛岩往东南翻山梁,大约走 1.5 公里即到周家坎村后槽高家梁,这里则是法照出家的积庆寺遗址。

1. 释子山放牛娃诞生

关于净土宗祖师法照出生于陕西洋县释子山的文献记载,最早见于明代地方志。明嘉靖《汉中府志》载:"张法照,洋州兴势人,少为沙门。"清光绪《洋县志》、民国《洋县志·古迹》载:"释子山,唐法照生此。"清康熙、乾隆《洋县志》中北宋崇宁间(1102—1106)洋州进士闵文叔所撰《念佛岩大悟禅师碑记》载:"昔唐代宗时,有圣僧焉。姓张氏名法照,兴势县大瀍里人也。"清雍正《陕西通志·人物》及康熙、光绪《洋县志·人物》中载:"张法照,生于释子山。"

洋县念佛岩现存小庙

　　另外,关于法照大师的出生,洋县本地的民众当中一代一代口耳相传,一直流传的相关故事更为饱满生动。2011 年 4 月 17 日洋县佛教协会秘书长李心道专访了洋州镇孤魂庙村六组石山根的何双宝老人,老人用朴实生动的方言对来访者讲述了当地盛传的法照大师的故事:"小时父亲对我说,这村不叫石山,叫释子山,是纪念出生在村里的放牛娃爷的。当初,张家失了子,和尚得了徒弟,老佛爷添了子。放牛娃爷给朱员外家放牛,边放牛边念佛,最后在念佛岩成了道。"老人口中所谓的"放牛娃爷"就是法照大师,因为他小时候给员外放牛,后来修行成道在当地弘化一方,且颇有传奇色彩,故当地人称为"放牛娃爷"。

　　另一位知情的何德成老人,则讲述了记忆中释子山寺庙的情况:"释子山上有座大庙,里面供着放牛娃爷母子像。后来叫江坝人给烧了,说是大庙对着人家堂屋,使人家诸事不顺。刚解放我 12 岁,在山上还见到过残砖烂瓦。那时,释子山东北角有个小庙,里面供着一位泥塑坐着的老太婆,跟前站着个小娃,母子二人面前卧着一头牛,放个背篓,背篓里装着镰刀。

这泥像有五六尺高，每年二月二的庙会，村里的、外地的上山敬神烧香的人都要在像前上香，礼拜后，把包谷花撒在庙前，以示祭祀。一些碎娃可得手了，都抢包谷花，我也抢吃过。"由这些民间传言，不仅可知法照当年的出生地，而且可知一直以来当地还有为纪念法照而修建的庙宇。

2. 积庆寺随法师出家

民国《洋县志·寺观》载："积庆寺，县北十二里，旧名法水院。"资料之外，更生动的关于法照大师出家的情况，也是当地老人们之间相传下来的传说故事。李心道先生采访周相义老人时，老人回忆了他印象中的积庆寺："念佛岩放牛娃爷的事，得说说后槽高家梁积庆寺。解放时积庆寺住的和尚叫显法，庙里供着放牛娃爷的和尚像，庙门上的对联至今我记着：'祸由恶积，烧汞炼丹方得道；福缘善庆，明心见性即成佛'。庙的具体地方在后槽高家梁三队村后，坐北朝南，三合头，大殿三大间，东西厢房各小三间。大殿东山墙外有三间大庙，大庙后有根大线柏树，树下有块大石碑，'文革'中被炸烂了，庙里的一些事情现在忘的多了。"然后老人生动地讲述了祖辈们代代相传的关于法照大师放牛、出家的故事，老人声情并茂地说："放牛娃爷是给庙附近朱员外家放牛的。放牛娃爷在灙水河边放牛，常常整天不回员外家吃饭，老员外担心放牛娃爷把牛丢了，就去查看。这天老员外找到灙水河边一看，牛在吃草，但不见人。老员外再往牛跟前一走，牛周围火光四射，正要叫人，放牛娃来了，火光也不见了。时间久了老员外才知道，放牛娃除了放牛，常到积庆寺和住持和尚来往。偶尔也有官道上来的外地和尚，在灙水河边教放牛娃念佛。放牛娃爷放牛时，画个圆圈，牛在里面吃草，既跑不掉又没有人能拉走。三四年后放牛娃跟积庆寺的和尚出家修道往山外去了。后来我们的老先人把放牛娃爷放牛念佛的岩周围叫念佛岩，有上下岩之分。岩北山腰有个岩窝，刚能坐个人，放牛娃爷念佛就坐在里面。后来放牛娃爷成了神，他妈跟着成了仙，神啊！"老人家叙说念佛岩和法照国师童年的故事，有趣动听，老乡们口授耳闻代代相传至今，使这个故事在念佛岩周围的山村里老幼皆知。

另外，周昌镐老人在积庆寺遗址前更加详细地描述了积庆寺当年的规模："积庆寺就在这地方，坐北朝南，三合头的院子，山门是个门楼。大殿、东西厢房都是三间，厢房没有大殿深，东厢房后有三间坐北朝南的大庙，里面供着菩萨、火神爷和力士神，庙后有一株五个人围不住的线柏树，树下有一块一丈多高的石碑，碑座是个石龟。'文革'中被炸烂了。碑文我记得大概，是说先有积庆寺，后有念佛岩。积庆寺建于唐朝，又叫法水院。老辈人都说法照和尚在积庆寺出的家，出家前给朱家当放牛娃，边放牛边念佛。出家后云游天下，拜师学成后仍回念佛岩念佛，念佛的佛号声惊动了皇宫，皇帝派人沿佛号声找到了念佛岩，召放牛娃爷进京受封当国师。"关于积庆寺当年的供奉情况，老人说："上殿中间供了一尊坐像，两边站着两尊星神像。东边的星神手举'日'牌，西边的星神手举'月'牌；三尊像东边供着送子观音，西边供着铁佛爷。东厢房只供了放牛娃爷的一尊像，放牛娃爷光着头，双眼微闭，身穿和尚衣裳，双手合十放在胸前，双腿盘坐。这像跟岩楼上（念佛岩）供的像一样。西厢房供的十八罗汉，二十四诸天。1965 年村上修学校时拆了积庆寺，用了砖瓦木料。"时至今日仍然在流传的这些传说的关键信息与史料记载基本吻合，而且更加详细、生动、有趣，表达了当地民众对法照大师的崇敬和信奉，也可见法照大师对后世影响之深远。

3. 念佛岩专修净土

关于法照大师与念佛岩，记载最为翔实、可靠的应属《重修念佛岩记》。民国《续陕西通志稿·金石》记载明弘治二年（1489）乡贡进士城固孙让撰《重修念佛岩记》云："洋邑迤北十五里许，有山曰念佛岩。其脉自秦岭迤逦而来……昔唐代宗之时，有僧名法照者，楼于此山岩石之下，专念阿弥陀佛，其声闻于长安，天子遣使以礼迎至京师，亲承其教，厥后，德宗御制赞词且有问焉，法照以竭答之豁然有悟。经赞流行，化人甚众，敕赐'大

167

悟禅师'。"碑文中记述了法照大师在念佛岩念佛得朝廷敕封的事情。

随后，碑文继续记述了念佛岩道场的修建情况、规模、格局以及历代的兴替变迁。法照圆寂，后人为之构立祠宇，每年仲夏六日致祀于是岩，而法照大师也必显神通，使众人皆敬而信之。自是十方善信、贵宦巨室之家争先施财，贸易木瓦，购求工匠，创建宝刹。当时念佛岩有上下岩，上岩建毘卢殿，其左有东廊及神殿，其右有地藏殿及北禅堂，又南为中佛殿，殿前过楼，楼前有明王殿，殿上为钟楼，楼之西南相距数步有禅师塔，东南有锡杖泉、观音殿及土地庙。迤南数步则为下岩，是正禅念佛之处，下有神龙潭，冬夏汹涌，其深不可测。岩上建层楼，题曰"悬阁"。常在此处修行的禅僧动以百计。阁后有佛殿、祖师堂。上岩之北相去数十步则是众僧之住所，皆背山面水倚高瞰下，规模极宏敞，款制极壮盛。

宋大中祥符八年（1015），朝廷赐额"崇法院"。崇宁元年（1102），僧人道玑重修寺院。

元代至元七年（1270），乡官杨都巡发起倡议，自施资财，再次修葺寺院，皆有碑碣具载此事，昭昭不泯，至于文人墨客游于此山，留诸吟咏，皆载于简册，耿耿不磨。但是后来，历年滋久，物盛而衰，殿宇倾颓，圣像剥落，不足以壮释教之盛洪。

明朝永乐间（1403—1424），本院住持慧普照发心率众化诱十方善信，募缘金帛、木、瓦、石材，命匠次第修理。敝者易之，缺者补之，有倾覆者尽撤而悉换之，由是佛殿、僧堂、方丈室焕然一新。不过，此后多年，盛者复衰。直到成化年（1465—1487），住持智延，率首募缘钱帛、聚积资粮、召人伐木、命匠斫材，尽心竭力，夙夜匪懈，数载之间将各殿堂悉撤旧作，易以新材。殿门咸用琉璃，兽脊涂暨坚固，窗牖玲珑，寻金妆绘诸佛罗汉圣像，金碧辉煌，光彩炫耀，足以耸人之现瞻，起人之敬畏。这块《重修念佛岩记》也就是这次重修之后撰写的，落款为"大明弘治二年（1489

次己酉孟春月吉旦"。①

（七）五台竹林寺瞻礼圣境

五台山大圣竹林寺，位于九龙岗之西，坐落在中台南麓竹林村附近，距五台山中心台怀镇二十余里，背靠中台翠峦，面临峭壁溪涧，环境清净幽雅。自唐朝代宗年间(762—779)净土宗六祖法照大师建寺起，距今1200多年，高僧辈出，成为盛唐时闻名全国的净土道场。

1. 始建竹林寺

据明《清凉山志·法照入竹林寺传》等资料记载，法照大师曾在衡州云峰寺驻锡，在早斋时，与粥钵中看见五台山现于五色祥云中，并由化作老人的文殊菩萨点化他去五台山。于是，他在大历五年(771)到达五台山，在佛光寺被数道白光所引，至一寺前，匾额榜题曰"大圣竹林寺"，方圆二十余里，见文殊菩萨与诸圣众一万人俱。文殊菩萨授以念佛之法，令弘扬佛法，度化众生。后来法照大师在遇到文殊、普贤二位菩萨的地方，根据记忆中所见"大圣竹林寺"的样貌，建造了这座寺院。

竹林寺

---

① 资料由洋县佛教协会秘书长李心道先生提供。

祖庭遍布四方 成就家家弥陀

2. 日本高僧求法

法照大师创建的竹林寺，不仅规模宏大，庄严绮丽，而且建制尽善，声誉隆盛。因此，在半个世纪以后，吸引了当时入唐求法高僧圆仁慈觉。圆仁慈觉大师是日本天台宗的著名高僧，他以"请益僧"的身份，在唐开成年间来到五台山的两个多月中，在竹林寺就住了半个月，进行了细致的参观考察，认真学习了该寺的教理仪轨、斋礼佛式和五会念佛。随行弟子惟正和惟晓还在寺中的万圣白玉戒坛，请登坛大德灵觉法师受了具足戒。圆仁回国后，在著述的《入唐求法巡礼行记》中，对竹林寺有详尽的描述：寺内有律院、库院、华严院、法华院、阁院、佛殿院六院。各院都有僧四十多人。时有白玉坛受，即"万圣戒坛"，为当时全国仅有的两处戒坛之一。从圆仁的这些记述中可以看出，五台山大圣竹林寺在唐代后期是一座建筑宏伟、庄严华丽、像设俱全、仪轨完备的著名大型道场，佛事兴旺，声誉远扬。

3. 镇澄著《清凉山志》

五台山竹林寺自唐创建以来，历代不废修葺。嘉靖年间，古灯法师重建。万历年间镇澄法师再建，这位镇澄法师就是著名的《清凉山志》的作者。《清凉山志》为五台山九部志书之一，是现在流行最广的一种。

《清凉山志》中也记载了法师重修竹林寺的事情："时妙峰造千佛铜殿于大显通寺。神宗嘉其功行，命重修，更赐额曰永明，建七处九会道场，延诸法师，讲演华严，以澄主第一座，会罢，以古竹林寺，文殊现身处也，废久复缉。所用多出内帑(指皇室的私财)，不日而成。更集学子，重讲《华严疏》，复修南台，为文殊化境。自是，疲于津梁，遂谢诸弟子，默然兀坐。顷之，示微疾，犹危坐三日夜，中宵寂然而逝。万历四十五年六月十四日也，世寿七十有一，僧腊五十有奇。塔于竹林寺之左。"根据文中所记，镇澄法师在皇帝的支持下重修竹林寺，而且在寺内开坛讲经说法，最后圆寂于竹林寺，起塔纪念。

（八）杭州净慈寺延寿永明

净慈寺，古称永明寺，位于浙江省杭州市的南屏山慧日峰下，西湖南岸，雷峰塔对面，"凭山为基，雷峰隐其寺，南屏拥其后，据全湖之胜"，是西湖历史上四大古刹之一。因为寺内钟声宏亮，"南屏晚钟"成为"西湖十景"之一。净土宗八祖延寿大师振兴永明寺，因此被称为"永明延寿大师"，该寺也理所应当地成为净土宗祖庭。

1. 历代高僧相继

公元954年，五代吴越国钱弘俶建筑寺院，原名永明禅院。建隆二年（961），忠懿王请延寿大师主持刚建不久的永明禅院，从各地慕名前来拜访大师的人络绎不绝，不计其数。忠懿王特赐法号"智觉禅师"，大师在永明寺大力弘扬佛法，常为七众弟子授菩萨戒，日定一百零八件佛事为常课。夜里，延寿大师又去往另外一个山峰精进念佛，随从者常达数百。

净慈寺

据说永明寺宋初有"两寿"，除延寿大师之外，还有一位洪寿，均师法于德韶，兴教于南屏。继"两寿"之后，又有圆照宗本和大通善本相继住持净慈寺，世称之为"大小本"，受到宋王朝的重视。宋太宗于太平兴国二年(977)赐永明寺为"寿宁禅院"，并重加修茸。翌年(978)，吴越王钱弘俶听从延寿禅师遗嘱，"上表入宋，尽献十三州之地"。由此，朝廷对永明寺格外青眼相待。天禧二年(1018)，宋真宗曾特赐寿宁禅院铜毗卢迦佛像等。

北宋熙宁年间(1068—1077)，圆照宗本住持该寺，时属岁旱，湖水尽涸，寺西有甘泉，据传泉内有"金色鲤鱼游焉"，于是凿泉为井，寺众千余，饮之不竭，故名"圆照井"。同时寿宁禅院经多次营建修缮，规模不断扩大，还在寺前经募化集万人开凿水池，名"万工池"，以备汲水灭火之用。明时因盛行净土，提倡行善放生，该池改为"放生池"，当时的寿宁院号称"南山之冠"。

北宋末年，道士林灵素以方术得宋徽宗宠信，奉行排佛崇道，寿宁禅院为宋徽宗占为香火院。北宋末，方腊起义中烧庙，湖寺尽毁，唯寿宁院独存。

2. 朝廷珍重

宋室南渡，建都临安(杭州)。建炎二年(1128)，宋高宗赵构下旨敕改寿宁院为"净慈禅寺"。不久寺毁，宋高宗又亲临察看，然后下诏命湖州佛智寺道容来杭，主持重建殿宇，五年而成。依据《涅槃经》塑五百罗汉，仪貌各异，神气如生，分四层背座，位置曲折，屈指多迷，为一大奇观。

绍兴九年(1139)，宋高宗大赦天下，为表示奉祀宋徽宗，特将净慈禅寺改名为"报恩光孝禅寺"，并将惠照寺并入。绍兴十九年(1149)十月，又改称为"净慈报恩光孝禅寺"，诏命道容住持该寺，并赐予经藏。

南宋时净慈寺几经毁建。淳熙十四年(1187)，朝廷命退谷义云禅师在净慈寺说法并主持寺务，杭城士民都很崇敬，爱国诗人陆游赞他为"才能绝人"。一日，退谷义云率众僧入城，当晚火起，净慈寺尽毁。宋孝宗闻悉后，立即出内帑库金重建净慈寺。重建后的净慈寺"广殿邃庑，崇闳杰阁"，比以前更加宏伟，宋孝宗亲临察看并手书"慧日阁"额。嘉泰四年(1204)，净慈寺又被毁，住持德辉禅师随火焚化，由郡守奏请赐金重建。时道济（济公）依德辉为师，由他参与募化，再建寺院。

嘉定年间（1208—1224），朝廷品第江南诸寺，净慈寺以"闳胜甲于湖山"列为禅宗五山之一，并以"南屏晚钟"称胜湖上。淳祐十年（1250），宋理宗命净慈寺建千佛阁，并亲书"华严法界正遍知阁"八字。至景定五年（1264），宋理宗又赐田净慈寺，并命建毗卢阁。

南宋后期，日僧纷纷入宋求法。日僧无关普门、寒山义尹、南浦诏明等先后来杭在净慈寺从断桥、义远、虚堂等禅师学法。这些日僧在杭长期修学，均得要旨，学有成就，回国后均成为日本禅宗巨匠。

元初，"江南释教总统"杨琏真珈奉蒙藏密宗，对江南禅宗等闲视之，净慈寺历代僧人也对其避而远之。至元二十七年（1290），净慈寺火焚后，由各代住持募化重建。元初，杨琏真伽曾邀净慈寺书记晦机元熙同去阿育王寺取舍利，他托辞探母避往江西。元代王室对净慈寺住持千濑善庆授衣封号，而千濑置之度外。住持本源善达还和住寺名僧及庵法师等相约"誓不历职"，在当时佛门弟子中形成了很大影响。从元代中期开始，朝廷对净慈寺一些高僧采取怀柔政策，对净慈寺历代高僧大辨希陵、原叟行端、高峰原妙、中峰明本等都常加封赏，但他们很多人都先后离开净慈寺，对朝廷远而避之。元代统治近百年，净慈寺研习佛学之风逐渐衰微。元代后期，净慈寺的寺规礼仪也有所废弛。

3. 清朝逐渐衰微

明初，明太祖朱元璋整顿佛门，净慈寺等名刹高僧也都开始致力于重振佛门宗风，杭州佛教再次兴盛。洪武四年（1371），明太祖在金陵钟山天界寺举行"无遮大会"，净慈寺愚庵智及名列榜首。第二年（1372），又于金陵蒋山寺举行"广荐法会"，命各地举荐高僧集会点校藏经，净慈寺清远怀渭、逆川智顺两代住持参加，逆川还升座说法，明太祖亲临加以慰问。

洪武七年（1374）朝廷决定举荐"耆硕名僧"住持江南名刹，先后命中竺无旨可授和德隐普仁住持净慈寺，他们都以净土法门为佛事，弘扬延寿、圆照"净土之业"。洪武十一年(1378)由同庵易简主净慈寺，寺宇为之一新。为此，明太祖封其为僧录司左善世师。洪武二十五年(1392)十二月寺毁，由祖芳道联募化重建，使殿宇堂室金碧交辉，深受赞赏。

永乐年间，净慈寺曾有一件历史疑案，始终没有定论。当年燕王朱棣率靖难军进军金陵时，建文帝朱允炆就不知下落，或说已死，或说出逃。至永乐四年(1406)，朝廷闻知净慈寺有僧在纂修文典，即征其为"释教总裁"，迁住五台，而此僧却悄然隐遁不知去向，后人传说此僧即隐匿于净慈寺的建文帝，并有其画像为证。此说虽不足信，但杭州名僧右僧录司溥洽却因此涉嫌助建文帝出逃，先后系狱十五年。

明正统年间，朝廷设善世院，在该院阐佛弘法的大多出自净慈寺高僧，于是明英宗于正统十年(1445)二月十五日下旨，将《大藏金经》赐藏净慈寺，并颁有《护藏敕》。

明代后期，海盗倭寇屡屡侵扰，饥荒连年，致使寺庙不宁。浙江按察御史胡宗宪统率军民拒敌，净慈寺驻兵三千人。倭寇围城时，巡抚李天宠下令废寺庙大钟溶为兵器，又恐寺庙屯驻倭寇，准备烧毁沿湖佛寺。当时净慈寺住持了然道富头顶"敕建净慈禅寺"匾额，泣跪于辕门，几经哀求才幸免烧毁，而昭庆等寺已成灰烬。

万历十七年(1589)，司礼监孙隆奉明神宗之命将皇太后亲手绘制，皇帝御题赞辞的"瑞莲观音大士像"赐净慈寺。万历二十八年(1600)，孙隆又以净慈寺位居禅院五山，奏准将《大藏经》安放该寺。

清初康乾之治，对杭州寺庙倍加重视，两代帝王南巡，必到寺院遍访。康熙曾多次亲临净慈寺，御书《金刚经》一卷赐净慈寺，后改"净慈报恩禅寺"为"净慈禅寺"，由康熙手书"净慈寺"寺额和"西峰"两字，并书对联，另题有《南屏晓钟》《由净慈寺经南屏诸山》等诗。雍正、乾隆间，朝廷对净慈寺也屡有封赏，曾赐赠智觉(延寿)禅师法像、画轴、菩萨碑图等。

雍正十一年(1733)四月六日，清世宗胤禛下谕，对永明大师大加褒扬。乾隆十六年(1751)，弘历南巡时曾为净慈寺手书"正法眼藏"、"敕建净慈禅寺"等殿额和门额，此后曾五临该寺吟诗题吟，仍将"南屏晓钟"改为"南屏晚钟"，并拨库银重修寺宇。自清初后，随着国事衰落，净慈寺一直由寺僧募化自理，禅风不振，长期以来并无起色。

新中国成立后，净慈寺在 1955 年进行大修，寺庙重现瑰丽。"文革"中寺庙遭到破坏。1985 年之后随着宗教改革的落实，净慈寺逐步得到恢复。

（九）安吉灵峰寺蕅益著书

灵峰寺，江南著名寺院之一，位于浙江安吉城南白水湾乡，背枕灵峰山，其左迴流迤逦，风光秀泽，其右五峰叠起，云雨吞吐。净土宗十一祖蕅益大师长期住持该寺，在这里著书立说、弘扬法教、培养弟子，并开创主张性相融会、禅净一致，统摄禅、教、律于净土一门的灵峰派，故蕅益被尊为"灵峰蕅益大师"，灵峰寺也成为净土宗重要祖庭。

1. 青山秀水筑茅庵

灵峰寺创建于后梁开平元年(907)，明义义璘禅师创建。义璘二十二岁时南游至天目，参礼于洪诗禅师，主度于正觉寺。数年后欲北还，道出灵峰山下，见此山峰峦峻秀，山水清幽，衲衣半肩流连数日。随至大雄峰下见有平地一片可以筑庵，便在当地信众的支持下筑建茅庵五间。后开坛度众，远近争来，参拜者络绎于途。时钱武萧王镇杭州，听闻义璘大名，遣人问候并赐额"灵峰院"，又施金修寺。

吴越王钱镠(852—932)游灵峰，流连岩上之美，回杭后，赐"灵峰长兴"匾额，以光山门，并施舍修寺，梵宇一新。后汉乾祐年间(948—950)明义大师弟子普化光运禅师扩建。

宋治平二年(1065)，贤首宗高僧空鉴仲贤禅师重修寺宇，英宗赐额"百福院"及"金阙玉玺"印以镇山门。

安吉灵峰寺

元代日本东拙禅师访道于此，后住持灵峰。

明初明证朗性禅师大宏禅法，太祖朱元璋赐紫金钵盂，以彰师德。灵峰讲寺自开山起，一直是禅宗和贤首宗法师交替住持，山中以禅修为主。明代中期湖州地区经济衰退，佛教亦随之衰落。至蕅益大师来时，寺院"沦为应赴道场，僧众稀少"。

2. 灵峰派法脉不绝

明末，净土宗十一祖蕅益大师因请大藏经因缘来山，见山清幽，遂与缘幻心见、雪航大楫、石峨大欣等结社念佛礼忏，接引后学，著书立说，创立灵峰派，以"教演天台，行归净土"为修学宗旨。

大师一生钟爱灵峰，圆寂后塔于寺西。蕅益大师圆寂后弟子苍晖净晟、琦莲成琼、圣可成权相继住持，坚密成时根据大师生前手稿编辑《灵峰宗论》，又刊行《净土十要》。在此时期确立天台宗灵峰派以"智净真如行，全性起妙修，汇本分河息，归源觉海周，守信培因裕，宏愿振先猷，扶律谈常旨，法道永千秋"等演派四十字传承，一直延续到清代后期。

后来，寺院由蕅益大师下第三代弟子渠成真莲、绍昙真成、卓崖真定、紫旃真广、警修真铭住持。这一代弟子是成就最高，也是对灵峰派贡献最大的。渠成真莲于雍正十一年(1670)赴京参与《乾隆大藏经》校对。绍昙真成赴杭州弘法传灵峰正脉于净土宗十三祖省庵实贤大师。卓崖真定专修准提法门，建设准提禅院。紫旃真广后赴杭州辨利院住持弘法。警修真铭重修灵峰，其弟子莲峰超源应昭赴京，弘法内廷。

蕅益大师下第四代三如如诣、履源如洪也成就斐然。第五代素莲行珠著《四教仪辨讹》《灵峰山志》。其弟子智朗实月住持杭州理安寺，道来全成弘法杭州，绍兴，嘉兴等地。一直延续到清代道光年间，江浙一带很多天台宗、净土宗大德都是出自灵峰门下，或在灵峰学教熏修。

咸丰十年(1860)寺院毁于太平天国。同治十三年(1874)天台山谛隐禅师誓愿兴寺，历经风霜，八方劝募，不遗余力，重修大殿、山门、禅堂等。

据民国《灵峰寺治》记载，当时有殿五、堂六、楼二、室三、塔十四。但寺院长年失修，损毁较为严重。1943年，弘一大师弟子印西法师任寺院首座时发起重修蕅益大师舍利塔。1956年寺院改为国有林场，僧侣四散。

（十）苏州灵岩山寺印光立规

灵岩山寺，千年梵刹，自东晋司空陆玩舍宅为寺，智积菩萨开山，迄今已有1600余年历史。其地处江苏苏州太湖之滨，木渎古镇西北，位于有着"秀绝冠江南"之称的灵岩山麓上，下瞰太湖，望洞庭湖两山，居高临下，湖光山色，蔚为壮观。净土十五祖印光大师卓锡其间，远绍庐阜，力阐净宗，而使灵岩山成为佛教净土宗十方专修道场。

1. 吴王旧宫

灵岩山寺在春秋时是吴王夫差为西施所建馆娃宫故址。东晋时，司空陆玩曾居于灵岩山，因得闻佛法，故舍宅为寺，成为灵岩道场之开端。南朝梁武帝天监年间(502—519)，西域梵僧智积来此讲经弘法，将之扩充为秀峰寺，被尊为开山祖师，梁武帝赐额"智积菩萨显化道场"。

唐玄宗天宝年间（742—755），天台宗中兴之祖道遵曾在此地修法华三昧。

宋初，秀峰寺一度为律宗寺院，元丰年间（1078—1085）改为秀峰禅院。

南宋高宗绍兴二十一年（1151），抗金名将韩世忠葬在灵岩山西南麓，宋孝宗追封他为蕲王，并赐秀峰寺为"显亲崇报禅寺"。

明朝洪武初年，秀峰寺赐额"报国永祚禅寺"。永乐十年（1412）重修寺庙。明孝宗弘治年间（1488—1505）寺庙毁于火灾。

清顺治六年（1649）秀峰寺重兴，康熙十四年（1675）兴建大殿。咸丰十年（1860），由于太平天国之兵火，寺内建筑，除九层塔外大半焚毁。1873年念诚法师略加修复。宣统三年（1911），真达住持本寺，与妙真协力大举复兴堂舍，殿宇渐全，至1926年改为净土道场，名"崇报寺"，跃为江南名刹。

2. 印祖卓锡

1926年，印光大师由真达和尚陪同首次上灵岩山，就规划把灵岩山寺创建为十方专修净土道场。1930年二月印光大师到苏州报国寺闭关。1932年夏，经印光大师题额，仍复灵岩山寺旧称，并为山门撰书对联，且订立念佛堂日课及每日行止细则，安众念佛。1936年十月十七日，大师应请上灵岩，在念佛堂开示时特别指出，灵岩山寺既为十方专修净土道场，必须坚持"不募缘，不做会，不传法，不收徒，不讲经，不传戒，不应酬经忏。专一念佛，每日与普通打七功课同"。

印光大师针对清以来汉传佛教某些寺院存在的乱象，为弘扬净土，振兴佛教，匡正时弊，特订立五条规约，并规定灵岩山寺只传贤，不传法，不收剃度徒弟。

印光法师为维护道场，曾在给明本的信中指出："灵岩既为十方丛林，一凡三圣堂子孙，在灵岩山住者，亦须打破私情，自处于十方僧众地位，不得擅倚私意，特享优裕，任意故纵，以坏成规。"

在大师威德感召下，经以妙真和尚为首的灵岩诸僧的努力，遂使灵岩道风日益振兴，四方僧侣闻风云集，使灵岩山寺再度成为著名丛林，净土宗风为之一振。

1937年冬，印光大师七十七岁，因战乱时势，顺应真达、妙真等法师之请，印光大师移锡灵岩山寺安居。自此卓锡化众，力阐净土宗，大举复兴，殿宇渐全，僧众净业和农林生产并行不懈。

1940年农历十一月初四日，印光大师在关房大众念佛声中，端坐念佛安然生西，世寿八十，僧腊六十。荼毗后，有舍利千余粒。灵岩山寺于1943年在印公塔院中建印光舍利塔和纪念堂。

灵岩山寺印公塔院

（十一）苏州报国寺弘化四方

报国寺，坐落在古城苏州人民路（旧名马龙街）穿心街 3 号，位置优越，北邻著名的怡园，东有双塔，南有沧浪亭，处于闹市僻静处，颇有闹中取静的意境。印光大师曾在该寺闭关、度众，并将弘化社移至此处，名闻遐迩，影响广泛。

1. 姑苏奇刹

徐刚毅所作《重修报国寺记》中，概述了报国寺的历代兴衰。由文中可知，报国寺原在文庙西，始建于宋咸淳年间，名报国禅院。

元代至元二十二年（1285），湖道肃政廉访使捐赠重建，普照任住持，一时禅风颇盛。

明景泰天顺年间（1450—1464），僧志学请于朝廷改院为寺，遂成丛林。成化年间（1465—1487）住持成钊大扩规模，殿宇、客寮、斋堂、库房等计有数百间，占地四十七亩。嘉靖万历年间（1522—1620），东南扰乱，佛法逐衰，报国寺亦渐颓废。万历末僧人慧如苦行重兴，茂林继之，接物利人，敷教弘化，专持阿弥陀佛名号，受法三千余人，受戒万余人，饭僧数十万人，是为报国寺最盛时期。

清光绪末，僧人楚泉见寺日趋衰败，发愿重兴，特赴京请颁藏经。楚泉离寺后江苏巡抚程德全听信幕僚谎话，言报国寺有寺无僧，遂将全寺没收改建植园。楚泉请经回苏，寺已易主，只得借地安藏，以待机缘。1913年程德全罢官闲居，始研佛学而生信心，深悔当初毁寺之举，乃于1921年出资购穿心街原中军衙署，重建报国寺，但规模较小，仅四亩有余，延请楚泉住持。

楚泉辞世后，其徒明道继任。明道殁后报国寺改作灵岩山寺下院。[①]

---

① 郁永龙：《苏州报国寺》，《宁波佛教》，2002 年第 4 期。

2. 印光闭关

1930 年二月，印光法师从上海移居苏州穿心街报国寺掩关，时年七十岁。他足不出户，潜心研究经藏。

在印光法师长达六十春秋的僧腊中，于报国寺（1931—1937）为他弘法全盛之最后十年中的重要时期。此间，他主要进行了三方面的活动。第一，为避寇缠绕，由普陀经沪再至报国寺闭关，潜心重研经藏，撰写《佛教四大名山志》，僧俗各界一致称颂。第二，将弘化社从上海迁至报国寺，继续刊印流通，在海内外佛教界有很大影响。第三，择时契机弘法。1932 年印祖住报国寺不久，即书《一函遍复》公之于报刊，向僧俗各界详述"净土法门、三根普被、利钝全收"之精要。以后在报国寺七年中，受印光法师弘法盛德之感悟，从而皈依佛门者不下数万人。①

报国寺印公关房

在报国寺时，有一次菜中用了好酱油，印光法师便将明道大加呵斥。有位香客在吃斋，碗内留饭，他非常生气，也不顾对方是宾客，用陕西口音当面斥责："你有多大福，竟如此糟蹋？"印光法师卓锡报国寺七年，与锦帆路章太炎宅相近，国学佛学两大师相邻，一时传为佳话。②

1950 年后寺庙被医院和工厂借用，1958 年成为民居。

（十二）终南圣寿寺永怀印祖

圣寿寺位于西安市终南山南五台竹谷口内五里许，距西安城约五十五

---

① 弘法、观清：《印光法师与报国寺》。
② 郁永龙：《苏州报国寺》，《宁波佛教》，2002 年第 4 期。

里。南五台是终南山的主峰，古称太乙山，为"终南神秀之区"，山上有清凉、文殊、现身、灵应、观音五峰。圣寿寺就在南五台西北半山坡上，因坐落于塔寺沟内，又叫塔尔寺。

印光大师 1861 年出生于陕西省合阳县、1881 年投终南山南五台莲华洞寺礼道纯和尚出家。1882 年，他到陕西安康县的双溪寺从印海定律师受具足戒，之后又回到终南山太乙峰结茅潜修五年。最后，大师圆寂，部分舍利归葬终南山圣寿寺。所以陕西省与印光大师有着极其深厚的因缘，故而以圣寿寺为代表，将其列入净土宗祖庭，以纪念大师的出生、出家、受戒、隐修和最终落叶归根。

1. 隋代观音塔

圣寿寺建于隋文帝仁寿间(601—604)。据元世祖至元七年(1270)所立观音菩萨南五台示寂记，在隋仁寿中，山中有毒龙，变形为一道士，卖丹药于长安(今西安)，谓其药甚灵，服后即可升天。愚人无知，轻信其言，服药后自以为升天，而实际已中该妖道的毒计，随其至穴，以充毒龙的口腹。这时，观音大士以悲愿力现比丘身，峰顶结茅庐，以妙智力，伏彼妖道。朝廷闻知，因其于民有惠，于国有功，于是在这里建寺院。建寺的次年六月十九日，那位僧人忽示无常，安详坐化，并于南台上现观自在端严圣像。皇上闻知，不胜嘉叹，于是收其灵骨，起塔供养，并御书碑额，号观音台寺。同时拨赐山林田土，方广百里，每年来到这里供养御香，度僧设斋，大崇法化。

至唐大历六年(771)，改名南五台圣寿寺。唐文宗时期曾经诏普寂禅师的弟子惟政禅师住此弘法。五代时圣寿寺毁于兵乱。

2. 印光舍利塔

如今，圣寿寺隋代观音塔北约 50 米处，矗立着近代高僧印光法师的影堂石塔。1940 年，印光大师圆寂。1942 年，陕西各界在终南山圣寿寺观音塔北侧建三级舍利石塔。塔门上方嵌于右任所题的"印光大师影堂"石刻方额。林森主席题"佛光宝塔"四字，刻石在塔的上层。下层影堂内有石雕印公遗像，还有太虚法师拟、张凤翔书的塔铭，简要记载了印光大师一生的事迹和康寄遥建塔的情况。

塔四周植有 1972 年中日邦交正常化后，日本首相田中角荣所赠、周总理特批种植于此的落叶松。

圣寿寺印光大师影堂

（十三）历史记忆中的祖庭

上述各净土宗祖庭，如今钟鼓齐鸣、欣欣向荣。但是，历史上还有一些祖师曾经驻锡、传法、著述或圆寂的寺院，也被奉为净土宗祖庭。可惜的是，它们历经兴衰，最后湮没于历史长河而不复存在，或者至今仍然没有恢复宗教场所资格，难以开展佛教事业，或者已经成为其他机构，继续在这个社会上发挥其他作用。总之，这些寺院曾在历史上有着辉煌的一页，对净土宗的发展也有着不可磨灭的功绩，值得怀念。

1. 善导居住长安实际寺

实际寺，即今西北大学校园太白校区内图书馆一带，曾是隋唐时期长安城有名的寺院，规模宏大。《长安志》记载，隋太保薛国公孙览妻郑氏舍宅为寺，建造精美，富丽堂皇，而且地理位置优越，靠近皇城。隋大业二年(606)，隋炀帝置实际寺为四大道场之一。

唐高祖时，三论宗创始人吉藏居于实际寺内，收徒弘法。其学不仅传布于中华，还远布日本。吉藏的高丽弟子慧灌在公元625年到日本，当时的日本佛教尚未形成宗派，慧灌传习的大唐三论宗很快便在日本传播开来，颇有影响。

净土宗祖师善导大师曾长期住持实际寺，并在实际寺期间，接受朝廷旨意前往洛阳开凿龙门石窟。能够证明善导居住实际寺的资料，主要是金石文献。第一块是《河洛上都龙门之阳大卢舍那像龛记》[1]，该碑文记录了高宗及皇后武氏发愿在龙门建造大卢舍那佛像的情况，而碑文明载其中担任工程监督的则是"西京实际寺善导禅师"。第二块则是《大唐实际寺故寺主怀恽奉敕赠隆阐大法师碑铭并序》(下称《隆阐大法师碑》)，此碑可为旁证，据该碑说，怀恽是善导的门下，曾受善导教导十余年，善导圆寂后在神禾原建灵塔。永昌元年(689)怀恽继善导成为实际寺的寺主。这里虽然没有明确记载善导在实际寺居住过，但是从怀恽作为善导的继承人，在善导寂后九年而成了实际寺的寺主这一点可以推测，善导在实际寺居住过。[2]而且当年善导大师也应该就是在实际寺圆寂的。

善导的弟子怀恽法师继承善导住持实际寺，主持修建了净土院。实际寺净土院名气很大，无疑是当时净土宗的一大胜地，韦述《两京新记》记载："温国寺(实际寺别名)净土院为京城之最妙。"张彦远撰《历代名画记》称："温国寺净土院，尹琳画，三门内，吴(道子)画鬼神。南北窗画门神，失人名。"《隆阐大法师碑》详细记载了当时的建造情况和净土堂的规模、建筑、装饰等，令人读之神往。

景龙二年(708)三月二十八日，著名的中国律宗大师，曾六渡日本的日

---

① 《金石粹篇》卷八十六。
② (日)稻冈誓纯著，姚长寿译：《关于善导大师所居住的寺院》，《佛学研究》，2004年。

本律宗祖师鉴真，在实际寺从恒景受具足戒，正式成为一名比丘。

西北大学于 1993 年组成以戴彤心教授为队长的西北大学校园考古队，对太平坊及实际寺遗址进行了钻探与发掘，通过发掘与文献相印证，大体上搞清了实际寺的范围。同时也出土了很多文物，主要可分为佛教造像、陶瓷器和建筑材料三部分。

如今西北大学图书馆草坪的西侧建有一座亭子，内有石碑写有"实际寺纪念亭碑"。实际寺遗址发掘完毕后，日本佛教大学曾给西北大学捐赠 100 万日元。2000 年，西北大学在日方捐赠的基础上又筹集了 36 万元，在当年发掘实际寺的工地上，修建了"唐实际寺遗址纪念亭"，由启功先生题写匾额，并刻碑立于亭中，纪念这座在海内外享有盛誉的唐代名刹。

原实际寺所在的西北大学，也是如今西北地区乃至全国佛教研究领域重要学术机构之一的"西北大学佛教研究所"所在之地。西北大学佛教研究所 1992 年成立，是国内最早开始佛教研究的学术机构之一。自建立以来，在所长李利安教授的带领下，全所师生展开佛教研究，颇有影响。多年来，该所在学术研究、人才培养、对话交流、社会文化事业等多方面取得了丰厚的成就，得到政界、学术界、佛教界一致的高度认可。

2015 年 11 月 28 日上午，在"玄奘与丝绸之路学术研讨会"开幕式上，来自印度、尼泊尔以及中国各个研究机构和高校的专家学者会聚一堂，探讨玄奘精神在文明交往、国家文化战略、科研学术等领域的意义。陕西省副省长王莉霞、陕西省总工会主席白阿莹、国家宗教事务局外事司副司长薛树琪、西北大学校长郭立宏共同为"西北大学玄奘研究院"揭牌，宣布西北大学玄奘研究院正式成立。

西北大学玄奘研究院院长、西北大学佛教研究所所长李利安教授表示，此次会议的召开以及西北大学玄奘研究院的成立，旨在通过学术研究和相关文化活动，继承和弘扬玄奘精神，发掘陕西佛教文化资源，发挥佛教文化的当代价值，增进中外文明交流互鉴，增强陕西文化的影响力，推进陕西在"一带一路"建设中的步伐。

祖庭遍布四方　成就家家弥陀

185

西北大学玄奘研究院揭牌仪式

2. 省常住持杭州昭庆寺

昭庆寺是一座古老的吴越古刹，位于浙江杭州西湖畔。据《佛祖统纪》《大昭庆律寺志》《西湖志》记载，五代时，吴越王钱元藋建立，时称菩提院。宋太祖干德二年（964）南山宗永智律师再兴。太平兴国三年（978）筑戒坛，每年三月修戒会。七年（982），敕赐"大昭庆寺"额。

昭庆寺仅存遗址

淳化至天禧年间（990—1021），净土宗九祖省常驻锡此处，结华严净行社，弘扬念佛法门。之后，遵式、仁岳等诸师亦来此阐扬天台。允堪律师建戒坛、钟楼等，兴隆法会。

昭庆寺在历史上曾屡建屡毁，抗日战争时期杭州沦陷，昭庆寺被日军驻兵养马，如今已经不复存在。昭庆寺原址在杭州宝石山的东边，南临西湖，也就是现在杭州市青少年宫广场的位置。昔日的天王殿，早就成了广场，寺里的大雄宝殿，也成了文艺活动场所。

3. 莲池整顿杭州云栖寺

云栖寺坐落于浙江省杭州市五云山西南面的山坞里，离西湖大约有二十公里，相传古代有五色彩云，飞栖其中，便留下了"云栖"的美名。云栖寺曾与灵隐寺、净慈寺、虎跑寺、昭庆寺诸刹齐称杭州五大丛林名刹。云栖寺始建于北宋乾德五年(967)，是吴越王为伏虎志逢禅师兴建的三座寺院之一。北宋治平二年(1065)云栖寺改称"栖真院"。明弘治七年(1494)，因山洪突发，寺院经像随水漂没，荡然无存。

隆庆五年(1571)，净土宗十祖莲池大师回到云栖山，结茅庐专修念佛三昧，重新兴修寺院，立三十四大项规约，莲池也因此被敬称为"云栖大师"。莲池大师圆寂后，四众于云栖筑墓永以为志。

杭州云栖坞莲池大师墓

清代康、乾之际是云栖寺空前鼎盛的时期，康熙御题"云栖"及"松云间"二额，乾隆题"香门净土"、"悦性亭"、"修篁深竹"、"西方极乐世界安养道场"等额。此后寺院虽屡有毁建，但始终不复昔日繁盛。

民国时期，寺院终因年久失修，落没草莽。

1962年原寺址辟为杭州市工人休养院，寺前冲云、舒篁阁也陆续辟为茶室。2002年工人休养院由杭州市总工会移交给杭州市园文局。2002年10月，云栖景区景点改扩建工程启动并实施，2003年下半年景区对外开放，但佛寺已荡然无存。

4. 截流结社常熟普仁寺

常熟虞山普仁寺（又称铁佛寺）是净土宗十二祖截流大师弘法祖庭，"普仁秋爽"是虞山十八景之一。

康熙九年（1670），截流大师居住在虞山普仁院，提倡并且亲自组织莲社，举办精进念佛七，长达三年之久。又作《起一心精进念佛七期规式》，学者翕然从之。清初以降，历久不衰。直至1954年，常熟城内尚存问心、超然、慈云、净叶、明性、净行六个莲社，继续按期集会念佛。

另外，净土宗十三祖省庵大师也与普仁寺很有缘分。史料记载，省庵一日到普仁寺参访，突然看见一位僧人扑地而死，顿时感觉生命无常，于是更加严于律己，精进不懈，胁不沾席。

2016年5月15日，常熟市佛教协会在常熟国际饭店举行"纪念净土宗十祖截流行策大师诞辰390年暨普仁禅院历史地位论证会"，常熟市相关领导、佛教界代表，以及多位著名学者参加了会议，通过对截流大师生平行迹、贡献和其唯一的弘法祖庭地位、价值的探讨，进一步达成了共识。同时由常熟市佛协牵头成立了"普仁禅院的历史地位论证会筹备工作领导小组"，全面策划、组织、协调、指挥工作事宜。

今天的普仁寺，依然保留着古寺殿堂遗址、古银杏树、竺仙泉、截流泉、截流墓、慈月忍禅师墓及截流大师亲撰的塔铭、一掌桥、普仁界石刻等众多遗迹。

5. 省庵弘法杭州梵天寺

梵天寺为五代吴越国名刹，位于浙江省杭州市上城区江干凤凰山麓。据《吴越备史》载，梁贞明二年(916)，钱镠迎鄞县(今宁波鄞县)阿育王寺释迦舍利塔到杭州，建"城南塔"珍藏。后城南塔毁于火灾。宋乾德二年(964)，吴越国王钱弘俶在此地重建南宝塔寺，次年在寺前建经幢两座。

杭州梵天寺经幢

据《梵天寺里见沧桑——吴越古寺》一文中介绍。南塔建成四十一年后，后周显德五年(958)，遭雷击起大火。八年后，南塔修复，释迦牟尼的舍利又被迎归。

北宋治平年间(1064—1067)，南塔寺改名为梵天寺。苏东坡是梵天寺的常客，作诗咏寺。南塔最后毁于元末明初改朝换代的战乱。

清朝世宗雍正二年(1724)省庵大师先住在现在浙江大学湖滨校区的龙兴寺，后住现在仙林苑社区的仙林寺。后来已近不惑之年的省庵移锡杭州梵天寺，书《西方发愿文注》《劝发菩提心文》等文，大力弘扬净土念佛法门。

咸丰年间(1850—1861)，太平军两次到杭州，寺、楼、经卷全部化为灰烬，只剩下了两座搬不动的经幢。

1923年，施省之在印光法师的影响下，与其他佛教人士发起了对梵天寺的修建。在近代，梵天寺也曾名噪一时，《杭州佛教史》记载，当时梵天寺的摩尘法师对天台宗教法相当有研究，名望很大，信徒有十多万，遍及国内及东南亚。1930年，摩尘在梵天寺办天台宗佛学院，长达五年。抗战爆发，梵天寺为驻杭陆军所用，改作陆军医院。

二十世纪时，梵天寺仍然存在，当时有僧人二十五人。但现在，梵天寺已经荡然无存，只有遗留的两个梵天寺经幢，通体用太湖石雕刻而成，南幢身刻《大随求即得大自在陀罗尼经》，北幢身刻《大佛顶陀罗尼经》。

6. 彻悟驻锡红螺资福寺

资福寺位于北京市怀柔县城北部的红螺山南麓，始建于东晋穆帝永和年间(345—356)，距今已有1600多年历史。因该寺所在山下有"珍珠泉"，相传泉水深处有两颗色彩殷红的大螺蛳，每到夕阳西下螺蛳便吐出红色光焰，故此山得名"红螺山"，寺俗称"红螺寺"。

据说，该寺原是东晋著名的西域神僧佛图澄卓锡之地。据《高僧传》记载，佛图澄在后赵弘法30余年，先后建寺达893所，红螺山资福寺就是其中之一。传说佛图澄曾亲自指证红螺山为世尊成道之相，五体投地拜之，并用咒术使双螺涌出应瑞。

唐宪宗元和年间(806—820)，隐峰禅师北上挂锡资福寺，时称幽州红螺山和尚。他扩建寺宇，规划园林，并易寺名为"大明寺"。

辽代总秘大师觉苑、金代佛觉大师晦堂、元代司空云山禅师均曾先后住持过资福寺。

明代，资福寺受到皇族和权臣的垂青，得到几次较大规模的**翻建重塑**。明英宗敕赐御书寺名"护国资福禅寺"。

清初受八旗圈地影响，资福寺一度凋敝。康熙皇帝曾于1694年朝礼资福寺。

红螺资福寺

嘉庆五年(1800)，净土宗十四祖彻悟大师辞生觉生寺住持后退居红螺山，专修净土，创建红螺山净土道场。经大师苦心操持经营，道誉日隆，学人皈仰，使红螺山成为晚清中国净土宗第一门庭。

光绪十二年(1886)十月，净土宗十五祖印光大师听说红螺山资福寺是修净土的道场，于是到资福寺挂单念佛。翌年，向资福寺告假朝五台山，然后仍回到资福寺。他在寺三年，曾充任上客堂、香灯、寮元等职，工作之余便研读大乘经典。

1993年4月，怀柔县文物管理所清理普同堂地下室时，发现了彻悟祖师舍利搭。经进一步清理，找到了十三颗身骨舍利和三颗牙齿舍利。从此，红螺珍宝——彻悟大师舍利重现于世，供人们瞻仰。

现在的资福寺占地百余亩，形制严谨规整，有专门的净土宗彻悟祖师殿、印光祖师殿。寺院内翠竹成林、紫藤寄松、珍珠泉涌。现有红螺书院，位于资福寺院东侧，主要职能是对外进行文化交流、整理出版书籍等。文化书院下设总面积约为 400 平方米的怀柔文物精品展和书画展两个展厅。释一净的《红螺山资福寺巡礼》中对此有详细记述。

但是，红螺寺目前尚未归还佛教界，整个寺院变成旅游景区，暂由文化文物局管理。

六、重光祖师门庭　开创时代新风

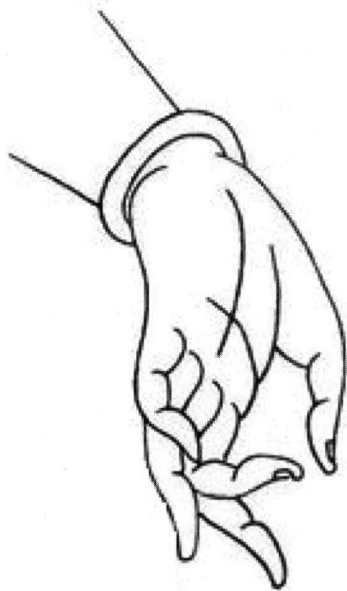

（一）庐山东林寺

现在的东林寺绿荫掩映，红墙绿瓦，殿堂楼阁繁复，规模宏大，气派庄严。这是落实宗教政策，政府拨款后，在果一法师主持下重光的。原中国佛教协会会长传印长老担任住持期间，东林寺发展进入全新局面。大安法师住持以来，该寺各项建设步入正轨，寺院体系完整，部门众多，净土宗祖庭赫然重兴。

1. 修建东林大佛

东林大佛位于中国江西省九江市星子县温泉镇的庐山山麓，是中国及全球第一高的阿弥陀佛像。东林大佛的启建，发端于果一上人。果一积其平生的信愿和十余载的辛劳，在党和政府的大力支持下，东林寺得以恢复到唐宋时期的规模，于是发愿启造法界藏身阿弥陀佛圣像。不料此愿才启，报缘即尽。1994 年传印大和尚住持东林寺，继承果一遗愿，相继完成大佛工程的各项审批工作，为展开实际的建造工作铺开了道路。

1999 年，经历六年酝酿筹备，庐山东林大佛筹建委员会成立。2001 年，大安法师住持东林寺，大佛建设进入新的里程碑。2006 年 9 月，通过广泛地征询了诸山长老及社会贤达的意见，东林寺两序大众多次开会论证，对东林大佛的建设理念终于锤下定音：大佛建设摈弃商业化运作，依靠四众弟子的力量进行建设；彰显净宗精神，不收朝礼门票，为培植纯朴的宗教氛围，构建真正的人间净土提供坚实保证。2013 年 5 月，世界上最高的阿弥陀佛铜像东林大佛建成。2013 年 8 月，举行了大佛开光大典。

东林大佛项目总投资约 10 亿元，动用 48 千克黄金为大佛镀金。佛像身高 48 米，以表阿弥陀佛发的四十八大愿。地面至火焰宝盖顶点的距离总高 81 米，以表修行成佛艰辛不易。佛座下须弥台四角落为四大菩萨，菩萨全身及塔身和佛像一样，贴真金，真金外有漆。

东林寺净土苑

以四十八米阿弥陀佛接引铜像为核心，东林寺净土苑包括净土文化区、新东林寺、比丘尼院、隐逸文化区、安养区、海会堂、大德精舍区等，是集朝圣、修行、弘法、教育、慈善、安养为一体的净土道场。

2. 净土宗研究学会

东林寺净宗学会全称"庐山东林寺净土宗研究学会"，是果一上人为重兴祖庭于 1992 年创办的。净宗学会致力于净土教理文化的研究、传播与实践，同时也是东林寺重要的弘法平台。净宗学会之下主要有以下部门：

（1）东林莲社：2007 年恢复，近年来积极举办夏令营、弘法人才培训班、企业家念佛禅修班等活动，并广泛开展基层弘法。"净土文化夏令营"以净土宗文化为旗帜，以中国佛教文化理论为指导，以当代青年身心成长及所关心的人生问题为对境，以传扬佛教净土文化、促进青年心灵健康成长为目的，截至 2016 年已经举办了十三届。笔者曾经在大学期间参加过第六届夏令营和第二届净土宗文化进修班，至今印象深刻，回味无穷。

（2）净宗文化研究所：主要从事净宗文化与中国传统文化的研究工作。净宗文化研究所与江西师范大学联合开办"净土宗与当代伦理研习班"，学员在年制时间内生活丛林化，每日至少诵一万声佛号。同时，举办"弘法人才培训班"，培养了很多净土宗弘法人才，而且每年组织法师到全国各地弘法。

(3)《净土》杂志：为双月刊，发行范围遍及海内外，目前由大安法师任主编。

(4)印经处：主要印刷净宗典籍与因果戒律两类。

(5)视听网络部：主要以制作和流通净土宗的各类视听资料和光盘为重点，结合现代化的影音设备，及时录制和发布影音弘法资料。

(6)法宝发行部：以流通净土宗相关印刷品为重，主要包括净宗典籍、大安法师著述、世间因果善书、大安法师讲法光碟、《净土》杂志以及佛像。

(7)佛教艺术研究所：以东林寺为核心，联络和组织各方面的佛教艺术专家、学者和技术人员进行研究与创作，以艺术的形式推动佛教文化尤其是净土文化在社会上的普及。

(8)东林佛教艺术团：聘请国内佛教界、艺术界权威人士进行指导，以僧众和居士群体为核心，以有艺术特长的志愿者为基础，推出各种艺术形式的演出，向观众展现净土文化。已成功组织演出"净土之光"诗歌朗诵会、"祖师礼赞"音乐会等。

3. 东林寺居士护法团

东林寺居士护法团在东林寺发展中扮演着重要的角色，隶属于东林寺客堂，协助东林寺常住，护持寺院、弘扬净土宗。护法团新成员达到一定人数后还要经过专业的培训，课程主要有《佛门礼仪》学习、《义工行为规范》学习和长期专题讲座"义工必备基本素养解析"，讲座内容包括佛教义工的概念、特征、注意事项，义工的价值和意义等。义工主要服务对象有护持三宝、大型法会、重大法务活动。义工类别有：岗位义工，在各部门有固定工作岗位的义工；机动义工，没有固定的工作岗位，由护法团随时调配的义工。寺院免费提供义工食宿，每月定时发放生活用品，义工享有东林祖庭各项法会优先报名参加的权利。义工服务的事项很多，如法会护持、道场清洁、会务接待、秩序维安、斋堂帮厨、大寮行堂、文宣设计、编辑校对、网站维护、园艺美工、水电维修、医疗护理、行政协助、寺院导游等。

（二）山西玄中寺

1932 年，山西名僧力空参拜玄中寺，面对寺院的破败状况无比痛惜。他推荐了世和尚担任玄中寺住持。了世力图复兴玄中寺，然而不久抗战爆发，太原失守，一些散兵游勇乘机勒索，迫使他逃离玄中寺。后来了世和尚担任太原大关庙住持，委派弟子正空来玄中寺接续香火。正空过着艰苦的生活，在玄中寺与中国共产党领导的地方军政保持联系，为他们提供情报、物资。1947 年，阎锡山政权在灭亡前夕推行白色恐怖三自传训，将正空和尚逮捕，押送太原监狱杀害，遗骸无踪。

1. 因缘和合三祖重光

新中国成立后，交城县人民政府成立了卦山天宁寺、石壁玄中寺财建委员会，委派专人保护管理。1953 年，日本净土高僧菅原惠庆长老写信给周恩来总理，提出修复玄中寺的建议。随后，山西省文物管理委员会开始施工，次第修复各殿堂、僧舍、斋厨等，并修筑进山油路、玄津桥。此外，国家还从北京故宫博物院等处调拨佛像、经籍、书画充实寺院。同年秋季，日本佛教界组织庞大的代表团应邀访华，中日两国佛教人士在玄中寺举行了隆重的大型法会。

净土古刹玄中寺

人民政府从 1955 年开始，先后六次拨款对玄中寺进行大规模修建，在此期间，赵朴初做出了很大贡献，象离、力空、演宗、明达、了满等法师先后驻锡玄中寺，躬勤劳作，建寺安僧。1967 年，玄中寺遭受红卫兵打砸抢，受到严重损失。1983 年，国务院批准玄中寺为全国汉族地区佛道教重点寺观。

如今三祖重光，玄中寺复兴祖师殿，位于大雄宝殿西。殿中供奉昙鸾、道绰、善导三祖师铜像，铸造于 1994 年，像高 0.69 米。另有达摩祖师像高 0.48 米，为明代原作。1994 年 5 月 10 日，玄中寺组织了昙鸾、道绰、善导三大师铜像开光法会。

另外，祖师殿还供奉着昙鸾、道绰、善导三祖师的画像，是由菅原惠庆长老率日本佛教亲善使节团 1957 年朝拜玄中寺时所奉。画像由日本净土宗大本山知恩院、增上寺，日本净土真宗本愿寺派、大谷派分别请画师绘制绫裱，高 1.5 米，宽 0.6 米。昙鸾大师画像为坐像，手持念珠，身披袈裟；道绰大师画像为坐像，双手相挽胸前，慈祥严肃；善导大师画像依法然上人梦中所见图貌绘制，身着法衣，肃立在白云之上，双手合十，手腕上挂一串紫色念珠，周围彩鸟飞翔。

2. 见证中日佛教交流

日本净土宗的开宗祖师源空，承袭昙鸾、道绰和善导三位祖师的净土宗教义，认定"称名念佛"，信奉善导大师的《观无量寿经疏》。源空之后，弟子亲鸾又承师旨意，开创了净土真宗。所以日本佛教认为玄中寺也是日本净土宗祖庭。

1917 年，日本净土宗僧人常盘大定来华踏查佛迹，在交城县寻访到净土祖庭玄中寺。1942 年是净土宗祖师昙鸾圆寂 1400 周年，日本净土高僧常盘大定、菅原惠庆率领日本佛教净土宗、净土真宗的弟子们远涉重洋来到交城，在中国人民浴血奋战、反抗日本帝国主义侵略战争的硝烟里，在玄中寺废墟上举行了"严修昙鸾大师圆寂一千四百周年法会"。

1942 年秋，日本东京佛教净土宗运行寺住持菅原惠庆长老来玄中寺参拜祖庭，从寺中枣树上摘了一把枣子，带回日本种植，将仅成活的一株枣树移植在自己住持的寺中，并将寺名更改为"枣寺"。菅原惠庆长老曾写《玄中寺与昙鸾大师》一书，还特意将两个孙女、一个孙子取名为菅原玄子、菅原中子和菅原寺，表达了对祖庭玄中寺的深厚感情。

1957 年，高阶珑仙率日本佛教访华亲善使节团参拜刚刚修复的玄中寺，并写下诗作《日本佛教访华亲善使节团应邀有感》，陪同的赵朴初先生也写了《礼玄中寺归途有作·调寄云淡秋空》，宾主酬唱。

1964 年 7 月，菅原惠庆长老偕夫人来玄中寺朝拜时，将自己和夫人的落齿各一枚，埋在了祖师殿门前，上立一通小碑，请赵朴初题词"俱会一处"。为此，赵朴初专门写了《玄中双齿铭》。1982 年 2 月，菅原惠庆长老以 86 岁高龄圆寂于东京"枣寺"，遵照长老遗愿，将其部分骨灰葬于祖庭玄中寺，玄中寺举行了隆重的安放仪式。

2000 年 5 月 9 日，140 多位日本净土真宗东本愿寺的参拜团员前来参加大谷莹润显彰碑落成法会。显彰碑由中国佛教协会和日本真宗大谷派所立，由赵朴初题额。刀述仁副会长在致辞中回顾了大谷莹润长老在日本发起"日中不战之誓"签名运动和送还中国劳工遗骨的义举，以及为增进中日两国友谊所做出的巨大贡献。刀述仁副会长特意从北京带来了当年大西良庆长老等在街头募集"日中不战之誓"签名运动的签名簿，并向两国净土信众展示了这一珍贵的历史资料。日本代表团团长、真宗大谷派宗务总长木越树对日本在战争期间的侵略行径深感忏悔，并宣读了《表白文》："我们对过去的罪责深感愧疚。今后将以大谷莹润师为榜样，以贵国的名言'前事不忘，后事之师'自诫，正确认识历史，决不重蹈覆辙。我们将遵循以昙鸾、道绰、善导三祖师为首的净土七高僧传承弘扬下来的本愿念佛的教诲，超越国家、民族、语言、思想的差异，与全世界人民携手，沿着真正的和平友好大道坚定不移地大步前进。"

3. 举办学术研讨会

2003年8月20日至22日，由中国人民大学佛教与宗教学理论研究所、山西省佛教协会、净土古刹玄中寺联合主办的"净土宗文化研讨会"在山西古城太原隆重举行。参加研讨会的代表，分别来自各级宗教事务部门、佛教团体、高等院校、科研单位。与会代表向大会提交论文30余篇。这些论文集中讨论了玄中寺在净土宗演进史上的作用，并显示了昙鸾、道绰、善导三祖师在净土宗发展史上的地位，还探讨了佛教在当代中国的社会功能。[①]

《研究净土文化 建设人间佛教——首届净土宗文化研讨会综述》中总结了此次会议的成果。

（1）填补空白，推动研究。此次会议的举办具有重大的理论价值和现实意义。方立天教授对此次会议的意义给予了充分的肯定，他说，以净土宗为专题的研讨交流活动很少，这次专题学术研讨会是内地当代对净土信仰的首次大规模研讨，填补了学术界的空白，这必将推动净土宗思想的研究，进而推动对我国佛教的研究。

（2）广开言论，撰文立说。研讨会上，围绕建设人间佛教这一主题，学者们阐述了自己的观点并进行了热烈探讨。楼宇烈教授认为，对净土宗进行研讨，要注意几点：一是要重视对净土宗文化传统的研究。净土宗文化对传统文化有何影响？中日净土文化究竟有何差异？二是在现代竞争激烈、物质高度发展的社会，要研究怎样契理契机地发展净土文化。

（3）追根溯源，确立始祖。昙鸾、道绰、善导三位祖师及玄中寺也是此次研讨会的重要议题。温金玉教授对玄中寺的地位进行了探讨，认为玄中寺是我国净土宗的祖庭，并提出了"净土十五祖新判"，明确指出应将昙鸾、道绰列入净土祖师序列。根通法师说，从历史文献中可以看出，北魏年间的昙鸾大师和后梁年间的道绰大师在净土法门的创立和传承中占有突

重光祖师门庭　开创时代新风

① 《净土宗文化研讨会在山西太原隆重举行》，《佛教文化》，2003年第5期，第32页。

出的重要地位。①

　　接下来的"第二届净土宗文化研讨会"2004 年 8 月 4 日至 7 日在山西太原隆重举行，来自全国各地包括我国台湾地区的 60 余位专家学者和佛教界人士出席了大会。此次研讨会的目标是：弘扬净土宗文化、探讨玄中寺在净土宗演进史上的作用、确立三祖师在净土宗历史上的地位、研究人间佛教与西方净土的关系、提升佛教在社会精神文明建设中的整体功能。出席会议的代表提交论文 30 余篇，围绕净土宗文化分净土思想及理论基础、净土法门的精神及现代意义、净土祖师昙鸾思想及行迹研究、道绰和善导思想研究、净土历代祖师研究、净土信仰与其他宗派思想的交涉问题等六大单元展开深入的讨论。同时大会倡议"中国净土宗十五祖"说，希望使昙鸾、道绰大师名列祖位，不致使其功德湮没于历史尘埃之中。本次会议设置两大活动主题：净土宗文化理论研讨、净土文化遗迹田野考察。这不仅从理论层面对净土思想进行了梳理与总结，也从金石碑刻、寺塔洞窟等文化遗存方面见证了祖师们的行迹与弘法历程。②

（三）蓝田悟真寺

　　悟真寺不仅是中国佛教公认的净土宗祖庭，还是一所具有国际影响力的佛教寺院，在日本，以悟真寺为名的寺庙有 10 家。1984 年 5 月 24 日，日本净土宗宗务总长稻岗觉顺率团访问悟真寺，在水陆庵种植了日本樱花树，并写下了"无碍一道"的题词。2002 年 6 月 6 日，探寻祖迹的日本第174 次日中友好净土宗访中团来到悟真寺，并立碑纪念。日本广岛教区终南山光明院悟真寺武田义昭、武田幸子也在门口立碑一通，认蓝田悟真寺

---

① 张世辉、方立天、俞学明：《研究净土文化　建设人间佛教——首届净土宗文化研讨会综述》，《中国民族报》，2003 年 9 月 5 日。
② 温金玉：《第二届净土宗文化研讨会在太原举行》，《法音》2004 年第 8 期；张广艳等：《第二届净土宗文化研讨会在山西举行》，《中国民族报》2004 年 8 月 17 日第 3 版。

为其祖庭。

1. 新中国成立以来的寺院恢复

中华人民共和国成立后，1956 年将水陆庵定为省级文物保护单位。1959 年西安市拨款对水陆庵进行了维修。位于水陆庵对面的下悟真寺"华严堂"在"文革"期间曾被拆毁，改为厂房。1982 年，陕西省文物局拨款对水陆庵进行了第二次维修。1996 年水陆庵被定为全国文物保护单位。上寺方面，1998 年，西安悟真集团重建了蓝谷栈道，恢复了多宝塔。

悟真寺庙会

近年来，下悟真寺也迎来了全新一页，在建设、弘法、修行等方面进入欣欣向荣的局面。2012 年，安徽宣城弘愿寺的住持净宗法师，受蓝田佛教协会的礼请，住持下悟真寺，主持恢复工作。法师倾力领导恢复祖庭建设，发愿使唐朝善导大师教法在时隔一千三百年的当今社会重放光明。净宗法师多年来致力于专宗专弘善导大师净土思想，编校整理多部净土宗经典、祖释，并独立撰述净土宗著作达数十部，另有讲法视频数百集，经由正式出版或佛教内部流通，在佛教界颇有影响，成为目前国内弘扬净土宗的知名法师。

现在，下悟真寺已经面貌一新，成为全国文物保护单位，位于水陆庵对面。寺内净土宗修行和弘法正常举行，另有规模相当大的一年一度正月二十五庙会，庙会期间到此参观游览、烧香拜佛的人熙来攘往、摩肩接踵。

2. 携手安徽弘愿寺开创新局面

2012 年 8 月，自净宗法师住持下悟真寺以来，终南山的下悟真寺与净宗法师所住持的安徽弘愿寺共同协作，致力于净土宗的弘扬和善导大师净土思想的研究、传播，成效卓著。

弘愿寺为当代知名中国净土宗道场，坐落于敬亭山南麓，地势高朗，林密风疏，襟怀博远，气度恢弘。前身为大唐广教寺，是唐代大中年间(847—858)黄檗禅师创建，历代高僧辈出，化导普广，近代毁于战火，唯存宋代"双塔"，即广教寺双塔，现为国家文物保护单位。经省市两级人民政府批准，大唐广教寺 2004 年恢复重建，移迁新址，更名为"弘愿寺"，寺名"弘愿"典出善导大师《观经疏》，意为乘弥陀弘誓大愿力，得生净土。

安徽弘愿寺

如今弘愿寺是纯依善导大师之教、专修净土的念佛道场，殿堂建制、本尊安奉、牌匾楹联、念诵仪规，皆依善导大师"五正行"为标准，唯突出"专"的净土思想，即"专净土，专念佛，专善导"。弘愿寺主张以传承善导大师法脉、复兴净土宗、弘扬纯正的净土法门为使命，印施净土宗丛书、光碟达数十种，遍赠海内外，成为目前教界专弘善导大师念佛思想的标志性道场，受到佛门四众的普遍关注。

3. 西安善导念佛团鼎力护持

下悟真寺近年来的发展也离不开西安地区知名的专修净土宗的居士团体——西安善导念佛团，该团体为下悟真寺在恢复、发展中提供人力、物力，建言献策，投身其中，贡献颇多。现在下悟真寺每次举行大型佛事活动，都有善导念佛团义工的护持。善导念佛团的部分宗教活动，也经常与下悟真寺联合互动。

善导念佛团创建于 1992 年，当时称为西安居士协会，1996 年团体改名为"西安念佛团"，2006 年更名为"西安香积慈善团"，2010 年授牌为"乾县化度寺驻善导慈善念佛堂"，2011 年定名为现在的称呼。经过将近 20 年的发展，念佛团在 2013 年正式挂牌登记，加入陕西省民族宗教文化交流协会并成为常务理事。截至 2015 年底西安善导念佛团登记在册的居士人数将近 3000 名，核心成员大约 60 人。企业法人是西安善导企业文化传播公司。

西安善导念佛团以"善导"大师的名字命名，以善导大师的净土思想为指导，在协助下悟真寺等西安寺院的发展、弘扬净土宗、推动社会慈善事业等方面做出了很大的努力。而且善导念佛团一直坚持不接受任何财物赠予的原则开展活动。

近年来念佛团为了更好组织活动，划分了 21 个团队，大致可分为念佛推广、佛法实践和后勤保障等，主要有文艺组、摄影组、宣传组、联络组、媒体组、接待组、后勤组、库房组、音响组、保健组、总务组、弘法组、法物流通组、慈善组、放生组、护法组等。

至于念佛团体的日常修行，则依照净土宗的教义进行。共修学习定于每周六、周日。据调查数据表明，2015 年平均每周 80 人参加共修，共修总人数超过 30 000 人次。善导念佛团的公益慈善活动也不断地展开，2015 年善导念佛团共举行各类公益活动数十次，捐赠物资和善款数万元。2015 年念佛团在西安北郊成立了"西安慈善志愿者服务中心"，主要服务内容包括素食餐厅、国学讲堂、抗癌俱乐部和临终关怀服务。①

2014 年 10 月 26 日由西北大学佛教研究所主办的"首届西安居士佛教座谈会"中，西安善导念佛团负责人童健居士作了发言，表达了他的初衷和愿望："作为一个居士太难太难了！我为什么要弘法？因为没人做。我们团体曾经过三次被取缔，走到今天，非常不容易。我们没有收过一分供养，就怕人家说我们借佛敛财。我们的愿望其实很简单：给我们一个合法的身份。我们团体最多时每天流通一万多本书，每天有上百居士在大街小巷流通法宝。我们在西安有 65 个流通点，义工们不计寒暑劳累坚持弘法。我们的团体遇到挫折，但没有退缩，常年奔走在三秦大地，愿佛法利益更多的人……我们在积极地护持寺院，护持三宝。我们不反对任何一个法门，乃至不反对任何一个宗教，我们只有一个共同的名字叫佛弟子。尽我们最大的力量护持善法，我们的心愿很简单：能让我们的国家、我们的民族繁荣富强，能让我们生活得更加幸福。"

（四）长安香积寺

香积寺，地处西安市南郊的郊区，周围围绕着很多乡镇。作为千年古刹，香积寺焕发新彩，吸引着无数信众、游客前往参拜。作为净土宗的祖庭，香积寺在国际上久负盛名，地位崇高。香积寺的大雄宝殿有别于一般寺院，以"西方三圣"为主尊，彰显了净土宗祖庭的特点。寺内现存唐代善导塔，是香积寺的镇寺之宝。

1. 追溯中日净土宗渊源

作为善导大师塔院所在地，香积寺在日本也颇有影响。善导大师的著

---

① 参见吴楠：《西安善导念佛团研究》，西北大学硕士研究生学位论文，2016 年 6 月。

作唐代时就全部传入日本。日本净土宗的创始人法然上人(1132—1212)，名源空，少年学天台，后转净土。他在读了善导大师的著作后，对这位大师非常向往，他自述曾做过一个很真实的梦：一夜梦见有一大山，西麓有一大河，遥视西岭空，间有紫云一片。须臾，彼云飞来头上，仰望孔雀鹦鹉众鸟出于云中，光明照耀。少时，彼云北去，复隐山河。后，彼云复至头上，渐大遍覆一天下。有一高僧，出于云中，住立吾前。予即敬礼瞻仰尊容，腰上半身，寻常僧相，腰下半身，金色佛相。予合掌低头，问曰："师是何人？何以今来此耶？"答曰："我是唐善导也。"又问："时去代异，何以今来此耶？"答曰："汝能弘演专修念佛之道，甚为希有，吾为来证之。"又问曰："专修念佛之人，皆得往生耶？"未答乃觉。觉已，圣容如尚在。后来，法然上人依据善导大师的净土宗思想，创立了日本净土宗。

后来日本人对照寻找，发现京都净土宗总本山知恩院所在的真葛原和法然上人所述的山川地貌相同，于是称之为"真葛原之会"。日本净土宗现在有十四个宗派，八千多寺庙，四所大学，信众据说有六百万人。

1975 年 3 月，日中友好佛教协会向中国佛教协会提出修缮香积寺的请求。1977—1979 年，日中友好佛教协会先后派团参礼香积祖庭，捐资 30 多万元作为修葺费用。1980 年 5 月 14 日，中日双方在香积寺隆重举行"善导大师圆寂一千三百年纪念法会"，中国佛教协会编《善导大师圆寂一千三百年纪念集》，赵朴初会长亲自作《善导大师往生一千三百年纪念赞词》。1982 年 11 月 15 日是法然上人诞辰八百五十周年纪念日，中日双方共同在香积寺举办了活动。日方制作了善导、法然二祖对坐像，双方将之安置在善导塔内。11 月 15 日，中国佛教协会副会长巨赞法师及香积寺僧众，与日方由武田恂彦团长率领的一百人，一起举行了"奉安善导、法然二祖对面像及开光法会"。会后，日本方面捐赠三万日元以及书籍和其他物品，中方也回赠了礼品，体现了中日两国佛教徒的深厚友谊。

2010 年 5 月 27 日上午，"善导、法然二祖对面法会"在香积寺隆重举行。日本净土宗宗务总长里见法雄率领日本参拜团抵达祖庭西安香积寺，中国佛教协会会长传印法师与香积寺住持本昌法师一同接见日方来宾，并共同参拜两位祖师。会后，双方还共植海棠树以作纪念。

2. 香积寺慈善功德会

2013 年 12 月 21 日，香积寺筹备成立"香积寺慈善功德会"在香积寺举行。该功德会是以大乘佛教救苦济难的慈悲理念为指导，以香积寺僧团为领导，以居士群体为核心，以慈善义工为基础，立足西安、面向全国的慈善组织。其以临终关怀为特色，以慈善事业为核心，展开赈灾克难、护持三宝、大病救助、助学扶教、护生环保、居家关怀等各项慈善事业。

自 2013 年香积寺慈善功德会成立以来，就把供养终南山隐居修行僧人的活动纳入常规慈善项目。目前，慈善功德会在香积寺方丈本昌大和尚的指导下组建了终南山供僧小组，常年为住山僧众提供"四事供养"，一般提供的物资有：防潮油毡、被褥、床单被套等卧具；长褂、短褂、棉衣、斗篷、鞋、袜等衣被；米面油、杂粮、干菜类饮食；祛风湿、止痛类、外伤类及其他类医药。他们还为住山僧众建立了详细的个人档案。2014 年初，功德会还定点了"西工大明德校医院"和"西电职工医院"两处医疗机构作为终南山僧众医疗定点医院。

3. 带动研习风气

香积寺近年来也比较重视讲经说法活动的举行。2013 年 1 月 26 日至27 日，法门寺佛学院教务长慧超法师赴长安香积寺开展为期 2 天的弘法活动，为香积寺居士班宣讲《三皈依与八关斋戒》，约有 200 余名居士参加了此次法会。

2014 年 4 月 19 日，由香积寺主办的"大安法师弘扬善导大师净土思想讲经法会"在香积寺隆重举行。此次法会为期 2 天，以佛教净土宗祖师善导大师遗作《观经四帖疏》为内容进行专题讲座，来自各地的佛教四众弟子 3000 余人共同参与了此次讲经。

2014 年 6 月 8 日，香积寺邀请法门寺佛学院研究生导师慧超法师来香积寺宣讲《佛说阿弥陀经》。当天，有两百多名佛弟子及佛学爱好者共聚香积寺大雄宝殿聆听了慧超法师讲解阿弥陀经悬谈大意及问答开示等内容。这次香积寺《佛说阿弥陀经》讲经法会总计分为五部，自 6 月 8 日至 7 月 6 日，逢周日举办。

2015 年 7 月 11 日至 12 日，香积寺礼请陕西省佛教协会副秘书长、延安市佛教协会会长、安塞县弘法禅寺住持道喜法师到寺宣讲《大势至菩萨念佛圆通章》，来自西安市及周边各地的两百余名信众参加。道喜法师用清晰易懂的语言，系统地围绕主题讲解了佛教净土宗理论体系及修行的要点和方法，并针对信众们在念佛修行中遇到的问题和困惑做了详细的解答及开示。

2016 年 4 月 30 日至 5 月 2 日，香积寺举办五一讲经法会，礼请该寺首座、监院，法门寺佛学院研究生导师慧超法师宣讲"维摩经的智慧"。慧超法师根据净业行人特点，从"心净则佛土净"、"亦入世亦出世"契入，引导大众思考如何理解处处是道场，如何念佛求往生，如何处理家庭关系和修行之间的矛盾与问题。三天法会总计有来自西安及周边的四众弟子近千余人次前来听讲，现场座无虚席。

4. 社会文化活动

近年来，香积寺颇受学术界和社会各界的重视，多次举办各种社会文化活动，吸引人们走进香积寺，了解净土宗文化。

2009 年 6 月 10 日，由西北大学陕西文化产业研究院主办的"陕西文化户外大讲堂"举办了"解读香积寺"活动，邀请了西北大学佛教研究所所长李利安教授现场解读香积寺。来自西安、咸阳等地的佛教文化爱好者 100 多人在李教授的带领下，走进千年历史，解密祖庭渊源，体悟祖师风范，感受奇妙的净土文化。开讲仪式上，香积寺住持本昌法师致欢迎词，并对香积寺在中国佛教历史上的地位作了高度的概括，对李利安教授在佛教文化研究方面的贡献给予充分肯定。全部讲座分别在山门口、崇灵塔和大雄宝殿等三个地点展开，内容主要有：香积寺地理位置解读、香积寺起源解读、《观无量寿佛经》解读、净土信仰解读等。《陕西日报》《西安晚报》《西部网》《秦文化资源网》《中国佛学网》等媒体派记者现场采访报道，西安电视台全程录制，并在相关栏目中进行播报。

2014年10月4日，由西北大学佛教研究所主办的"2014年新生古刹巡礼与居士团体参访系列活动"第二次参访活动在西安举行。当日西北大学佛教研究所2014级新生以及部分高年级硕博士研究生和李利安教授指导的中国佛学院普陀山学院三位研究生以及居士、佛学爱好者等共30余人参访了净土宗祖庭香积寺。由西北大学佛教研究所的研究生介绍了香积寺的来历以及历史地位，并叙述了净土宗的传入和历史演变，以及善导大师的净土思想和传奇故事。步入寺院，三位在西北大学李利安教授处学习的中国佛学院普陀山学院的法师，向大家讲解了净土法门往生极乐世界的殊胜果报，介绍如何培养"善根、福德、因缘"以及净土法门信愿行三者之间的关系。随后，本昌大和尚、觉航法师还为参访团

西北大学佛教研究所参访团参访香积寺

安排了午斋。

随着此类活动近年来逐渐增多，香积寺的影响力也不断增强，而香积寺的净土宗祖庭地位也一再随之彰显并发挥光芒。

（五）五台山大圣竹林寺

大圣竹林寺历代修葺不断，后因风雨侵蚀和人为的破坏，殿堂倒塌，

佛像毁弃，颓废不堪，仅存一座舍利塔和一通汉白玉石碑尚且完整无损。国家恢复宗教政策以来，妙江法师入住竹林二十余年，对竹林寺进行了一系列的重建工作。现今的大圣竹林寺，白塔耸立，山门威严，殿堂雄伟。同时，僧团机构逐渐确定，制度日趋健全完善，逐步形成了"严持戒律、勇猛精进、民主管理、共建和谐"的寺风，"崇尚务实、反对空谈、勤修三学、信解行正"的学风和"具足正信、为法忘躯、应缘施化、报四重恩"的道风。

1. 举办学术研讨会

2015 年 7 月 27 日至 8 月 2 日，五台山大圣竹林寺承办的"五台山信仰国际研讨会"在佛教圣地五台山隆重举行。本次会议由山西省佛教协会主办，英国伦敦大学国王学院、清华大学哲学系、加拿大英属哥伦比亚大学佛学论坛协办，来自欧美亚三大洲的 33 位学者参加了研讨。此次会议分七场进行，主要议题为：五台山与五台信仰；大视野与大问题；五台信仰在西藏；蒙、满、维与中亚文化视野下的五台信仰；五台信仰在韩日；五台艺术面面观；五台山与佛教诸派；五台信仰的其他问题等。本次研讨会与会的专家学者来自世界各地，真正体现了五台山信仰研究的国际性，讨论中涉及的问题包括五台山学的多个方面，并有很多跨学科、跨领域、多样化的研究。[①]

2016 年 7 月 21 日至 22 日，大圣竹林寺承办了"第二届五台山信仰国际研讨会"，研讨会以"五台山信仰多文化、跨宗教的特征及其国际影响力"为主题，设立了七个分论坛，围绕主题从不同研究视角展开，每个论坛有若干名专家先作主题发言，再由特邀学者进行点评、发言者作回应，随后开放互动。来自欧美亚三大洲 10 余个国家和地区的 35 名国内外学者和上百名国际暑期夏令营学员参加了会议。此次的研讨涵盖大地理概念，进行分区域研究，联系不同宗教及佛教派别进行探索，包括政治、经济、文化、

---

① 许宏伟：《五台山信仰国际研讨会综述》，《五台山研究》，2015 年第 3 期。

艺术、建筑、造像等多视角、全面而深入地剖析了五台山及文殊信仰的形成因缘、发展条件等关键内容。参会的专家们各抒己见、各展所长，学员们则积极提问，勇于挑战权威，论坛气氛热烈而友好。①

2016 年 9 月 4 日至 6 日在净土宗初祖慧远大师圆寂 1600 周年之际举办了"方外之宾：纪念慧远大师圆寂 1600 年学术研讨会"。此次研讨会由山西省佛教协会主办，五台山大竹林寺、五台山佛教国际研究院承办，会议主题为"慧远大师与中国佛教"，分论题有慧远生平著述、慧远与中国净土宗、慧远护教思想、慧远大小乘观、慧远因果报应思想、慧远法性和法身思想等。

2. 佛教国际研究院成立

2016 年 7 月 19 日，五台山佛教国际研究院(五台山佛学与东亚文化国际研究院)在五台山大圣竹林寺隆重成立。

该研究院是非官方的宗教教育机构，其方针是育德育才。该研究院主要着力于人才培养、佛学研究、国际佛教文化交流、对外传播等诸多方面。目前，五台山国际研究院与近 30 所世界顶尖级的大学中汉传佛教研究机构形成了联盟，并与之合作。期望能于此基础之上，在五台山建立一所国际性佛教大学，为世界学者搭建一个开放的学术研究平台，使其成为全世界研究佛学教育与宗教对话的高等学府，以五台山的盛名及国际佛教大学的学术影响令五台山再次成为世界佛教中心。

3. 夏令营与居士班

截至 2016 年，由妙江法师于 2005 年倡议设立的"清凉之旅"夏令营已成功举办了十二届，每期七天，人数从最初的几十人，到近六百人。营员不但有城市里的大学生和中小学生，也有他们的家长，有的甚至三代数人相携参加。

---

① 李星海：《第二届五台山信仰国际研讨会在五台山举行》，《法音》，2016 年第 8 期。

"清凉之旅"佛教夏令营活动旨在"亲临佛教圣地，体验修行生活，心领佛法禅韵，承接清凉洗礼，开启智慧人生"。妙江法师曾在第十一届清凉之旅夏令营开营时讲："五台山是大智文殊师利菩萨之清凉道场，而文殊菩萨又是智慧的象征，大家能够来到文殊菩萨道场五台山，来到大圣竹林寺，因缘难得。而大圣竹林寺为净土四祖法照大师所建，法照大师于此精修念佛法门，并开创五会念佛法，此法后传至全国乃至海外。大家有缘相聚于此，则当精进学修，切实地获得身心清凉。文殊智慧是包容的、慈悲的、和谐的、和平的，希望大家在接下来的时日里，能够通过熏习佛法，进而觉悟人生，获得智慧清凉。"

另外，大圣竹林寺还举行"品味五台真智"正信居士班，其宗旨为开发智慧、幸福人生、解脱人生，希望参加者能够领纳文殊菩萨的真智慧，梳理自己的人生目标，收获快乐幸福的人生，进行回归心灵体验等。根据相关资料介绍，"品味五台真智"学习班课程有：① 每日礼佛、诵经、念佛、禅修；② 学习五戒十善、因果原理、诵经、忏悔、护生、行善、念佛等佛教基础义理；③ 学习和应用生活、修行中非常重要的指导原则和方法；④ 学习和掌握先进的互联网时代学习工具；⑤ 在纷繁嘈杂的世界中，为身心找一个归宿。

（六）洋县念佛岩

净土宗祖师法照大师道场洋县念佛岩上院崇法院，于 1966 年修灅河水库时，遭到毁灭性的破坏，下院岩楼亦于 1970 年灅河水库蓄水后被淹没。崇法院遗址上现有当地信众 1990 年自发地在原佛殿地基上建起的三间殿堂，极其简陋，没有前檐墙，更无门窗。殿堂内的塑像佛、道并存，工艺粗糙。殿堂北山墙外有两间即将倒塌的小房，然墙体杂乱，土坯、残砖、红机砖参差不齐。

笔者曾于 2012 年受西北大学佛教研究所所长李利安教授的派遣，在洋县佛教协会秘书长李心道先生的陪同下，代表西北大学佛教研究所前往洋县念佛岩进行考察，对现存的寺庙现状、已发掘的遗迹以及当地的地形地貌都做了仔细的观察和记录。

1. 艰难恢复道场

2004 年 8 月 25 日，任洋县佛教协会秘书长的李心道先生在汉中市佛

洋县念佛岩现存小庙内部

协参与接待了由中国佛学院姚长寿副院长介绍前来洋县念佛岩寻根问祖的日本东京佛教大学讲师齐滕隆信先生，从而揭开了考察、修复祖庭的序幕。

2005 年 10 月底，为落实四祖道场的教产，李心道从市佛协回到洋县佛协主持日常工作。2009 年 7 月 8 日，原陕西省佛教协会副会长、原西安卧龙寺方丈如诚长老应邀抱病前去，亲自考察祖师道场。长老不顾病体，带人从佛殿四周到整个遗址详细察看了三个多小时，然后高兴地说："祖师道场的地脉没有破坏，能修！至于人缘，只是时间关系，搞清道场的历史，宣传出去，缘分将会成熟。"如诚长老不仅亲自实际考察了祖师道场的现状，做出判断，而且还从药资中拿出万余元现金，为落实教产、办理土地证垫资支持。后来李心道成功办理了土地证，从庙祝手里接管了念佛岩崇法院，之后洋县延良寺的通宝老和尚决定成立"洋县延良寺修复念佛岩筹建委员会"，领导修复祖庭事宜。

2. 遗迹现存文物

如今，念佛岩遗址幸存的文物数量不多，其中最重要的是清道光五年（1825）《重修崇法院资助题名碑记》古碑一块，长 1.02 米，宽 76 厘米，厚 10 厘米，此碑开头没有缘起，落款没有住持，很可能为官方所立。从当时的洋县知县倪玢记起，共计 148 位功德主，落款为"道光五年岁次乙酉

季春之月穀旦立"。从功德主的身份上可以看出，念佛岩崇法院当时在社会上也颇有地位。

人们还发现有一块长 30 厘米，宽 13.5 厘米，厚 6 厘米的完整清代青砖。这是在下岩南沟里考察时发现的，水下浸泡四十年，依然完好如初。上面有细笔画的字："大清正十一年二月二十八日瓮立……"这很可能是清雍正十一年(1733)修葺古刹时留下的。另有一块长 95 厘米的明代青石桩，头尾皆残，八棱八面，背面完好，正面下部分被砸成斜截面，上部有 60 厘米长，有竖排三行字，第一、二行各 14 个字，第三行 15 个字："山西太原府临县甘泉人氏见在汉捨醮纸盆信士刘琪室人宋氏杨氏大明正德十二年，岁在丁丑闰十二月。"从其内容上看，应该是山西太原临县人刘琪率妻、妾在念佛岩崇法院请僧做了一场拜忏法会，至于详细情况，因文字残缺，无法得知。

此外，还存有念佛岩崇法院古刹内残存的古匾三块、一件绣"两大金刚抬佛爷"图案的桌围、两只石香炉。

3. 考察法照念佛的岩洞

2010 年初，因灙河水库大坝加固工程使库内蓄水向外退泻，沉没水下四十年的念佛岩下岩开始显露，岩头的碑座和岩南边沿上的石墙、残砖碎瓦开始浮出水面。根据《重修念佛岩记》的记载，李心道对地表、碑座进行清理勘察。从岩顶的地形、地貌看，上、下岩连接之处为陡立的小山包。参照史料分析碑座数据，根据地表两个对称的柱顶石进行清淤挖掘，刮开泥土，念佛岩"悬阁"的残缺墙基清晰可见，南北宽 4 米，东西相距 7.6 米，北边两个柱石为天圆地方状，顶部圆直径 42 厘米，底部方形边长 46 厘米。从这些迹象可以推想，"悬阁"坐西朝东依山面水而建，宽 4 米，深度 7.6 米，前后均为格扇门。根据当地文物专家原县文博馆馆长周老师回忆，当时的"悬阁"依山面水而坐，两面山墙画满壁面，画的是法照国师一生的经历。这正好与清康熙《洋县志·念佛岩大悟禅师碑记》中"由其当日念佛于此，故世记此岩，以念佛名之，又从而构立祠宇焉……其遗像则此殿壁之上，有古所画法照行像。”的记载相符合。

2010年冬，为了进一步观察《重修念佛岩记》所记述的地貌、山势情况，李心道乘船在灙河水库里沿河道逆流而上。在下岩北岸水边意外发现了露出水面高约50厘米左右的岩洞，这应该就是资料中记载和当地人的传说中，当年法照大师打坐念佛的岩洞。经仔细观察辨析，从岩顶到洞口约28米有余，洞口宽度仅可进人，确与史料所述“岩腹有洞，仅可容身”相符合。

因会昌法难中入唐求法的日本僧圆仁，学得法照创立的五会念佛法门，并将其带回日本在比睿山创立了“常行三昧堂”，所以法照大师在日本也颇有影响。现在也有日本学者对洋县念佛岩的考察开始关注。2004年8月，日本东京佛教大学讲师齐滕·隆信先生来到法照故里陕西洋县考察寻根。[①]

（七）安吉天目灵峰寺

1983年5月安吉县人民政府公布灵峰寺为文物保护单位后，曾进行修缮。1997年修复山门、天王殿、三圣殿、藏经楼、僧寮、客房。1992年，安吉人民政府批准同意修复开放灵峰讲寺，赵朴初先生亲书寺额。明学长老、安上长老、月西长老、根源长老共同指导修复。达缘老和尚任住持，主持修复工作。如今的灵峰寺，由慈满法师任方丈，如日方升，弘法、研修有序开展。

1. 舍利出世古刹重兴

1999年灵峰讲寺举行大殿落成，举办蕅益大师圆寂四百周年纪念，同时举行“蕅益大师佛学思想研讨会”，隆重纪念蕅益大师。

2000 年 12 月新建的蕅益大师纪念堂落成，堂为重檐歇山顶，规模恢宏。

① 资料由洋县佛教协会秘书长李心道先生提供。

2007 年寺方对方丈院、阿兰若处、蕅益大师塔院、碑廊进行重修。8月 11 日，在修复蕅益大师灵塔院的施工整理过程中，发现一处清代古墓，经专家考证，该墓是蕅益大师的墓葬。墓葬由青砖砌成，共两孔。一孔墓葬里发掘出三块骨舍利、发舍利及一枚牙舍利，三枚铜钱，一面铜镜，三根发簪，两粒料珠，八块瓷片等。而另一孔墓葬里残陈大量骨舍利，还有一面铜镜。

2. 举办文化活动

2007 年 10 月 27 日，灵峰寺举办了"建寺 1100 周年庆典活动暨蕅益大师佛学论坛活动"，各级领导、诸山长老、专家学者及佛教四众弟子千余人共襄盛会。同时为新落成的蕅益大师塔院揭匾，塔院新建碑廊，上镌刻蕅益大师所撰《寄母书》石碑等。纪念堂供奉着蕅益大师的塑像和大师的著述。下午举行了《北天目山灵峰寺志》发行仪式，灵峰寺监院慈满法师向嘉宾赠送了《北天目山灵峰寺志》。随后举行的"蕅益大师佛学论坛"，有来自全国各地的佛教界人士、专家学者以及社会各界代表 100 多人参加，共同探讨蕅益大师相关的佛教文化。

2009 年 11 月 14 日至 15 日，在灵峰寺蕅益大师纪念堂隆重举行"纪念蕅益大师诞辰 410 周年活动暨慈满法师升座方丈仪式"。活动期间举办了灵峰书画院成立暨"蕅益文化·和谐心灵"书画展、"蕅益文化·和谐心灵"佛学论坛暨纪念蕅益大师诞辰 410 周年学术研讨会和灵峰寺新规划征求意见会。相关部门领导、佛教界诸山大德共两千多人与会，专家教授一百多人参加。

灵峰讲寺近年来逐步编修了《灵峰寺志》《蕅益大师研究》《蕅益大师全集》《蕅益大师文集之一、二》等专著。

3. 灵峰义工关爱社会

灵峰义工最早出现于 2010 年，当时主要从事寺庙法事活动期间的后勤保障工作及零星的慈善活动。随着灵峰寺的公益活动日渐增多和希望投入慈善事业的社会各界善信者的增加，至 2014 年底，义工已增加到十个小组，人员达到 300 余人。

灵峰讲寺义工活动范围主要涉及拥军、助学、助老、助残、其他弱势群体关注及协助寺庙法事活动。拥军，主要是在节日期间慰问驻地官兵，每年有 2～3 次；助学，主要是帮助特困家庭中的孩子，给他们提供帮助，包括募捐和提供学习、生活用品；助老，一般为进入社区或者敬老院，给老人一些情感的关怀、为老人做些力所能及的事情及赠送一些生活用品，一直坚持每月 2 次，几乎涵盖了本地所有的公立敬老院，得到了社会的高度称赞；助残，协助残疾人自立自强、鼓励他们自强不息的精神，也包括向社会宣传平等对待残疾人的理念；弱势群体关注，包括贫困重症患者募捐救助、物资关怀等；协助寺庙法事活动，主要是在寺庙法事活动期间，协助各部门维持秩序及做好后勤保障工作。

（八）苏州灵岩山寺

"文革"后，灵岩山寺百废待兴，时任监院的明学法师继承妙真法师遗愿，修复破坏的佛殿、佛像及诸法器。1981 年，明学法师升任灵岩山寺方丈，会聚僧伽，修复殿宇，庄严道场，并将印光大师制定的"五条规约"修订为《灵岩山寺共住规约》，坚决不做经忏、不收徒、不传戒、不办讲经法会，坚持十方丛林制度，恪守祖训，严守道风。

灵岩山寺经过全面整建，终于以佛教大丛林的面貌重新矗立，再现辉煌。灵岩山寺也被国务院定为全国重点寺院之一。

1. 中国佛学院灵岩山分院

1980 年，由明学大和尚提请，在赵朴初的建议下，经有关主管部门审批，于灵岩山寺创办中国佛学院灵岩山分院。1 月 1 日，灵岩山佛学院筹备组正式成立，明旸法师任院长。12 月 10 日，中国佛学院灵岩山分院正式挂牌并开始招生。

中国佛学院灵岩山分院采用佛学院和丛林结合的方式，所以学僧是常住成员之一，不但要遵守佛学院的纪律，同时也要遵守常住的共住规约。学院的办学宗旨是培养爱国爱教，恪守戒律，具有相当佛学造诣、文化水平和寺院管理能力的僧伽人才。明学大和尚在学院开办时，即明确提出该院办学方针为"教遵天台，行归净土"。这八字方针是印光大师及前代诸上人共立的规约，现在完整地保存于教学体制中。在这个大前提下，灵岩山办学设置的课程有天台宗、净土宗、律宗、佛教史、佛学概论、梵呗及语文、历史、时政、书法等，学制两年。

灵岩山寺办学的特色是继承印光大师所定规制，不堕莲风。每届新生入学，首先学习《共住规约》，了解印光法师护持道场、扶正匡弊的苦心悲愿。有一些学生毕业后，发心长住念佛堂，日日熏修。灵岩山常住至今仍保持着不应酬经忏等五条规制，学修气氛颇浓。迄今已毕业15届600多名学僧，分派在全国各地乃至海外进行弘法事务。

2. 佛教安养院

灵岩山寺佛教安养院位于灵岩山脚下。为了继承发扬印光大师的净宗法脉，灵岩山寺明学长老响应国家号召，本着慈悲济世的佛教精神，为佛教老年信众提供了一个念佛求生西方的平台。

灵岩山寺佛教安养院

佛教安养院自2002年筹建以来，历时10多年建成，占地面积46亩，建有念佛堂、斋堂、往生堂、宿舍楼、办公楼、会议室、图书室、保健室、浴室、洗衣房等基础设施，并设有绿色蔬菜基地，日常主要素菜全部由义工自耕自给，多余的蔬菜供给灵岩山寺及附近寺院。

2012年10月1日，灵岩山寺佛教安养院开始正式试进驻老人，10月

24 日圆满举行了开院典礼。经过试运行、磨合，管理工作逐步完善，现入住老人基本适应了安养院的修行生活。目前在院修行老人 60 多人，其中 90 岁以上老人有 4 人、孤寡老人有 3 人、低保老人有 8 人。现报名的老人较多，按照院内各项制度评估老人择优入住。

（九）苏州报国寺

1992 年苏州市佛协议申请收回报国寺，得到了政府的支持，归还房产。市佛协筹资三百余万元进行重修。修葺后的报国寺占地一千三百平方米，有山门、大殿、藏经楼、东西厢房、印公关房等主要建筑，具有典型的江南寺庙风格。报国寺按原貌修复了"印公关房"，共三间，约六十平方米。

1. 弘化社名扬四海

1930 年，印光法师于苏州报国寺闭关前，将纸版近百种及已印好之经书、善书数万册交付太平寺的明道法师，示意他创办一个刻印流通佛书的机构。明道遵其嘱咐，与王一亭、黄涵之、关絅之等居士商议成立佛教净业社流通部（即弘化社前身）。不久之后，佛教净业社流通部于上海觉园净业社内成立。后业务扩大，遂更名为弘化社。

1931 年，弘化社迁往苏州。1935 年 10 月明道法师去世，印光大师鉴于弘化社流通事务无人托付，乃自出任之，直至圆寂。大师圆寂后，上海缁素于上海觉园法宝馆内建立印光大师纪念会，同时出版《弘化月刊》。同年，印光大师永久纪念会成立弘化部，统管弘化社事务，会址设在净业社法宝馆内，附设临时办事处。所以弘化社由此再次迁到上海。1956 年弘化社与上海佛学书局、大法轮书局、大雄书局合并，改名为上海佛教书店。

2000 年，苏州报国寺恢复永久纪念印光大师的佛教期刊——《弘化》，后成为江苏省佛教协会会刊。2003 年，在报恩斋佛教网站的策划协助下，苏州报国寺又恢复了弘化社。

现在苏州弘化社印行流通的书籍有经典类、祖师著作、净土相关、戒律系列、天台系列、寿康系列、初机白话、因果感应、素食护生、和谐系列、其他类等十一个类别，另外还有光盘。其中祖师著作类不仅有《印光法师文钞全集》，还有《莲池大师全集》《慧思大师全集》《紫柏大师全集》《蕅益大师全集》《净宗十一祖集》《庐山慧远大师文钞》《光明善导大师观经疏》等，天台类有《妙法莲华经文句记》《妙法莲华经玄义释笺》《摩诃止观辅行传弘决》《释禅波罗蜜次第法门》等。另外还有《法苑珠林》《四大名山志》《新编观音灵感录》《印度佛教史》《大藏会阅》等。弘化社所印行的书籍免费结缘赠送，在佛教界有非常大的影响。

2. 苏州佛教博物馆

报国寺内的苏州佛教博物馆是江苏省第一座宗教博物馆。苏州佛教博物馆共分八个部分，以实物、图片、模型并辅以文字说明，展现苏州佛教的历史阵容和现实风貌。

第一部分：历代寺院，展示了自三国吴以来历代寺院的概貌，其间宋、明、清三代寺院分布图，十五所寺院的照片和模型，以及出土文物。第二部分：佛像与经藏，展示了自唐代至今的各类佛像二十余尊，以及自唐以来的各种善本经书。第三部分：高僧大德，着重展示了自三国吴以来的十五位高僧和居士的生平与成就，有支谦、支遁、竺道生、寒山、绍隆、唐寅、弘储，近代的印光、章太炎等。第四部分：法物法器，着重展示了部分法器和披搭的衣物。第五部分：弘法利生事业，展示了弘扬佛法、佛教修持、慈善事业、友好交往等内容。第六部分：大殿佛像的供奉定式，展示了一尊二米高的玉佛和一尊四十八臂的观世音。第七部分：印公关房，以三十年代印公闭关旧貌复原，有叩关者休息室、经堂书房、起居室。第八部分：弘化社，展示各种经书，其中有一批三十年代弘化社印行的经书。

苏州佛教博物馆于1997年1月正式开馆，属于苏州市佛教协会主办的文化事业单位。2008年12月，苏州报国寺明确为苏州灵岩山寺下院，法人为灵岩山寺住持明学法师。现在该馆每天免费开放，为古城苏州增添了一处佛教圣地。

后　记

敛目算来，今年刚好是我接触净土宗第十年。净土宗对我有相当大的影响，我对佛教的净土文化也始终抱有一种特殊的情感。

我出生和生长的家乡是一个佛教信仰和民间信仰氛围比较浓厚的县城，所以对于宗教似乎有一种天然的连接。我的祖母和外祖母都是佛教徒，也都修行念佛法门。我的祖母每天早晚都要在她的佛堂供水、烧香、念佛。我的外祖母晚年长期住在山上的寺院。我们当地有一座山叫做大像山，是丝绸之路上西北地区重要的古代佛教石窟遗址之一。因半山腰有始凿于北魏，完成于盛唐的三十二米释迦牟尼佛坐像而得名。从山底到山顶密集分布着大大小小的寺院、宫观、殿堂、庙宇。雄踞山腰有一座永明寺，是甘谷县最大的佛教场所，在西北地区有一定影响，它就是一座净土宗道场，寺内有一座祖师堂，里面供奉的就是净土宗十三代祖师像，所以当地以及周围地区的佛教信徒大多也都是净土宗信众。另外还有一座文昌阁，是我最熟悉、最有感情的去处，因为我外祖母曾长期在这里居住修行，我也曾经常跟着外祖母上山去寺院小住，寺院里的师父喜欢给我讲故事，早晚带着我做功课，教我唱诵各种佛教赞颂，教我敲打寺院做法事的各种法器。从那时候起就有机会亲近大像山的本逢长老、觉函法师、昌兴法师等大德，对我当时认识佛教有很大的帮助。

2006 年，我还在上高中时，曾经看过一本书，那也是我最早认真看过的一本佛教书籍，可以说是我的佛教启蒙书，就是圆瑛法师所著的《劝修念佛法门》。这本书如今还在我的书房里，作为具有纪念意义的纪念品珍藏着。记得这本书好像也是我的外祖母从寺院拿回来放到我家，之后一直供之高阁。有一天，我打开那本落满灰尘的书，从此与净土宗结下不解之缘。记得那本书是蓝色封皮，纸质已泛黄，里面的文字半白半文，对于当时的我也并不算难懂，但是其中的故事和内容却深深地震撼了我，我对自己之前的知识和生活都产生了很大的反思和怀疑，我一遍遍地翻阅那本书，痴迷其中，逐渐地对念佛法门有了一个初步印象，从而认识了净土宗。

接下来的几年里，可以说我是在如饥似渴地学习佛教文化，那种对佛教文化的渴求和好奇，以及学习之后产生的愉悦，现在想来都是莫名其妙的，也恐怕是难以再有的了。每天一从学校回到家就迫不及待开始阅读佛教书籍，手不释卷，神游其中，乐此不疲。晚上用一个小电视观看佛教讲法视频，每至深夜，流连忘返。

有一位法师在我接触净土宗初期对我的影响比较大，就是在今天佛教界极具争议的净空法师。从高中到大学期间有好几年，我坚持学习佛教文化，从净空法师的讲法资料中获取了大量的信息。所以无论如今他深陷何种真假难断、莫衷一是的争议漩涡中，也不论我今天回头审视又有多少新的体会，他在我当初学习净土文化的历程中都起到了重要的推动作用。

后来，进一步的学习让我对净土宗又有了新的认识和更全面的体验。东林寺在我净土宗学习的过程中有很重要的影响。我曾多次拜访祖庭，蒙受教导，至今常怀感恩，始终有再访之愿。2009 年，我到东林寺参加第六届"净土宗文化夏令营"，并随后参加了东林寺净宗学会举办的"第二届净土文化进修班"。翌年，我再次陪同我在西安美术学院所创建的"佛学社"的成员十余人同往东林寺参加夏令营。多次参访中，"第二届净土文化进修班"对我影响最大。那次活动为期二十一天，我非常荣幸地听受了大安法师、彻性法师、济群法师、清净法师、宗修法师、会同法师、镜义法师以及王雷泉教授、王财贵教授、李天清居士等人精彩的课程和讲座，使我对净土宗教义有了一个全新的、较为系统的了解。同时和进修班同学们在一起，我也接触到了更多不同角度对净土宗的解读和意见，从此在净土宗学习上眼界大开。

在大学期间的很长一段时间里，我曾每周选一天到西安卧龙寺的念佛堂体验全天念佛。念佛堂的老菩萨们都特别慈祥和蔼，那种清净、温暖，每次都能在我心灵深处给予慰藉和感动。其间有几次原卧龙寺方丈如诚长老亲自到念佛堂做开示，用铿锵有力的陕西方言谆谆教诲听众，"持戒念佛"、"惜福就是培福"。

随着研究生期间宗教学的学习，我对宗教、佛教、净土宗的认识不断地变化、提升，后来也接触了佛教其他宗派的义理和修法，尤其与唐密、藏密、禅宗颇有缘分，也接触到了其他宗教，但是始终没有放弃对净土宗的学习。

这次导师李利安教授安排编写"中国汉传佛教八大宗派及其祖庭丛书"中

后记

净土宗部分，可谓天赐其便，也是一次很有意义的回顾和纪念。在编写过程中，导师悉心指导，不厌其烦地强调重点和特色所在，苦口婆心地鼓励鞭策认真推进。同时西安电子科技大学出版社阔永红总编、事业部马乐惠主任也给予高度关注和支持，策划编辑高樱老师更是参与其中、全程指导。

这本书现在基本成型，心中不免欣喜和感叹，此书能成绝非一人之力。要由衷感谢为此书编写提供帮助、鼓励的各位贤达。书中部分文字由同门贤友提供，或者参考、引用了先贤的优秀成果。其中，善导以下的历代祖师传承部分，主要由贤弟陈昭谕撰写初稿，他对净土宗有多年的研究，也有深厚的感情和切实的体验，对祖师们的事迹和思想尤为熟悉，所以在此次撰写中给予了很大的帮助。在净土宗概述、祖师传记、祖庭寺院部分，还引用了导师李利安教授的《终南法脉》、师兄王宏涛的《西安佛教祖庭》、师兄崔峰的《终南高僧》、师兄李永斌的《终南古刹》等书中的部分内容，再次致以真挚的谢意。另外还要感谢安吉灵峰寺方丈慈满大和尚、弘愿寺编辑部总编宗道法师和佛导居士、五台山大圣竹林寺监学义护法师、南岳祝圣寺传圣法师、洋县佛教协会秘书长李心道先生、西安善导念佛团编辑部、东林寺佛教艺术研究所和东林寺发行部等为我提供了重要的参考资料，还要感谢为我整理图片的好友董黎琼等人。总之，没有各位的帮助和鼓励，这本书的完成是遥遥无期的。

另外，本书原计划还有"诸宗导归净土 僧俗心系安乐"一章，以及"当代弘扬净土宗的高僧"一节，主要写历史上净土宗祖师之外的其他佛教大师和著名居士对净土宗的推动与弘扬，以及当代部分知名法师的净土宗理念与贡献。我认为祖师传承体系内的净土宗是大家容易注意到，也是一直以来给予高度关注的部分，但这并不是中国净土宗的全部。祖师体系外的净土宗其实是很长一段时期内尤其宋代之后，有别于精英佛教的中国佛教传承主体和中国佛教信仰主要部分，如果能以这些大师和居士作为代表体现中国社会及中国佛教对净土宗的普遍接受，那净土宗的阐述将会显得更加饱满和生动。遗憾的是由于种种原因，未能展开撰写，深觉缺憾。但是万物本应不全之理，且待来日再完善详述吧。

最后，借用净土宗最为核心的万德洪名"阿弥陀佛"四字祝福大家，恭祝读者和所有人："无量寿"——健康长寿无量；"无量光"——快乐智慧无量！

谢志斌

2016 年 9 月 15 日于无事斋